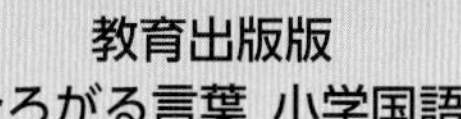

国語3年

教育出版版
ひろがる言葉 小学国語

教科書ぴったりトレーニング

▶3分でまとめ動画

			教科書ページ	ぴったり1 じゅんび	ぴったり2 練習	ぴったり3 たしかめのテスト
教科書 上	一	かえるのぴょん	10～12	2		
		白いはなびら	13～31	4	6	10～13
		「発見ノート」／国語辞典のつかい方	32～37	▶8		
	二	わたしのたからもの／漢字学習ノート	38～43	14		16～17
	三	うめぼしのはたらき	45～47	18		22～25
		めだか／本をさがそう	48～61	20		
	四	クラスの「生き物ブック」／漢字の音と訓	62～69	26		28～29
	五	紙ひこうき、きみへ	71～89	30	32	36～39
		ローマ字／ローマ字とコンピューター ひろがる読書のせかい	90～97	▶34		
	六	「りす公園」はどこにある？／取材したことをほうこく文に	98～107	40		44～47
		自分の気持ちを手紙に／送りがな	108～111	42		
	七	わすれられないおくりもの	113～129	48	50	54～57
		俳句に親しむ／きせつの言葉を集めよう	130～137	▶52		
教科書 下	一	世界の人につたわるように／くらしと絵文字	7～21	58	60	62～65
	二	わたしたちの絵文字／気持ちをつたえる話し方・聞き方 へんとつくり	22～33	66		68～69
	三	モチモチの木	35～55	70	72～75	80～83
		「おすすめ図書カード」を作ろう／こそあど言葉	56～61	▶76		
		はっとしたことを詩に／ことわざ・慣用句	62～69	▶78		
		夕日がせなかをおしてくる／いちばんぼし	70～73	84		
	四	ちいきの行事	74～79	86		90～91
		文の組み立て／漢字の組み立て	80～83	88		
	五	川をつなぐちえ／十二支と月のよび名	85～97	92	94	96～99
	六	強く心にのこっていることを／二つの漢字の組み合わせ	98～105	100		102～103
	七	おにたのぼうし	107～123	104	106	108～111
		これまで　これから	124			112

巻末	夏のチャレンジテスト	少年の海	とりはずして お使いください
	冬のチャレンジテスト	たまごのひみつ	
	春のチャレンジテスト	葉っぱ	
	学力しんだんテスト	つな引きのお祭り	
別冊	丸つけラクラクかいとう		

ぴったり1 じゅんび

かえるのぴょん

めあて
★ことばのリズムやひびきをたのしもう。
★そうぞうしたことを音読にこめてみよう。

学習日　月　日
教科書　上10〜12ページ
答え　2ページ

1 しを読んで、答えましょう。

かえるのぴょん

谷川(たにかわ)　俊太郎(しゅんたろう)

かえるのぴょん
とぶのがだいすき
はじめにかあさんとびこえて
それからとうさんとびこえる
ぴょん

かえるのぴょん
とぶのがだいすき
つぎにはじどうしゃとびこえて
しんかんせんもとびこえる
ぴょん　ぴょん

(1) このしの中心になっているのはだれですか。しから書きぬきましょう。

（　　　　　　）

(2) 「かえるのぴょん」がすきなことは何ですか。しから書きぬきましょう。

（　　　　　　）こと。

(3) 「かえるのぴょん」がとびこえたものは何ですか。出てくるじゅんにしから書きぬきましょう。

①

②

③

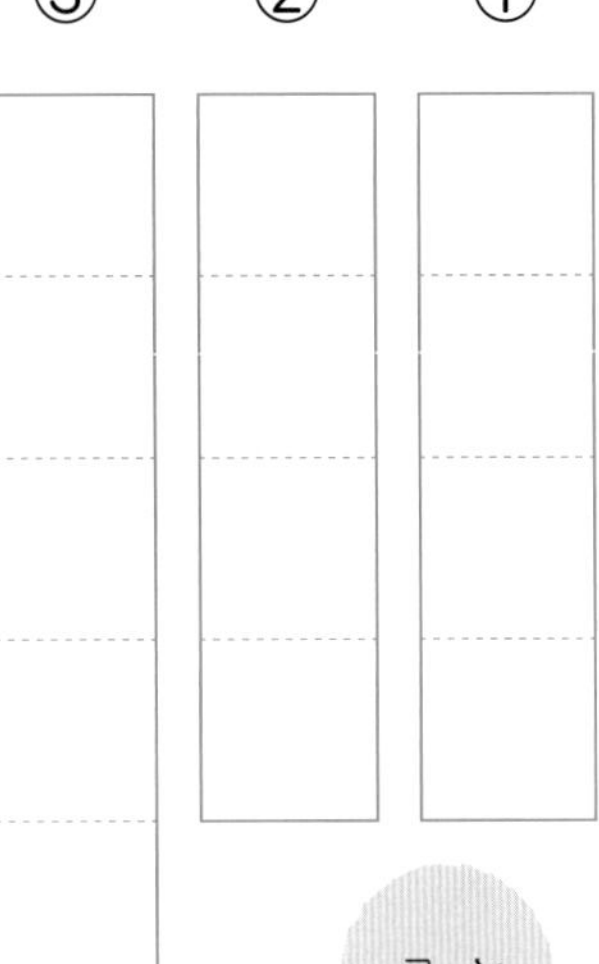

かえるのぴょん
とぶのがだいすき
とんでるひこうきとびこえて
ついでにおひさまとびこえる
ぴょん　ぴょん　ぴょん

かえるのぴょん
とぶのがだいすき
とうとうきょうをとびこえて
あしたのほうへきえちゃった
ぴょん　ぴょん　ぴょん　ぴょん

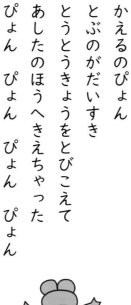

④

⑤

⑥

⑦

(4) このしを音読するとき、どのように読むといいですか。一つに○をつけましょう。

ア（　）のんびりとねむくなるように読む。

イ（　）かなしくてなみだが出るように読む。

ウ（　）どんどん元気がよくなるように読む。

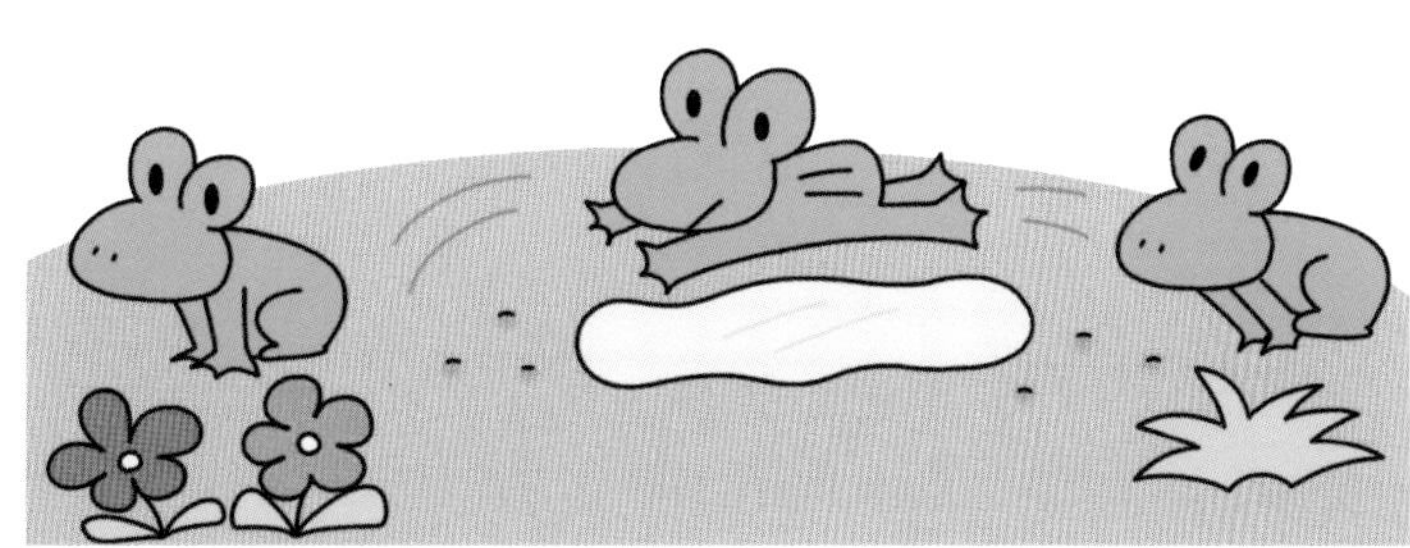

一 登場人物の行動をとらえて、お話の気に入ったところを見つけよう

白い花びら

やえがし なおこ

◎めあて
★登場人物の行動や気もちをとらえよう。
★登場人物のせいかくを考えよう。

学習日 月 日

教科書 上13〜31ページ

答え 2ページ

かきトリ 新しい漢字

1 （　）に読みがなを書きましょう。

① 開会式に出る。
② バスに乗車する。
③ 元気に返事する。
④ 女の子が主人公だ。
⑤ ◆今日は日曜日だ。
⑥ 八時に登校する。

◆とくべつな読み方の言葉

2 □に漢字を書きましょう。

① □（はし）をわたる。
② □□（かいがん）を歩く。
③ □□（ものがたり）を読む。
④ 車が□（うご）く。

3 正しいいみに○をつけましょう。

① くらい道へすすむのにしりごみした。

ア（　）こわがってやりたがらなかった。

イ（　）ゆう気を出してはじめた。

② うつくしいけしきに目をみはった。

ア（　）なんどもまばたきした。

イ（　）すばらしくておどろいた。

③ けっきょく何も言わなかった。

ア（　）さいごには。

イ（　）はじめに。

④ へやに、かすかな花のかおりがのこっている。

ア（　）ほんの少しわかるくらいに。

イ（　）まったくわからないくらいに。

3分でワンポイント

四つの場面に分けて、できごとにちゅういして読もう。

★お話のないようを、○をつけてたしかめましょう。

場面1 出会い

ゆうたが林のそばを歩いていると、鳥と話す女の子に出会った。

気もち
（　）うれしい
（　）たのしい
（　）おどろき
（　）つらい

場面2 馬の形の岩

馬の形の岩を見つけた。のっていると、ぼうけんのたびの主人公みたいだ。

気もち
この岩が
（　）すきになった。
（　）気に入らなかった。

女の子のことが気になる。

場面3 日曜日

女の子と馬の岩にのった。

↓いつのまにか、本物の黒い馬にのっていた。

↓女の子のかみから
（　）雪　（　）花びら
がふってきた。

↓女の子はきえた。

気もち　ふしぎ

場面4 一週間後

さいしょに女の子が立っていたところに行った。

↓さくらの木が、花をいっぱいにさかせていた。

考えながら読もう

女の子の正体は、いったいだれ(何)だったんだろう。

ぴったり2 練習

一 登場人物の行動をとらえて、お話の気に入ったところを見つけよう

白い花びら

学習日
月　日
教科書
上13〜31ページ
答え
3ページ

文しょうを読んで、答えましょう。

さいしょにその道を見つけたのは、ゆうただった。じゅうたく地のどうろから、林の中へつづく道。ゆうたはちょっとしりごみしたけれど、かずきはへいきみたいだった。

「たんけんしよう。」

そう言って、かずきが先に走りだしたので、ゆうたもしかたなくあとにつづいた。いばらのとげやねっこにひっかかって、ゆうたはなかなかはやく走れない。

「おうい、早く来いよ。」

やっとかずきにおいついて、ゆうたは、あっと目をみはった。とつぜん、広い野原に出たからだ。野原は、つめ草のみどりと春の光でいっぱいだった。

「すごい。」

ゆうたが言うと、かずきはとくいげに目をかがやかせた。

「ここ、ひみつきちにできるな。ちょっと、あっちを見てくる。」

かずきが、あっというまにすすきのむこうにきえたので、ゆうたは一人でそこにのこされた。

1 「その道」とは、どの道のことですか。文しょうから書きぬきましょう。

［　　　　　　　］道。

2 「ゆうたは、あっと目をみはった。」について、

① このときのゆうたは、どのようなようすですか。一つに○をつけましょう。

ア（　）よろこんでいる。
イ（　）びっくりしている。
ウ（　）おこっている。

② なぜ、ゆうたは「あっと目をみはった」のですか。文しょうから書きぬきましょう。

とつぜん、［　　　　　　］と［　　　］でいっぱいの［　　　］に出たから。

ヒント　あとにつづく二つの文にちゅうもくしよう。

——どうしよう。

少しまよって、ゆうたは林のそばを歩きはじめた。歩くと、草が「キュッキュッ」と鳴る。風が、林をゆらしている。ゆうたは、どんどん歩いていった。そして、だれかの声に立ち止まった。

「長い冬だったね。やっと春が来たね。」

すぐそこで、女の子が一人、林にむかって話しかけている。

林の中で、「チイチイ」と鳥が鳴いた。女の子は、また言った。

「新しい家は、もう見つかった？」

——あの子、鳥と話してるのか？

ゆうたは、目を大きく開いた。同時に女の子がふり返った。おどろいたような目でゆうたを見て、そして、にこりとわらった。日だまりの中で、ふわりと花のようなにおいがしたな、と思った時。

「ゆうた、こっちに来てみろよ。」

遠くで、かずきの声がした。

「今行くよ。」

あわてて返事をして、もういちど見たら、女の子はいなかった。

やえがし なおこ「白い花びら」より

3 「だれかの声」について、

① その声は、何を言っていましたか。文しょうから書きぬきましょう。

「　　　　」

② 「だれかの声」は、だれが、何と話している声だとゆうたは思いましたか。文しょうから書きぬきましょう。

［　　　］が、林の中の［　］にむかって話している声。

4 「あわてて返事をして、もういちど見たら、女の子はいなかった。」とありますが、このとき、ゆうたはどんな気もちになったと思いますか。一つに○をつけましょう。

ア（　）うれしい気もち。
イ（　）くやしい気もち。
ウ（　）ふしぎな気もち。

ヒント　返事をしてすぐに見たのに、いなかったのです。

5 このばめんのきせつを、文しょうから書きぬきましょう。

（　　　）

ぴったり1 じゅんび

3分でまとめ

一 登場人物の行動をとらえて、お話の気に入ったところを見つけよう

「発見ノート」

言葉の広場① 国語辞典のつかい方

めあて
★「発見ノート」の書き方を学ぼう。
★国語辞典に親しもう。

学習日 月 日
教科書 上32～37ページ
答え 3ページ

がきトリ 新しい漢字

教科書32ページ	32ページ	32ページ	32ページ	33ページ	33ページ	33ページ
発 ハツ 9画	予 ヨ 4画	想 ソウ 13画	調 チョウ しらべる 15画	葉 ヨウ は 12画	表 ヒョウ おもて・あらわす あらわれる 8画	由 ユ・ユウ 5画

33ページ	34ページ	34ページ	34ページ	36ページ	37ページ	37ページ
温 オン あたたか・あたたかい あたたまる・あたためる 12画	漢 カン 13画	意 イ 13画	味 ミ あじ・あじわう 8画	号 ゴウ 5画	重 ジュウ・チョウ え・おもい かさねる・かさなる 9画	問 モン とう・とい・とん 11画

1 （　）に読みがなを書きましょう。

① 理由（　）を聞く。
② 意味（　）がちがう。
③ 記号（　）をつかう。
④ 予想（　）が当たる。
⑤ 紙を重（　）ねる。
⑥ 本で調（　）べる。

2 □に漢字を、（　）に漢字とおくりがなを書きましょう。

① □□（たいおん）をはかる。
② か石を□□（はっけん）する。
③ □□（ことば）を話す。
④ 書き（　　）（あらわす）。

3 正しい意味に○をつけましょう。

①動物のほねを発見する。
ア（　）みつける。
イ（　）手に入れる。

②いすの高さを調節（せつ）する。
ア（　）ぐあいよくととのえる。
イ（　）くわしく調べる。

③文しょうに見出しをつける。
ア（　）ないようの感想（かん）を書いたみじかい言葉。
イ（　）ないようをまとめて表すみじかい言葉。

④あなたは考えがあまいよ。
ア（　）しっかりした心がまえができていない。
イ（　）人の心をひきつけてまよわせる。

4 つぎの音（おん）に合うものを［　］からえらんで、記号を書きましょう。

①清（せい）音（　）
②だく音（　）
③半だく音（　）
④長音（　）
⑤そく音（　）
⑥よう音（　）

ア　かたかなののばす音。
イ　「が・ざ・だ」などのにごる音。
ウ　つまる音「っ」。
エ　「ぱ・ぴ・ぷ」などの音。
オ　「きゃ・きゅ・きょ」などの音。
カ　にごらない音。

5 つぎの言葉のうち、国語辞典で先に出てくるほうに○をつけましょう。

①
ア（　）毛づくろい
イ（　）つめとぎ

②
ア（　）みかん
イ（　）りんご

③
ア（　）あまがさ
イ（　）あまおと

一 登場人物の行動をとらえて、お話の気に入ったところを見つけよう

白い花びら ～ 言葉の広場① 国語辞典のつかい方

時間 20分
／100
ごうかく 80点

学習日 月 日
教科書 上13〜37ページ
答え 4ページ

文しょうを読んで、答えましょう。 思考・判断・表現

前を走っていた女の子を一気にぬこうと思った時、ゆうたは、はっとした。風に乗って、何か白いものがとんでくる。

――雪？ ちがう、花びらだ。

ゆうたは、目を大きく開けた。女の子のかみの毛が、ひらひらゆれて、その先から、花びらが雪のようにふってくるのだ。まわりが、ぼうっと白くなってきた。女の子のすがたは、だんだん小さくなっていく。

「おうい。」

と、ゆうたはよんだ。遠くから、かすかな声がもどってきた。

「またね。また会おうね。」

花びらがまぶしくて、ゆうたは思わず目をとじた。まわりがしずかになった気がして、目を開けたら、そこは岩の上だった。女の子のすがたは、どこにもない。

――ゆめだった？

ゆうたは、ぼんやりと前を見た。ひざの上では、白い小

よく出る

1 この物語に登場する人物を、文しょうから書きぬきましょう。 完答10点

（　　　）（　　　）

2 「前を走っていた女の子を一気にぬこうと思った時、ゆうたは、はっとした。」とありますが、なぜ「はっとした」のですか。文しょうから書きぬきましょう。 一つ10点（20点）

風に乗って［　　　］から、［　　　］がふってきたから。

できたらスゴイ！

3 「ゆめだった？」とありますが、なぜゆうたは「ゆめ」だと思ったのですか。つづけて書きましょう。 20点

女の子と馬に乗って走っていたのに、目を開けたら

（　　　）

さな花びらが、ゆめのつづきみたいに光っていた。

かずきが、ゆうたをさそいにきたのは、その一週間後のことだ。

「今日もたんけんだ。」

野原につくと、かずきは、かってにずんずん歩いていった。

――さいしょに、あの子のいた方だ。

ゆうたは、どきどきしながら、かずきのあとについていった。

野原は、しんとしずかだ。

「あれ？」

とつぜん、かずきが立ち止まった。

「さくらの木だ。」

同時にゆうたも顔を上げた。目の前で、一本の木が、花をいっぱいにさかせている。

――さくら……。あの子がさいしょに立っていたところだ。

そう思ったとたんに、風がザアッとふいてきて、花びらがいちどに空にまい上がった。そして、こんな声が、ゆうたの耳に聞こえた気がした。

――またね。また会おうね。

やえがし なおこ「白い花びら」より

から。

4 「さいしょに、あの子のいた方だ。」とありますが、女の子はさいしょ、どこにいたのですか。文しょうから書きぬきましょう。 10点

［　　　　　］が花をさかせたところ。

5 「ゆうたは、どきどきしながら、かずきのあとについていった。」とありますが、このとき、ゆうたはどんなことを考えていたと思いますか。一つに〇をつけましょう。 10点

ア（　）かずきにおいていかれたらどうしよう。

イ（　）また、あの女の子に会えるかなあ。

ウ（　）かってに歩いていかないでほしいなあ。

6 この物語の中には、くりかえされている女の子の言葉があります。文しょうから書きぬきましょう。 10点

（　　　　　）

考えを書こう

7 女の子の正体は何だったと思いますか。考えて書きましょう。 20点

（　　　　　）

ふりかえり ⑦が分からないときは、5ページの 3分でワンポイント にもどってかくにんしてみよう。

ぴったり3

たしかめのテスト②

白い花びら ～言葉の広場① 国語辞典のつかい方

一 登場人物の行動をとらえて、お話の気に入ったところを見つけよう

時間 20分　／100　ごうかく 80点

学習日　月　日
教科書 上13～37ページ
答え 5ページ

1 読みがなを書きましょう。　一つ2点（20点）

① 漢字（　　）のれんしゅう。
② 問（　　）題をとく。
③ 自動車（　　）をつくる。
④ 体重（　　）をはかる。
⑤ 予算（　　）をきめる。
⑥ 岸（　　）につく。
⑦ 絵本の表紙（　　）。
⑧ しおで味（　　）つけする。
⑨ 温（　　）かなスープ。
⑩ 山に登（　　）る。

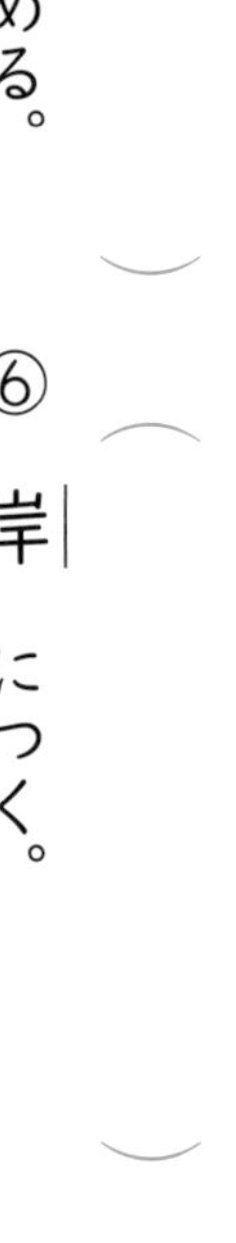
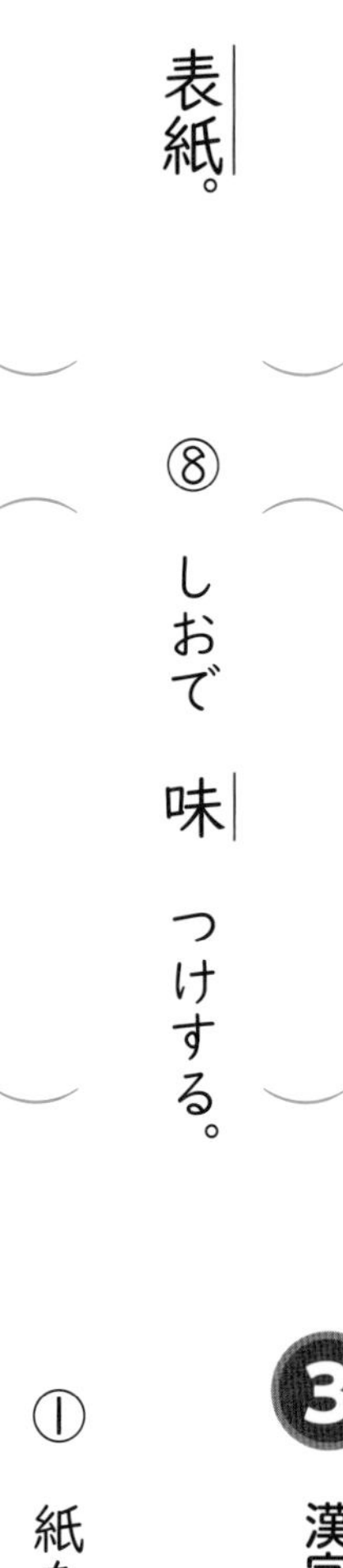

2 漢字を書きましょう。　一つ3点（18点）

① □□（じんぶつ）をしらべる。
② □□（ゆらい）を話す。
③ □（おも）な食べもの。
④ □（おもて）とうら。
⑤ 道ぐを□□（はつめい）する。
⑥ 長さを□（ちょう）節（せつ）する。

3 漢字とおくりがなを書きましょう。　一つ3点（12点）

① 紙を（　　　）（かさねる）。
② 気もちが（　　　）（あらわれる）。
③ 車に（　　　）（のる）。
④ ドアが（　　　）（ひらく）。

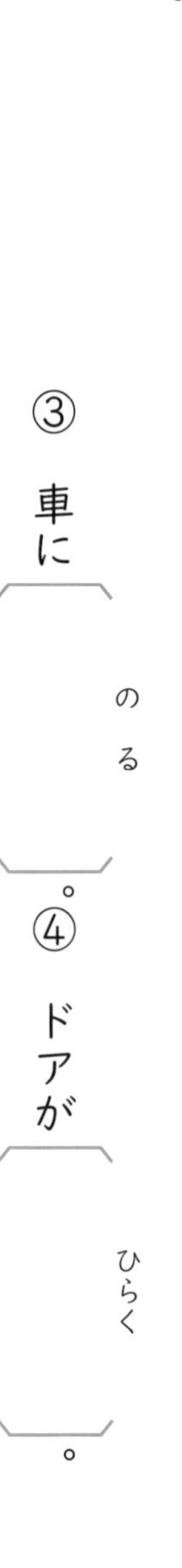

4 つぎの文しょうを読んで、「発見ノート」をかんせいさせましょう。 一つ5点(10点)

田中(たなか)さんは、ある日、朝食にバナナを食べました。そして、バナナを食べながら、ふと、「バナナを食べても、さくらんぼやぶどうみたいにたねを出すことがないのはなぜだろう。バナナにも、たねはあるのかな。」と考えました。そして、そのことを、「発見ノート」に書くことにしました。

【発見ノート】

・四月二十日(月)　[　　　　]の時　（「いつ」）

・自分の家

「　　　　　　　　　　」（「ふしぎに思ったこと」）

・バナナはたねをうえてそだてるのかな。

（調べて分かったこと）

・本で調べてみると、「バナナのまん中あたりにあるくぼみは、たねのもとになるもの」らしい。

・お店で売っているバナナは「なえ」からそだてることが多いこともわかった。

5 ――線の言葉を、国語辞典の見出し語になっている形で書きましょう。 一つ5点(20点)

れい　走って帰る（　走る　）

① さがしていた本があった。（　　　）

② きのうは楽しかった。（　　　）

③ さっき聞いた話です。（　　　）

④ 紙を丸く切る。（　　　）

6 つぎの言葉が国語辞典にならんでいる順(じゅん)に、1～4の数字を書きましょう。 完答(かんとう)一つ5点(20点)

①
（　）いちいち
（　）いちにち
（　）いちがつ
（　）いたち

②
（　）ダンス
（　）たん生日
（　）たんす
（　）たび

③
（　）しょくじ
（　）しょうゆ
（　）しょうぶ
（　）シュート

④
（　）ボール
（　）ホテル
（　）ほしくず
（　）ほらあな

二　メモをくふうしてしょうかいしよう

わたしのたからもの
漢字の広場①　漢字学習ノート

めあて
★発表メモの書き方を学ぼう。
★使いやすい漢字学習ノートを作ろう。

学習日　月　日
教科書　上38〜43ページ
答え　5ページ

かきトリ　新しい漢字

教科書38ページ	38ページ	42ページ	42ページ
練　レン　ねる　14画	習　シュウ　ならう　11画	感　カン　13画	運　ウン　はこぶ　12画

42ページ	43ページ
転　テン　ころがる・ころげる・ころがす・ころぶ　11画	集　シュウ　あつまる・あつめる　12画

「習」の「白」のぶぶんを「日」としないようにね。

1　（　）に読みがなを書きましょう。

①　気が動転する。（　）
②　文集を作る。（　）
③　車を運転する。（　）
④　春を感じる。（　）

2　□に漢字を、（　）に漢字とおくりがなを書きましょう。

①　□□（れんしゅう）する。
②　玉を（ころがす）。
③　カードを（あつめる）。
④　字を（ならう）。
⑤　つくえを（はこぶ）。
⑥　きじを（ねる）。

3 中野さんのメモを見ながら、話のないようをかんせいさせましょう。

中野さんのメモ

1 たからもの
ぶんぶんごま
2 たからものにえらんだ理由
〈いちばんつたえたいこと＝話の中心〉
なかよしの友だちといっしょに作ったから。
3 作り方
・あつ紙　・たこひも
・クレヨン　・きり　・はさみ
4 よびかけ
ぶんぶんごまを作って、いっしょに回してあそぼう。

〈中野さんの話のないよう〉
このぶんぶんごまは、わたしのたからものです。どうしてたからものになったと思いますか。
それは、①（　　　）
わたしは友だちと、いろいろな色のぶんぶんごまを作って、きょうそうして回しています。
ぶんぶんごまの作り方はむずかしくありません。作り方は、（しょうりゃく）
みなさんも、ぶんぶんごまを作って、②（　　　）

4 発表メモをもとに発表するときに、大切なことは何ですか。三つに○をつけましょう。

ア（　）話す前に、いちばんつたえたいことをたしかめる。
イ（　）声の強弱に気をつけて話す。
ウ（　）話すときは、ずっと発表メモを見て話す。
エ（　）話の中心に気をつけながら聞く。

5 ①～⑤の（　）に合う言葉を、［　］からえらんで記号を書き入れ、漢字学習ノートを作りましょう。

習
音：①（　）
くん：②（　）
(1)ならう。(2)なれる。(3)ならわし。
「羽」と「③（　）」とが組み合わさった字。
(1)予習、④（　）
(2)習じゅく
(3)習かん
風習
ねる前に予習をする。
習じゅくどをチェックする。
はみがきを⑤（　）づける。

ア 白　イ 自　ウ なら（う）
エ 学習　オ シュウ　カ 習かん

わたしのたからもの　漢字の広場①　漢字学習ノート

時間 20分

／100

ごうかく 80点

学習日　月　日

教科書 上38〜43ページ

答え 6ページ

1 文しょうを読んで、答えましょう。　思考・判断・表現

森本さんは、グループの友達（ともだち）から意見やかんそうを聞いて、自分の話をふり返りました。

そして、しおりが「大切なたからもの」だということがつたわるように、発表メモを書き直しました。

つぎは、友達の意見やかんそうをもとに見直した、森本さんの話のないようです。よくなったところを見つけましょう。


　このしおりは、わたしのたからものです。どうしてたからものになったと思いますか。

　それは、おばあちゃんに教えてもらいながら自分で作ったからです。

　おばあちゃんには、散歩（さん）の時、草花をつかったいろいろなあそびを教えてもらいました。しおりのほかには、くさぶえや花かんむりなどです。

　みなさんは、しおりを作ったことがありますか。ちょっと、こちらを見てください。


できたらスゴイ！

(1) 「どうしてたからものになったと思いますか。」とありますが、その答えを文しょうから書きぬきましょう。　10点

（　　　　　　　　）

(2) 森本さんの発表を「はじめ」「中」「おわり」の三つに分けると、「おわり」はどこになりますか。はじめの五文字を書きぬきましょう。　12点

□□□□□

よく出る

(3) 森本さんは話の中でしおりの作り方を説明（せつ）していますが、作り方のじゅん番がわかりやすくなるようにつかわれている言葉を、じゅんに書きぬきましょう。　一つ5点（15点）

①（　　　）　②（　　　）　③（　　　）

(4) この森本さんの話の中心は何ですか。一つに○をつけましょう。　10点

ア（　）しおりがたからものだということ。

イ（　）草花でしおりが作れるということ。

まず、このように、葉を本の間に数日間はさんで、おし葉を作ります。つぎに、これをあつ紙にはります。そして、とうめいなシールでつつみ、リボンをつけて、できあがりです。

わたしといっしょに、いろいろな草花でしおりを作ってみませんか。自分だけのたからものができると思います。

「わたしのたからもの」より

ウ（　）クラスのみんなへのよびかけ。

(5) この話の中で、話し方のくふうがされているのはどこですか。一つに○をつけましょう。 15点

ア（　）よびかけの言葉をつかい、みんなに話しかけるような話し方をしているところ。

イ（　）おばあちゃんに教えてもらいながら、みんなの前でしおりを作っているところ。

ウ（　）しおりの作り方を順に見せながら、みんなといっしょに作っているところ。

2 読みがなを書きましょう。

一つ3点（12点）

① 玉が**転**がる。（　　）

② 校庭（てい）に**集合**する。（　　）

③ 文字を**習**う。（　　）

④ 歌を**練習**する。（　　）

3 漢字を書きましょう。

一つ3点（6点）

① □（うんどう）会

② さむさを□（かん）じる。

4 ①〜④の（　）に合う言葉を、[　]からえらんで記号を書き入れ、漢字学習ノートを作りましょう。

一つ5点（20点）

運

音：①（　）

くん：②（　）

漢字の意味

(1)はこぶ。(2)うごく、うごかす。(3)めぐりあわせ。

漢字を使った言葉

(1)運そう (2)③（　） (3)こう運 ④（　）

[ア 運転　イ ウン　ウ 運めい　エ はこ-ぶ]

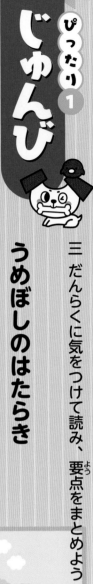

三 だんらくに気をつけて読み、要点(よう)をまとめよう

うめぼしのはたらき

めあて
★ないようの中心になる文を見つけよう。

学習日
月　日

教科書 上45～47ページ

答え 6ページ

かきトリ 新しい漢字

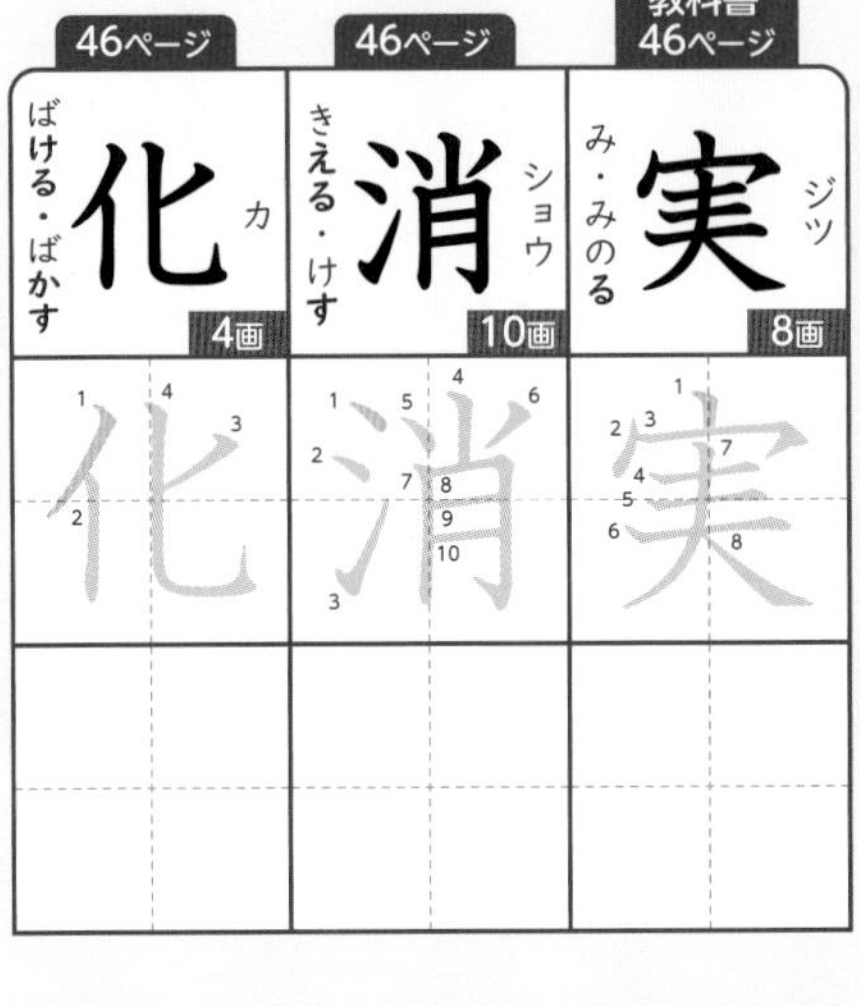

教科書46ページ
実 ジツ み・みのる 8画
46ページ
消 ショウ きえる・けす 10画
46ページ
化 カ ばける・ばかす 4画

「実」はよこ線の長さに気をつけて書こう。

1 □に読みがなを書きましょう。

① 火が 消える。（　　）

② 大きな 実がなる。（　　）

③ きつねが人を 化かす。（　　）

2 □に漢字を、〔　〕に漢字とおくりがなを書きましょう。

① □□(じっこう)する。

② □□(しょうか)のよい食事。

③ 明かりを □(け)す。

④ くりが〔　　〕(みのる)。

3 正しい意味に○をつけましょう。

① 話をおぎなう。
ア（　）足りないところに足す。
イ（　）多いところをへらす。

② 温度(ど)をたもつ。
ア（　）つねにじょうたいをへんかさせる。
イ（　）あるじょうたいをまもりつづける。

4 文しょうを読んで、答えましょう。

①うめぼしは、うめの実をしおにつけて作った、とてもすっぱい食べ物です。日本では、むかしから食べられてきました。みなさんも、食べたことがあるでしょう。わたしたちは、なぜ、そんなにすっぱいうめぼしを食べるのでしょう。

②それは、うめぼしが、わたしたちの体にとって、いろいろとよいはたらきをするからです。

③うめぼしは、食べ物の消化をたすけるはたらきをします。わたしたちの体は、すっぱいものを食べると、たくさんのつばを出します。つばには、食べ物の消化をよくするはたらきがあるので、うめぼしを食べると、食べ物の消化がよくなるのです。

④うめぼしは、体に塩分をおぎなうはたらきをします。わたしたちの体は、塩分が足りなくなると、十分にはたらかなくなってしまいます。あつい時や運動をした時にあせをかくと、体から塩分が出てしまいます。そのような時にうめぼしを食べると、うめぼしの塩分が、体の中の塩分のりょうを、正しくたもってくれるのです。

「うめぼしのはたらき」より

(1) うめぼしはどのように作られていますか。文しょうから書きぬきましょう。

（　　　　）を（　　）につけて作られる。

(2) 「わたしたちは、なぜ、そんなにすっぱいうめぼしを食べるのでしょう。」とありますが、なぜですか。その理由を「うめぼしが、」につづけて書きましょう。

うめぼしが、

（　　　　　　　　　　）

(3) 「たくさんのつばを出します。」とありますが、つばのはたらきとして合うものはどれですか。一つに○をつけましょう。

ア（　）食べ物をすっぱくする。
イ（　）食べ物のかおりをよくする。
ウ（　）食べ物の消化をよくする。

(4) 「うめぼしは、体に塩分をおぎなうはたらきをします。」とありますが、どのような時にそのはたらきをしますか。合う言葉を文しょうから二字で書きぬきましょう。

（　　）をかいた時。

ぴったり1 じゅんび

三 だんらくに気をつけて読み、要点をまとめよう

めだか
読書の広場① 本をさがそう

◎めあて
★だんらくの「要点」をつかもう。
★本のさがし方や、本をつかった調べ方を学ぼう。

学習日 月 日
教科書 上48～61ページ
答え 7ページ

かきトリ 新しい漢字

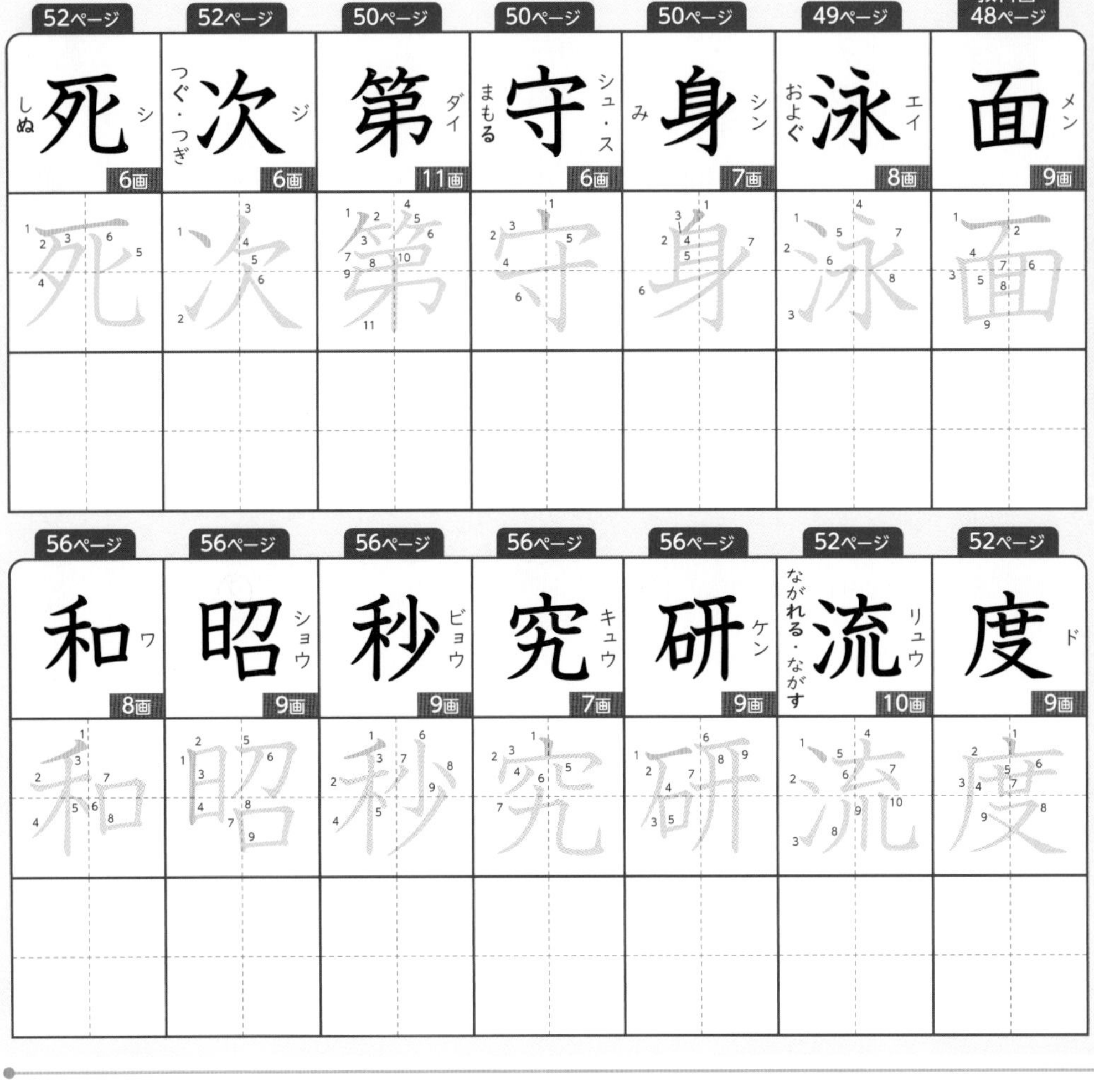

教科書48ページ 面 メン 9画
49ページ 泳 エイ およぐ 8画
50ページ 身 シン み 7画
50ページ 守 シュ・ス まもる 6画
50ページ 第 ダイ 11画
52ページ 次 ジ つぐ・つぎ 6画
52ページ 死 シ しぬ 6画
52ページ 度 ド 9画
52ページ 流 リュウ ながれる・ながす 10画
56ページ 研 ケン 9画
56ページ 究 キュウ 7画
56ページ 秒 ビョウ 9画
56ページ 昭 ショウ 9画
56ページ 和 ワ 8画

教科書58ページ 館 カン やかた 16画

1 □に読みがなを書きましょう。

① 身長をはかる。
② 昭和の歌。
③ 水面から顔を出す。
④ ルールを守る。
⑤ 水泳教室に通う。
⑥ 電流がながれる。
⑦ 虫が死ぬ。
⑧ 次の日曜日に行く。

2 □に漢字を、〔　〕に漢字とおくりがなを書きましょう。

① けんこう□□（だいいち）。

② □□（もくじ）を見る。

③ こん虫の□□（けんきゅう）。

④ □□（しご）のせかい。

⑤ □□□（よんじゅうど）のねつ。

⑥ □（しゅ）備（び）につく。

⑦ □（み）を引きしめる。

⑧ 一□（びょう）をあらそう。

⑨ やしきは□（やかた）ともいう。

⑩ おにのお□（めん）。

⑪ プールで〔　　（およぐ）　　〕。

⑫ 水に〔　　（ながす）　　〕。

めだか／本をさがそう

3 正しい意味に○をつけましょう。

① 西から雨雲がせまっている。
ア（　）遠ざかっている。
イ（　）近づいている。

② 休みの日ものこりわずかだ。
ア（　）たくさん。
イ（　）ほんの少し。

③ だんらくの要（よう）点をまとめる。
ア（　）だいたいのないよう。
イ（　）大事なないよう。

本をさがそう

4 合うものを［　］からえらんで、記号を書きましょう。

① さくいん（　　）

② おくづけ（　　）

ア　本のだいめいや書いた人、発行日などが書かれている。
イ　その本にのっていることが、五十音順（じゅん）にならべられている。

ぴったり3 たしかめのテスト①

三 だんらくに気をつけて読み、要点をまとめよう

うめぼしのはたらき
～ 読書の広場① 本をさがそう

時間 20分　／100　ごうかく80点

学習日　月　日

教科書 上45～61ページ

答え 8ページ

文しょうを読んで、答えましょう。　思考・判断・表現

　春になると、小川や池の水面近くに、めだかがすがたをあらわします。めだかは、大変小さな魚です。体長は、大人になっても三、四センチメートルにしかなりません。

　めだかは、のんびり楽しそうに泳いでいるようですが、いつも、たくさんのてきにねらわれています。「たがめ」や「げんごろう」、「やご」や「みずかまきり」などの、水の中にいるこん虫は、とくにこわいてきです。大きな魚や「ざりがに」にもおそわれます。

　では、めだかは、そのようなてきから、どのようにして身を守っているのでしょうか。

　第一に、めだかは、小川や池の水面近くでくらして、身を守ります。水面近くには、やごやみずかまきりなどの、てきがあまりいないからです。

　第二に、めだかは、すいっ、すいっとすばやく泳いで、身を守ります。近づいてきたてきから、さっとにげることができるからです。

　第三に、めだかは、小川や池のそこにもぐっていって、

1 「小川や池の水面近くに」とありますが、めだかが水面近くにいるのはなぜですか。一つに○をつけましょう。　10点

ア（　）水面近くは、水がにごっていないから。

イ（　）水面近くには、てきがあまりいないから。

ウ（　）水面近くには、えさがたくさんあるから。

できたらスゴイ！

2 「大変小さな魚です。」とありますが、めだかは体が小さいことでどのようなよいことがありますか。文しょうから書きぬきましょう。　15点

（　　　　　　　　　　　　）でも生きられる。

よく出る

3 「いつも、たくさんのてきにねらわれています。」とありますが、めだかにはどのような「てき」がいますか。三つにわけて文しょうから書きぬきましょう。　完答20点

水をにごらせ、身を守ります。近づいてきたてきに見つからないようにかくれることができるからです。
　第四に、めだかは、何十ぴきも集まって泳ぐことによって、身を守ります。てきを見つけためだかが、きけんがせまっていることを仲間に知らせると、みんなはいっせいにちらばり、てきが目うつりしている間に、にげることができるからです。

　めだかは、こうして、てきから身を守っているだけではありません。めだかの体は、自然のきびしさにもたえられるようになっているのです。
　夏の間、何日も雨がふらないと、小川や池の水がどんどん少なくなり、「ふな」や「こい」などは、次々に死んでしまいます。でも、めだかは、体が小さいので、わずかにのこされた水たまりでもだいじょうぶです。
　また、小さな水たまりでは、水温がどんどん上がりますが、めだかは、四十度近くまでは、水温が上がってもたえられます。

杉浦宏「めだか」より

4 「どのようにして身を守っているのでしょうか。」とありますが、めだかの身の守り方の一つとして正しいものはどれですか。一つに○をつけましょう。 10点

ア（　）小川や池のそこの石の下にかくれる。
イ（　）すいっ、すいっとすばやく泳ぐ。
ウ（　）いつもちらばって泳ぐ。

5 「みんなはいっせいにちらばり」とありますが、なぜそのようにするのですか。一つに○をつけましょう。 10点

ア（　）すばやく泳いで、てきからにげるため。
イ（　）てきに見つからないように、かくれるため。
ウ（　）てきが目うつりしている間ににげるため。

6 「小さな水たまりでは、水温がどんどん上がります」とありますが、それなのに、めだかはなぜ生きられるのですか。文しょうから書きぬきましょう。 15点

［　　　　　］までの水温にたえられるから。

考えを書こう

7 めだかは、きびしい自然の中で生きていますが、自然のきびしさには、夏の間、何日も雨がふらないことのほかにどのようなことがありますか。考えて書きましょう。 20点

［　　　　　］

ぴったり3

たしかめのテスト②

三 だんらくに気をつけて読み、要点(ようてん)をまとめよう

うめぼしのはたらき ～ 読書の広場① 本をさがそう

時間 20分

／100

ごうかく 80点

学習日 月 日

教科書 上45～61ページ

答え 9ページ

1 読みがなを書きましょう。 一つ2点(20点)

① <u>身近</u>な人。（　　）

② <u>次回</u>も楽しみだ。（　　）

③ 留(る)<u>守</u>番をする。（　　）

④ <u>実力</u>のあるチーム。（　　）

⑤ 真(しん)理を<u>究明</u>する。（　　）

⑥ <u>地面</u>をける。（　　）

⑦ 取(と)り<u>次</u>ぎをする。（　　）

⑧ きつねが<u>化</u>ける。（　　）

⑨ また<u>今度</u>会おう。（　　）

⑩ 古い<u>館</u>がある。（　　）

2 漢字を書きましょう。 一つ3点(18点)

① 水ぞく［かん］

② ［しんちょう］がのびる。

③ ［しご］のせかい。

④ 強い［すいりゅう］。

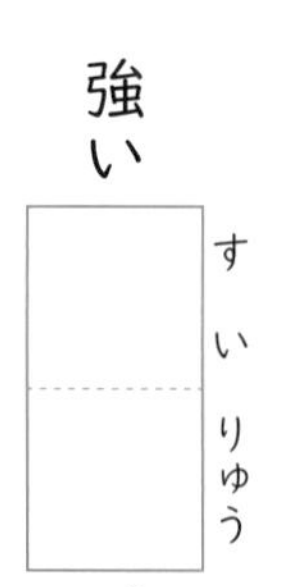

⑤ ［わしょく］のお店。

⑥ ［かせき］をさがす。

3 漢字とおくりがなを書きましょう。 一つ4点(12点)

① 川で（およぐ）。

② りんごが（みのる）。

③ サッカーの試(し)合でゴールを（まもる）。

4 それぞれの文に合うように、□におくりがなを書きましょう。 一つ4点(16点)

① 流 { トイレで水を流□。
　　　夜空を星が流□。

② 消 { へやの明かりが消□。
　　　らくがきを消□。

5 つぎの文に合うほうの言葉に○をつけましょう。 一つ4点(8点)

① このかさは強い風にも { ( )たえられる ( )乗りこえる }。

② おもしろくて { ( )うわの空 ( )むちゅう } になって遊ぶ。

6 意味の正しいほうに○をつけましょう。 一つ5点(10点)

① 要点
ア( )文しょうの中のないようの一まとまりのところ。
イ( )文しょうやだんらくの中の大事なところ。

② とくちょう
ア( )ほかの物とくらべてとくに目立つ点。
イ( )ほかの生き物と共通(きょう)した点。

7 ①～④のことを本で調べるとき、どこを見ればよいですか。□からえらんで、記号を書きましょう。 一つ4点(16点)

① その本が作られたわけ。 ( )
② ないようのまとまりが、何ページからはじまるか。 ( )
③ 本が発行された年。 ( )
④ ある言葉が何ページに出ているか。 ( )

ア 目次　イ さくいん
ウ 前書き・後書き　エ おくづけ

四 図やしりょうを目的（てき）に合わせてえらぼう

クラスの「生き物ブック」

漢字の広場② 漢字の音（おん）と訓（くん）

めあて

★説明する文章を書くときのくふうをとらえよう。

★漢字の音と訓について学ぼう。

学習日
月　日
教科書
上62〜69ページ
答え
9ページ

がきトリ　新しい漢字

漢字	音	訓	画数	ページ
章	ショウ		11画	教科書62ページ
全	ゼン	まったく・すべて	6画	64ページ
題	ダイ		18画	65ページ
皮	ヒ	かわ	5画	66ページ
相	ソウ	あい	9画	67ページ
庭	テイ	にわ	10画	69ページ
命	メイ	いのち	8画	69ページ
炭	タン	すみ	9画	69ページ
品	ヒン	しな	9画	69ページ
平	ヘイ・ビョウ	たいら・ひら	5画	69ページ
皿		さら	5画	69ページ
等	トウ	ひとしい	12画	69ページ
代	ダイ・タイ	かわる・かえる・よ	5画	69ページ

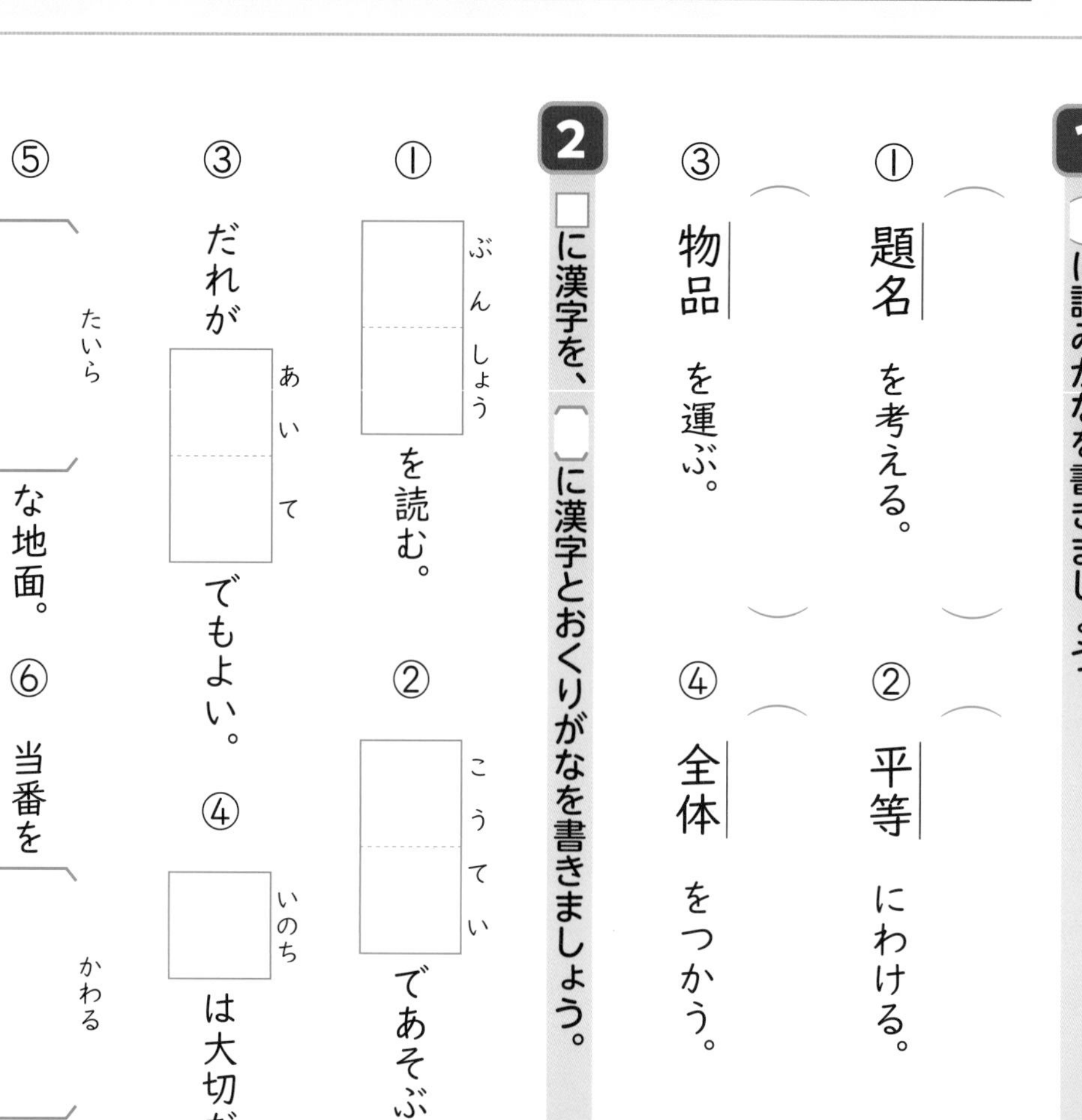

1 （　）に読みがなを書きましょう。

① 題名（　）を考える。

② 平等（　）にわける。

③ 物品（　）を運ぶ。

④ 全体（　）をつかう。

2 □に漢字を、（　）に漢字とおくりがなを書きましょう。

① □（ぶんしょう）を読む。

② □（こうてい）であそぶ。

③ だれが□（あいて）でもよい。

④ □（いのち）は大切だ。

⑤ （たいら）な地面。

⑥ 当番を（かわる）。

クラスの「生き物ブック」

3 正しい意味に○をつけましょう。

①　本を、参考（さん）にする。
ア（　）手がかりにすること。
イ（　）ないようをうつすこと。

②　ことばをあてて読む。
ア（　）予想すること。
イ（　）読み方を決（き）めること。

③　本を発行する。
ア（　）ないようがてき切か調べること。
イ（　）いんさつして、世（よ）に出すこと。

4 よこ書きの文の書き方について、正しいものには○を、まちがっているものには×をつけましょう。

①（　）よこ書きの文は、左から右に書く。
②（　）点は、「，」（コンマ）をつかってもよい。
③（　）文の終わりに「。」をつかわない。
④（　）見出しの数字は「1、2、3」をつかう。

漢字の音と訓

5 次の言葉の音読みと訓読みを書きましょう。

①　年月　音読み（　　）　訓読み（　　）
②　色紙　音読み（　　）　訓読み（　　）
③　市場　音読み（　　）　訓読み（　　）
④　風車　音読み（　　）　訓読み（　　）
⑤　草原　音読み（　　）　訓読み（　　）

ぴったり3 たしかめのテスト

四 図やしりょうを目的に合わせてえらぼう

クラスの「生き物ブック」

漢字の広場② 漢字の音と訓

時間 20分

／100

ごうかく 80点

学習日 月 日

教科書 上62～69ページ

答え 10ページ

1 読みがなを書きましょう。 一つ3点(30点)

① 話し相手になる。（　　）

② じょうずな文章。（　　）

③ 品物をおくる。（　　）

④ 全く気にしない。（　　）

⑤ 小皿がわれる。（　　）

⑥ やり方を相談（だん）する。（　　）

⑦ 皮ふのびょう気。（　　）

⑧ 一等しょうになる。（　　）

⑨ 命には代えられない。（　　）（　　）

2 □に漢字を、〔　〕に漢字とおくりがなを書きましょう。 一つ3点(30点)

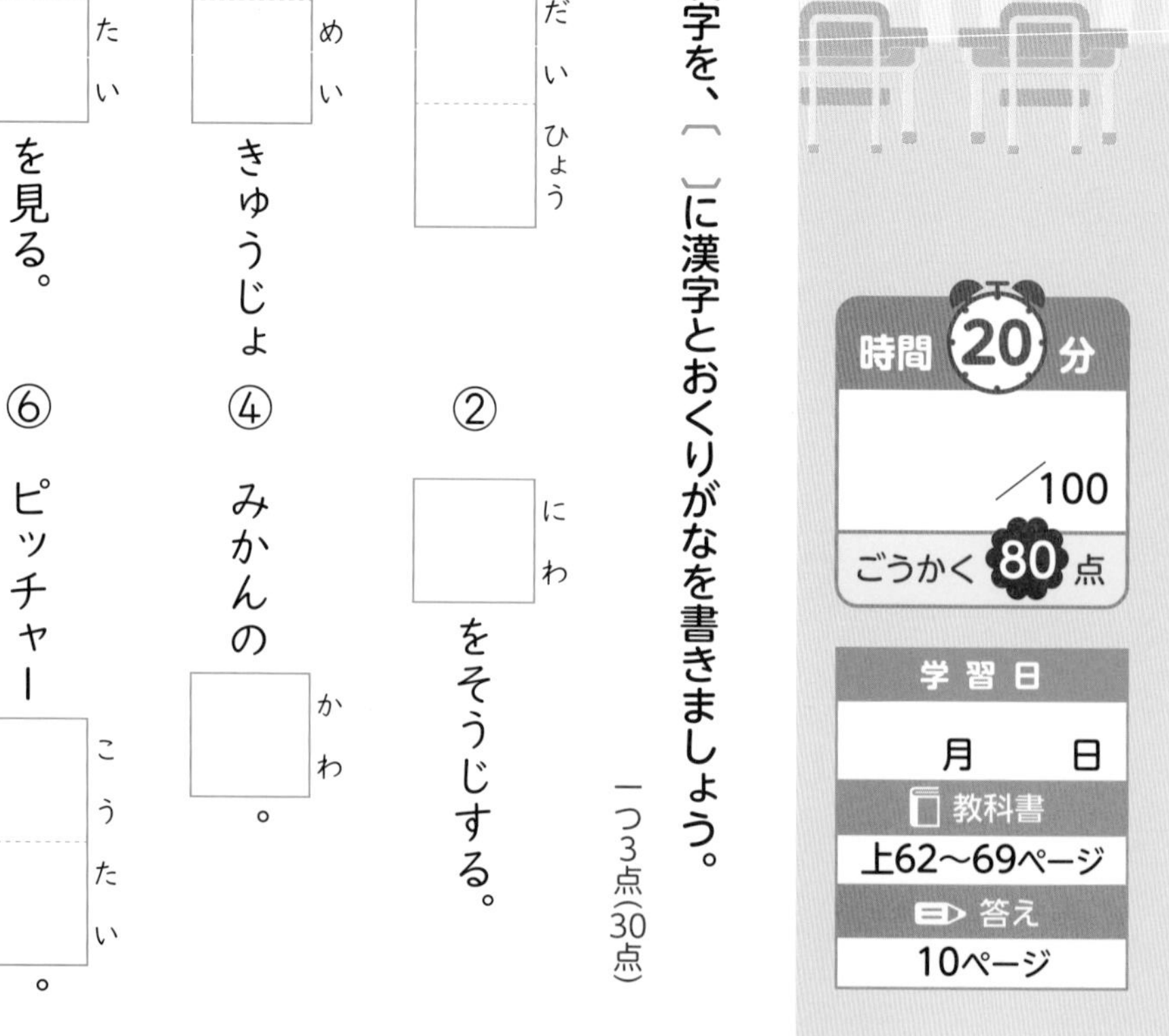

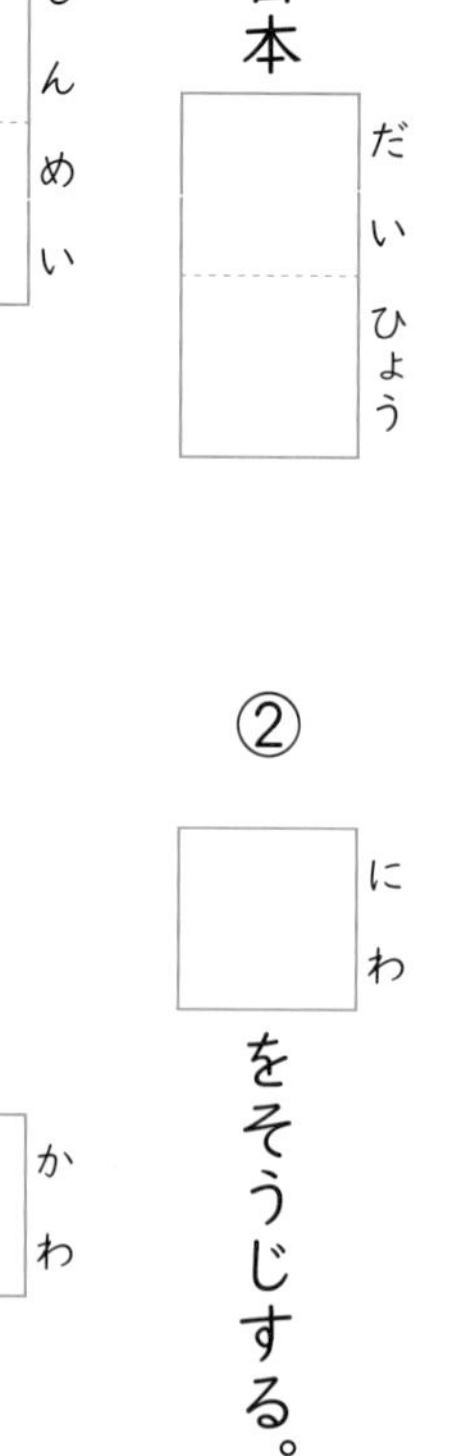

① 日本□□（だいひょう）

② □（にわ）をそうじする。

③ □□（じんめい）きゅうじょ

④ みかんの□（かわ）。

⑤ □□（ぜんたい）を見る。

⑥ ピッチャー□□（こうたい）。

⑦ □□（もくたん）をもやす。

⑧ 〔　　〕（ひらたい）ところ。

⑨ 重さが〔　　〕（ひとしい）。

⑩ 〔　　〕（すべて）かたづける。

3 ――線の漢字の読み方を、音はかたかなで、訓はひらがなで書きましょう。
完答一つ6点(12点)

① 平
平和を守る。（　　）
平たいパン。（　　）
平らな道。（　　）

② 代
クラスの代表。（　　）
身代わりになる。（　　）
千代紙をおる。（　　）

4 ――線の言葉を、漢字とおくりがなで書きましょう。
一つ6点(18点)

① 家にかえる。（　　）
② ぶつかってはねかえる。（　　）
③ お祝いにかえる。（　　）

5 あとのメモを見ながら（　）に書き入れて、中野さんの「組み立て表」をかんせいさせましょう。
一つ5点(10点)

だいめい　いろいろな生き物のすみか　名前　中野　ゆみ		
調べたきっかけ	公園でアリの行れつを見ていると、アリが、公園の木のそばのあなに入っていった。ほかの虫は、どんなところにすんでいるのか知りたいと思った。	
調べたこと	① カブトムシのすみか カブトムシは、昼は（　　）の土の中にもぐってねている。夜は、木に登って木からしみ出たえきをすう。 ② ザリガニのすみか （　　）など、水のあさいところで、水のそこのどろにあなをほってすんでいる。	
まとめ	生き方に合ったばしょにすんでいる。	

〈中野さんのメモ〉

6／10（水）
「アリのすみか」
地面にあなをほってくらす。
〈調べた本〉
『アリのくらし』
（○○社）５ページ

6／12（金）
「カブトムシのすみか」
・昼→木のねもとの土の中。
・夜→木に登ってじゅえきをすう。
〈調べた本〉
『カブトムシの一生』
（○○社）17ページ

6／15（月）
「ザリガニのすみか」
田んぼや池など、あさい水のそこのどろに、あなをほってすむ。
〈調べた本〉
『ザリガニ』
（○○書店）３ページ

ぴったり1 じゅんび

五 物語のせかいをそうぞうしよう

紙ひこうき、きみへ

野中(のなか) 柊(ひいらぎ)

めあて
★物語に出てくる登場人物などをくらべながら読んでみよう。
★物語のせかいを、くわしくそうぞうしてみよう。

学習日 月 日
教科書 上71～89ページ
答え 10ページ

かきトリ 新しい漢字

教科書73ページ	73ページ	74ページ	75ページ	78ページ	78ページ
着 チャク き(る)・き(せる)・つ(く)・つ(ける) 12画	客 キャク 9画	待 タイ ま(つ) 9画	持 ジ も(つ) 9画	具 グ 8画	取 シュ と(る) 8画

78ページ	78ページ	79ページ	88ページ	88ページ
旅 リョ たび 10画	様 ヨウ さま 14画	悲 ヒ かな(しい)・かな(しむ) 12画	部 ブ 11画	屋 オク や 9画

1 （　）に読みがなを書きましょう。

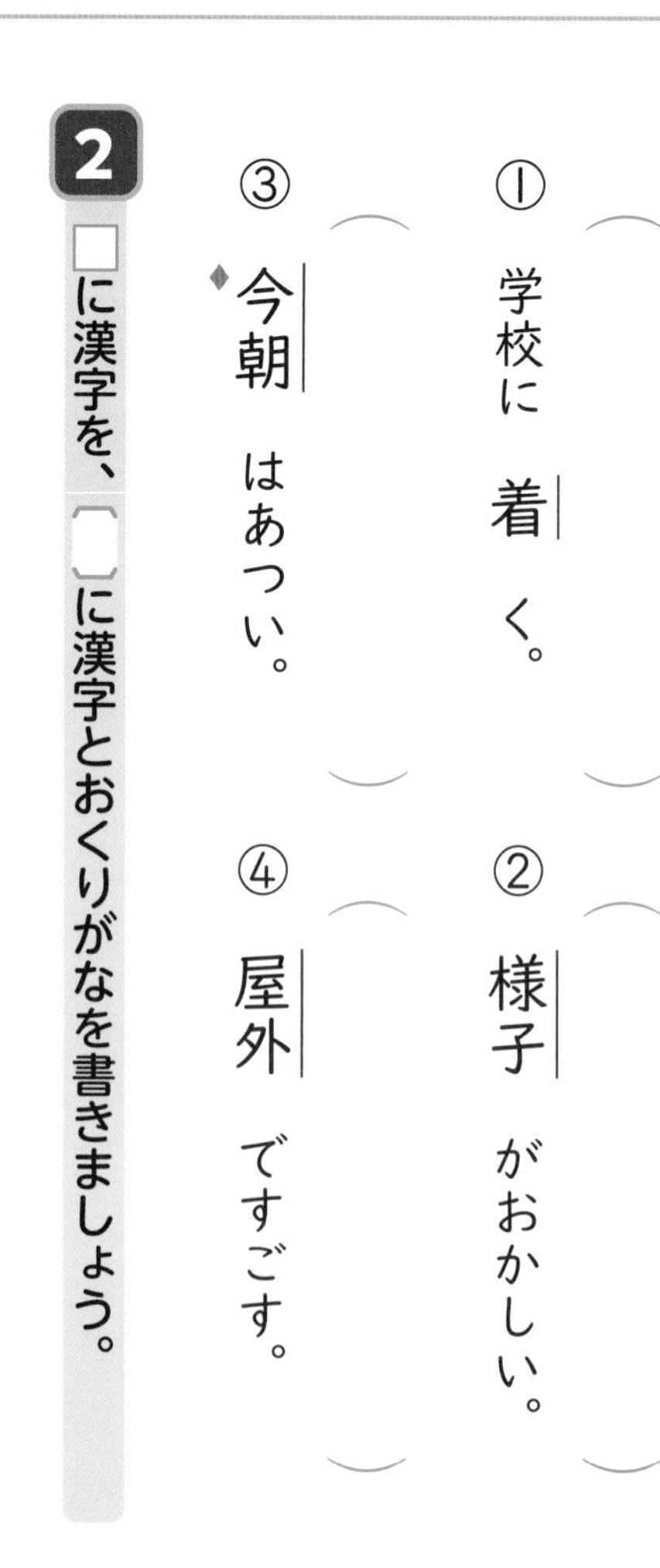

① 学校に着く。（　）

② 様子がおかしい。（　）

③ ◆今朝はあつい。（　）

④ 屋外ですごす。（　）

◆とくべつな読み方の言葉

2 □に漢字を、（　）に漢字とおくりがなを書きましょう。

① □(どうぐ)をつかう。

② お□(きゃく)さま

③ □(りょこう)かばん

④ 手紙を（まつ）。

⑤ （きもち）をこめる。

⑥ （かなしい）わかれ。

3 正しい意味に○をつけましょう。

① ひとりごとをつぶやく。
ア（　）小さな声で話すこと。
イ（　）人に話しかけること。

② 昼食をたいらげる。
ア（　）すべて食べてしまうこと。
イ（　）てきぱきとじゅんびすること。

③ ほがらかにわらう声がする。
ア（　）かわいい様子。
イ（　）明るい様子。

④ 一番にゴールしてとくいになる。
ア（　）調子に乗ってふざけること。
イ（　）自分の思いどおりになってまんぞくすること。

⑤ 雨の中を、すずしい顔をして歩く人がいる。
ア（　）知らん顔をする様子。
イ（　）さむそうな様子。

3分でワンポイント

キリリとミークのちがいを読みとろう。

★①〜③の（　）に合う言葉を［　］の中からえらんで、記号を書きましょう。

ミークのリュックサック	（①　　）をするのにいるものがいろいろ入っている。←なくなってもよいものを入れてある。
キリリの古い旅行かばん	はさみで切り取り、思いうかんだ言葉を書いた（②　　）を、大切にしまう。←ミークのことを（③　　）という思いをこめて入れた。

ア　小さな空　イ　旅　ウ　わすれたくない

紙ひこうき、きみへ

学習日　月　日
教科書 上71～89ページ
答え 11ページ

文章を読んで、答えましょう。


朝、目がさめて、森にふきわたる風の音を聞いたとき、しまりすのキリリは思ったんですよ。

今日はきっと何かある。とくべつなこと！

でも、朝ごはんを食べるころには、もうすっかり、わすれていました。だって、やきたてのくるみ入りのスコーンがいいにおいをさせていましたから。キリリは、これが大すきなのです。

そして、ごはんの後、木のえだの上でひなたぼっこをしていると、風にのって、何かがとんできて、こつん！キリリの頭にあたりました。

なあに？　青い紙ひこうきでした。

紙を開くと、文字が書いてありました。

「こんにちは。夕方には、そちらに着きます。」

えっ？　むねがどきどきしました。

ぼくあての手紙なんだ。でも、だれから？　さっぱりわからないけれど、とにかく、お客さんが来るのです。

1 「朝ごはんを食べるころには、もうすっかり、わすれていました。」とありますが、何をわすれていたのですか。文章から書きぬきましょう。

今日は何か（　　　　　　）がありそうなこと。

2 「これが大すきなのです。」とありますが、何が大すきなのですか。文章から十字で書きぬきましょう。

ヒント　すぐ前の文に注目しよう。

3 「風にのって、何かがとんできて、」とありますが、何がとんできたのですか。文章から七字で書きぬきましょう。

キリリは木の実のこなをつかって、もちもちっとしたはざわりのパンや塩味のビスケット、草の葉とスパイス入りのスープを作りました。

日がくれるころ、後ろから声がしました。

「きみだね？」

ふりむくと、りすがいました。でも、しまりすではありません。キリリよりひとまわりほどからだが大きく、毛の色がまったくちがっていました。

キリリはこんなりすを見たのは、はじめてでした。でも、どうしてなのでしょう。はじめてだけれど、待っていた、このりすが会いにきてくれるのを、長い間、待っていたのだ、と思いました。

「きみなの？」

合い言葉みたいにして、つぶやくと、

「ああ、ぼくだよ。」

と、ひとなつこい声が返ってきました。なんだか、キリリはうれしくなって言いました。

「紙ひこうきのお手紙、ありがとう。」

すると、そのりすはくすぐったそうにわらいました。

「ぼくは、みけりすのリーク。」

「ぼくは、しまりすのキリリ。」

野中 柊「紙ひこうき、きみへ」より

4 「むねがどきどきしました。」とありますが、キリリはこの時どんな気持ちでしたか。一つに○をつけましょう。

ア（　）お客さんが来ることを楽しみにする気持ち。

イ（　）お客さんが来ることがこわいという気持ち。

ウ（　）お客さんが来ることにおこっている気持ち。

5 「ぼくあての手紙なんだ。」とありますが、手紙には何が書かれていたのですか。文章から書きぬきましょう。

6 「しまりすではありません。」とありますが、何だったのですか。文章から四字で書きぬきましょう。

7 「くすぐったそうにわらいました。」とありますが、どのようにわらったのですか。一つに○をつけましょう。

ア（　）いかにもうれしそうにわらった。

イ（　）いかにもおもしろそうにわらった。

ウ（　）いかにもてれくさそうにわらった。

ぴったり1 じゅんび

3分でまとめ

五 物語のせかいをそうぞうしよう
言葉の広場② ローマ字
言葉の広場③ ローマ字とコンピューター
読書の広場② ひろがる読書のせかい

めあて
★ローマ字のルールをおぼえよう。
★コンピューターのローマ字入力のルールを学ぼう。
★読書に親しもう。

学習日 月 日
教科書 上90〜97ページ
答え 11ページ

ローマ字

1 下のだんにローマ字を書きましょう。

あ	い	う	え	お
a	i	u	e	o

な	に	ぬ	ね	の
na	ni	nu	ne	no

さ	し	す	せ	そ
sa	si	su	se	so

ば	び	ぶ	べ	ぼ
ba	bi	bu	be	bo

きゃ	きゅ	きょ
kya	kyu	kyo

ぎゃ	ぎゅ	ぎょ
gya	gyu	gyo

2 書き方が二つあるローマ字を練習しましょう。

し	し
si	shi

つ	つ
tu	tsu

ふ	ふ
hu	fu

3 ローマ字で書かれた言葉をひらがなで書きましょう。

① sankanbi
(　　　)

② umigame
(　　　)

③ syôgakkô
(　　　)

④ huruhon'ya
(　　　)

⑤ Tottori-ken
(　　　)

4 れいにならって、次の言葉をローマ字で書きましょう。

れい
・はな hana
・きっぷ kippu
・ぜんいん zen'in
・九州（きゅうしゅう） Kyûsyû

hana
yama
kawa

① はなび

② しっぽ

③ げんいん

雨天のため
中止

④ うちゅうふく

⑤ 京都（きょうと）

大

ローマ字とコンピューター

5 コンピューターでローマ字入力された言葉を、ひらがなで書きましょう。

① ZUKANN
（　　　　）

② TUDUKU
（　　　　）

③ NIKKI
（　　　　）

④ SUKA-TO
（　　　　）

⑤ E WO KAKU
（　　　　）

ひろがる読書のせかい

6 正しい意味に○をつけましょう。

① 春といえばさくらを連想（れんそう）する。
ア（　）かんけいのあるものごとが思いうかぶこと。
イ（　）ちがうものごとについて考えること。

② スマートフォンにのこっているりれき。
ア（　）これからのよていのこと。
イ（　）コンピューターの記録（ろく）のこと。

ぴったり3 たしかめのテスト①

紙ひこうき、きみへ 〜 読書の広場② ひろがる読書のせかい

時間 20分

/100

ごうかく 80点

学習日 月 日

教科書 上71〜97ページ

答え 12ページ

文章を読んで、答えましょう。　思考・判断・表現

なんとまあ、空でした。

ミークは空を切り取ったのです。

びっくりして目を丸くしているキリリにむかって、にやっとわらうと、ミークはすばやくゆびさきで何かメッセージを書き、紙ひこうきを作ってとばしました。ちょうどふいてきた風にのって、それはまた空の色にとけこんで消えてしまいました。

「ありがとう。楽しかったよ。ずいぶん長く、ここにいたなあ。」

キリリが何も言えずにいると、ミークも、ちょっとの間、だまっていましたが、

「これ、きみにあげよう。」

キリリの手にはさみをにぎらせました。そして、リュックサックをせおって、つややかな黒いしっぽを右へ左へゆらしながら行ってしまいました。

キリリはひとりのこされて——。ときどき、いちばん

1 「ミークは空を切り取ったのです。」とありますが、何をつかって空を切り取ったのですか。文章から三字で書きぬきましょう。　10点

よく出る

2 「空の色にとけこんで消えてしまいました。」とありますが、何が消えてしまったのですか。文章から書きぬきましょう。　一つ10点(20点)

（　　）が書かれた（　　）。

3 「そうせずにはいられなかった」とありますが、何をせずにはいられなかったのですか。文章から六字で書きぬきましょう。　10点

□□□□□□を切り取ること。

高いえだに登り、空にむかって、うでをのばしました。手にはミークのはさみを持って。

　ちきちきっ！　晴れわたった青空、かがやくぎん色の空、雨ふりの空、星々がこぼれおちてきそうな空、さまざまな空を切り取りました。ミークに会いたくてたまらなくなると、そうせずにはいられなかったのです。

　そして、小さな空に、ふわりと雲みたいに思いうかんだ言葉を書いて、紙ひこうきにしてとばしました。

「ぼくは、ここにいます。」

「きみは、どこにいますか。」

　そのくりかえしでした。ほかにも、いろいろなことを思ったのですが、うまく書けなかったのです。

　紙ひこうきは、ミークのもとへとんでいったでしょうか。

　もしかしたら、ミークはもうぼくのことをわすれたかしら？

　ある日、そう考えたら、悲しくなって、キリリはその日その日の小さな空を紙ひこうきにするのはやめました。

　ぼくはわすれない、わすれたくない。だから、切り取った空を大切にしまっておくことにしたのです。古い旅行かばんの中に。

野中柊（のなかひいらぎ）「紙ひこうき、きみへ」より

できたらスゴイ！

4 「ふわりと雲みたいに思いうかんだ言葉」とありますが、どのような言葉ですか。文章から二つ書きぬきましょう。　一つ10点(20点)

（　　　　）

（　　　　）

5 「キリリはその日その日の小さな空を紙ひこうきにするのはやめました。」とありますが、小さな空をどうすることにしたのですか。文章から書きぬきましょう。　一つ10点(20点)

（　　　　）の中に（　　　　）ことにした。

考えを書こう

6 「ぼくはわすれない、わすれたくない。」とありますが、何をわすれたくないと考えているのですか。　20点

（　　　　）

ふりかえり　6が分からないときは、31ページの 3分でワンポイント にもどってかくにんしてみよう。

ぴったり3 たしかめのテスト②

紙ひこうき、きみへ ～ 読書の広場② ひろがる読書のせかい

時間 20分
／100
ごうかく 80点

学習日 月 日
教科書 上71〜97ページ
答え 13ページ

1 読みがなを書きましょう。 一つ2点(20点)

① 着物（　）を買う。
② 来客（　）がある。
③ 期待（　）がかかる。
④ おみやげを持（　）参する。
⑤ 新しい文具（　）。
⑥ 二点を先取（　）する。
⑦ 長旅（　）から帰った。
⑧ 悲鳴（　）をあげる。
⑨ すみやすい家屋（　）。
⑩ 学校に着（　）く。

2 漢字を書きましょう。 一つ2点(12点)

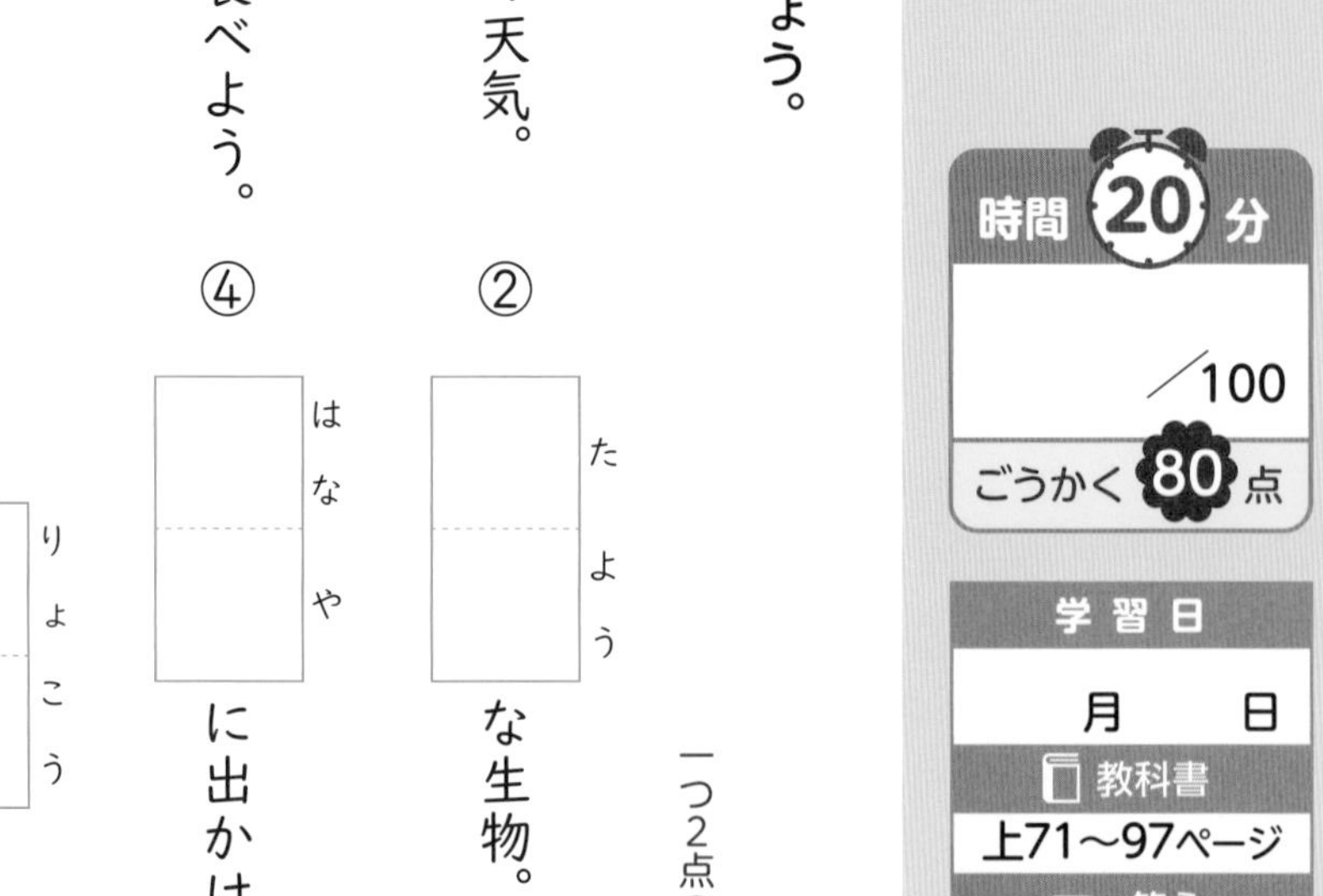

① □（けさ）の天気。
② □□（たよう）な生物。
③ □□（ぜんぶ）食べよう。
④ □□（はなや）に出かける。
⑤ □□（ちゃくち）する。
⑥ 海外□□（りょこう）

3 漢字とおくりがなを書きましょう。 一つ2点(8点)

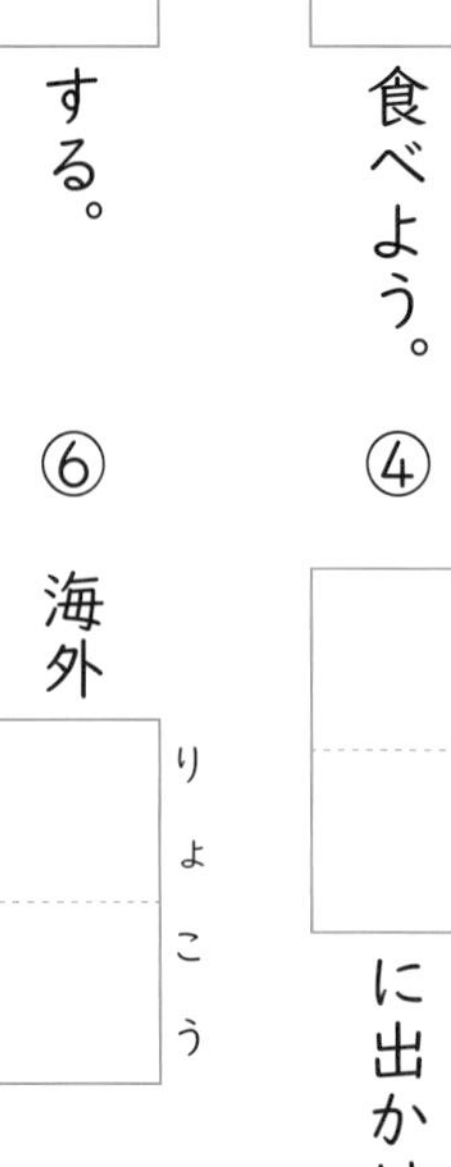

① 本の（もちぬし）。
② 身に（つける）。
③ みなが（かなしむ）。
④ ペンを（とる）。

4 次のローマ字の言葉をひらがなで書きましょう。　一つ2点(10点)

① noraneko
（　　　　　）

② sôko
（　　　　　）

③ gyûnyû
（　　　　　）

④ zen'in
（　　　　　）

⑤ kitte
（　　　　　）

5 次の言葉を、文字の大きさにもちゅう意して、ローマ字で書きましょう。　一つ3点(15点)

① さくら

② でんわ

③ しゅうごう

④ てっきん

⑤ 東京（とうきょう）

6 ローマ字には二通りの書き表し方がある文字があります。次の文字をべつの書き方で書きましょう。　一つ3点(15点)

① し　si

② ち　ti

③ ふ　hu

④ じゅ　zyu

⑤ つ　tu

7 コンピューターでローマ字入力された文を、漢字と、ひらがな、かたかなで書きましょう。　一つ5点(20点)

【ローマ字入力】

KINOU HA
ATUKATTA NODE,
RINGO NO
ZYU-SU WO
NOMIMASITA。

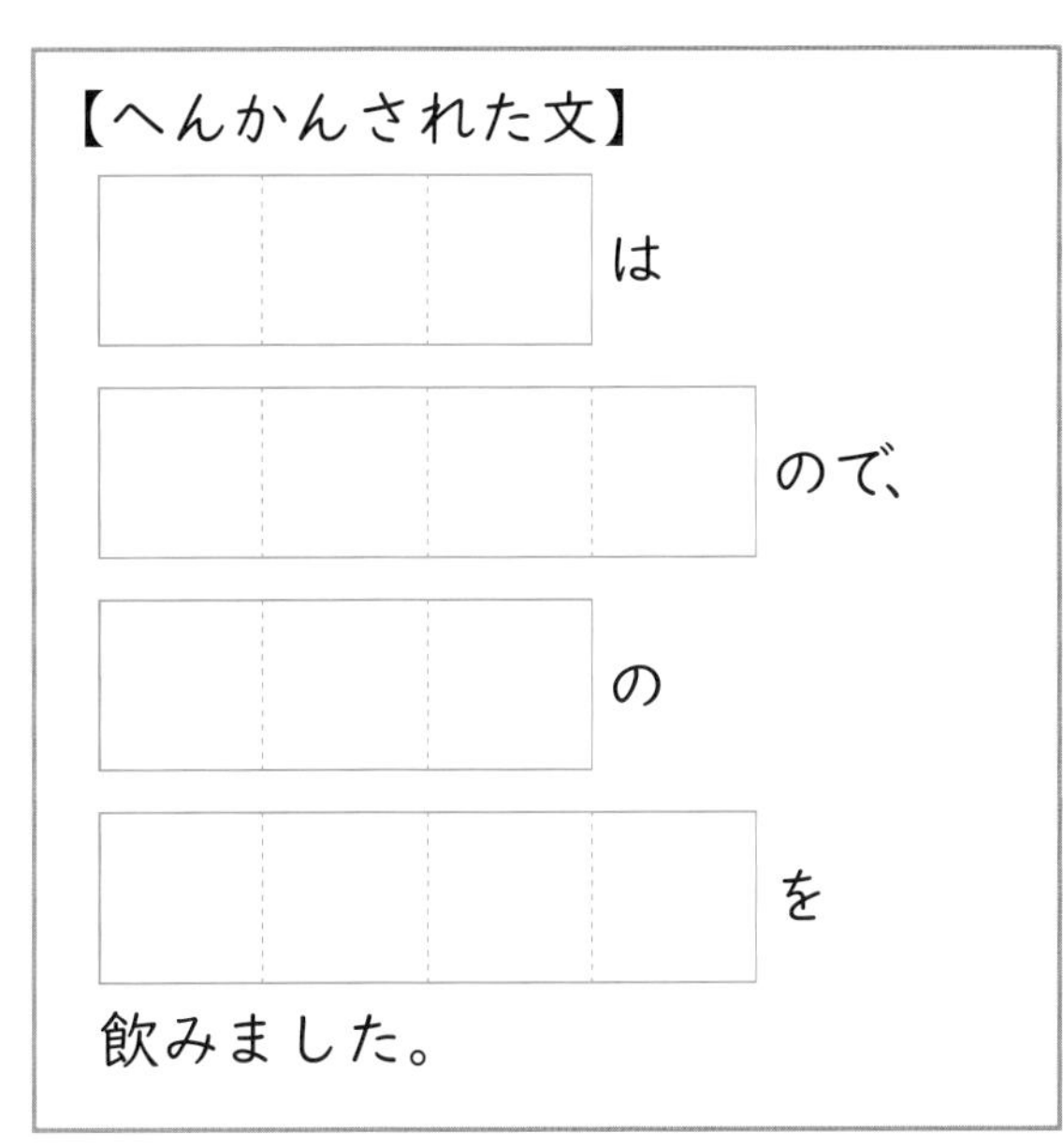
【へんかんされた文】
□□□は
□□□□ので、
□□□の
□□□□を
飲みました。

この本の終わりにある「夏のチャレンジテスト」をやってみよう！

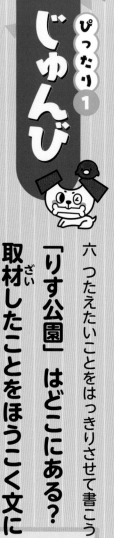

六 つたえたいことをはっきりさせて書こう

「りす公園」はどこにある？

取材したことをほうこく文に

めあて

★メモを取りながら話を聞くくふうを学ぼう。

★取材したことの中から、自分がつたえたいことを中心にして組み立てを考えよう。

学習日　月　日

教科書　上98〜107ページ

答え　13ページ

かきトリ　新しい漢字

教科書99ページ　遊　ユウ　あそぶ　12画
100ページ　駅　エキ　14画
100ページ　曲　キョク　まがる・まげる　6画
103ページ　仕　シ　つかえる　5画
103ページ　写　シャ　うつす・うつる　5画
103ページ　真　シン　ま　10画
103ページ　礼　レイ　5画
103ページ　安　アン　やすい　6画
103ページ　商　ショウ　11画
103ページ　員　イン　10画
106ページ　区　ク　4画
107ページ　申　もうす　5画

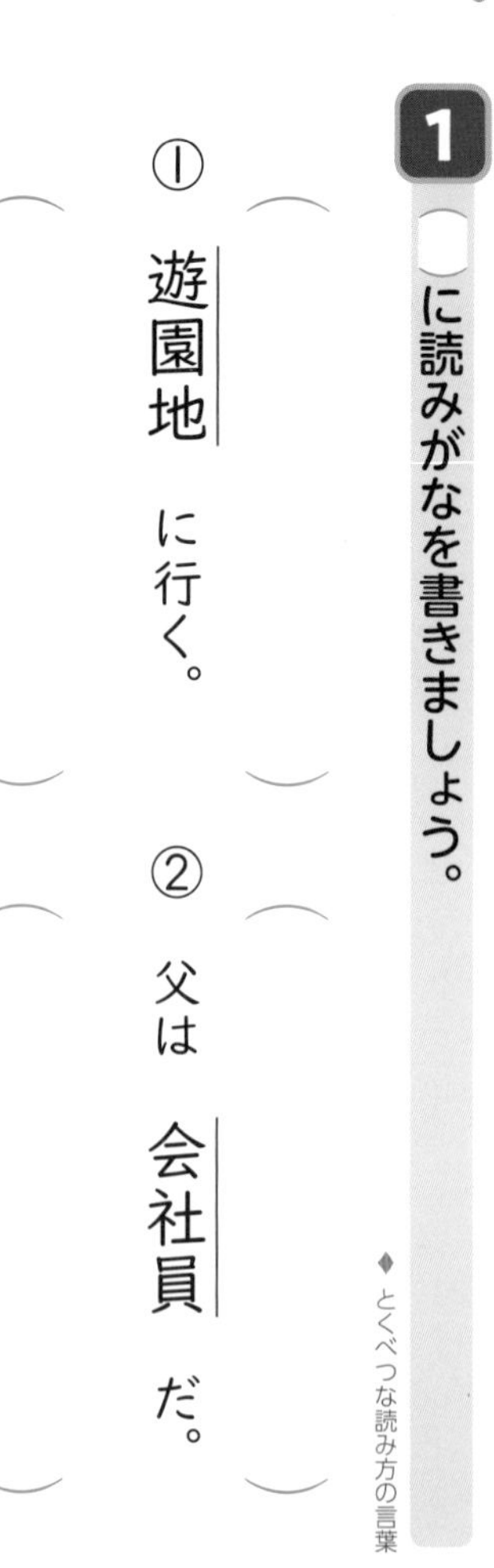

1 （　）に読みがなを書きましょう。

① 遊園地に行く。

② 父は会社員だ。

③ ◆八百屋に行く。

④ 商売をする。

◆とくべつな読み方の言葉

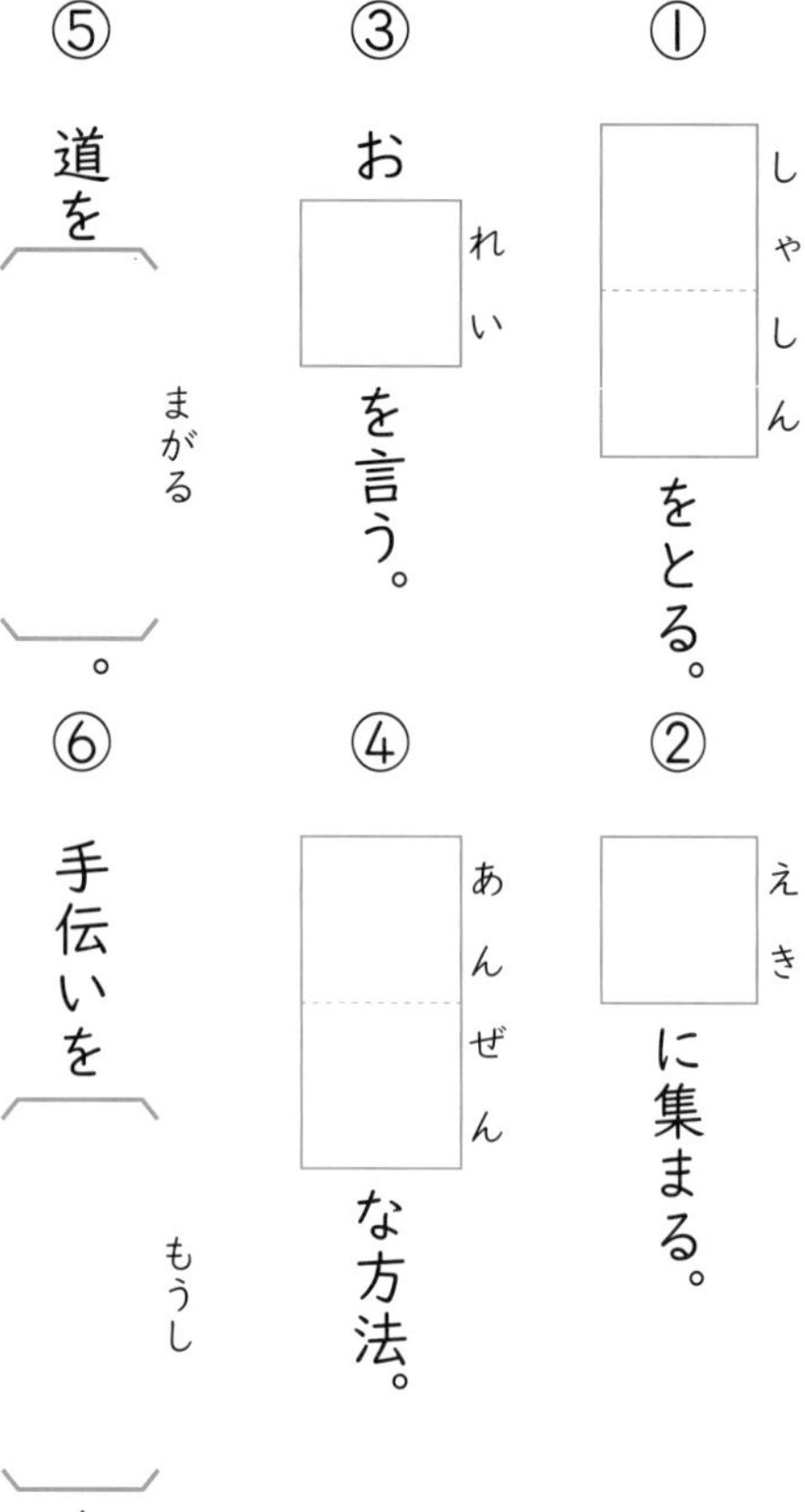

2 □に漢字を、（　）に漢字とおくりがなを書きましょう。

① □□（しゃしん）をとる。

② □（えき）に集まる。

③ お□（れい）を言う。

④ □□（あんぜん）な方法。

⑤ 道を（まがる）。

⑥ 手伝いを（もうし）出る。

3 正しい意味に○をつけましょう。

① 交差点に立つ。
ア（　）二つい上の道が交わるところ。
イ（　）一本道がつづいているところ。

② 言葉づかいに気をつける。
ア（　）話すときや書くときの言葉のつかい方。
イ（　）言葉をつかうときの表情や思い。

③ きょかをとってからつかう。
ア（　）なにかをしてあやまること。
イ（　）ある行動をゆるすこと。

④ 虫のとくちょうを調べる。
ア（　）ほかとくらべて、とくに目立っている点。
イ（　）ほかとくらべて、そのものだけに見られる点。

⑤ 発表をぶんたんする。
ア（　）なまけてやるべきことをおしつけること。
イ（　）やるべきことをわけあうこと。

4 （　）に合う言葉を［　］からえらんで書きましょう。

ほうこく文を書くときは、まとまりがわかりやすくなるように（　　　）をつける。取材したときに言ったことや、（　　　）ことも書く。ことがらをみじかい文で書きならべる（　　　）をつかうと、ないようがわかりやすい。

だんらく	会話文	かじょう書き
見出し	聞いた	

5 インタビューのすすめ方で、正しいものには○を、まちがっているものには×をつけましょう。

①（　）あいさつはしないで聞きはじめる。
②（　）はっきりと聞き取りやすい声で話す。
③（　）写真はとりたい時にとってよい。
④（　）さいごにお礼の言葉を言う。
⑤（　）友達と話す言葉で話す。

六 つたえたいことをはっきりさせて書こう

自分の気持ちを手紙に
漢字の広場③ 送りがな

めあて
★手紙の書き方を学ぼう。
★送りがなについて学ぼう。

学習日
月 日
教科書 上108～111ページ
答え 14ページ

かきトリ 新しい漢字

教科書108ページ	108ページ	109ページ	109ページ	110ページ	110ページ	110ページ
送 ソウ おくる 9画	所 ショ ところ 8画	丁 チョウ 2画	住 ジュウ すむ・すまう 7画	打 ダ うつ 5画	飲 イン のむ 12画	負 フ まける・まかす おう 9画

110ページ	110ページ	111ページ	111ページ	111ページ	111ページ	111ページ
暑 ショ あつい 12画	暗 アン くらい 13画	洋 ヨウ 9画	服 フク 8画	育 イク そだつ・そだてる はぐくむ 8画	苦 ク くるしい・くるしむ くるしめる・にがい・にがる 8画	薬 ヤク くすり 16画

1 （　）に読みがなを書きましょう。

① 苦い お茶。

② コーヒーを 飲む。

③ 外は 暗い。

④ 日が当たる 場所。

⑤ 暑い日がつづく。

⑥ ◆明日の天気。

⑦ ボールを 打つ。

⑧ 手紙を 送る。

⑨ けがを 負う。

⑩ 西洋 のたてもの。

◆とくべつな読み方の言葉

2 □に漢字を、（　）に漢字と送りがなを書きましょう。

① □□（ようふく）を買う。

② □□（じゅうしょ）を書く。

③ □□（たいいく）のじゅぎょう。

④ □（くすり）をもらう。

⑤ とうふを一□（ちょう）買う。

⑥ （　　）（くるしい）たたかい。

⑦ 外国に（　　）（すむ）。

⑧ 植物を（　　）（そだてる）。

⑨ 子どもが（　　）（そだつ）。

⑩ ひなを（　　）（はぐくむ）。

自分の気持ちを手紙に

3 （　）に合うものを［　］から一つずつえらんで記号を書き入れ、手紙をかんせいさせましょう。

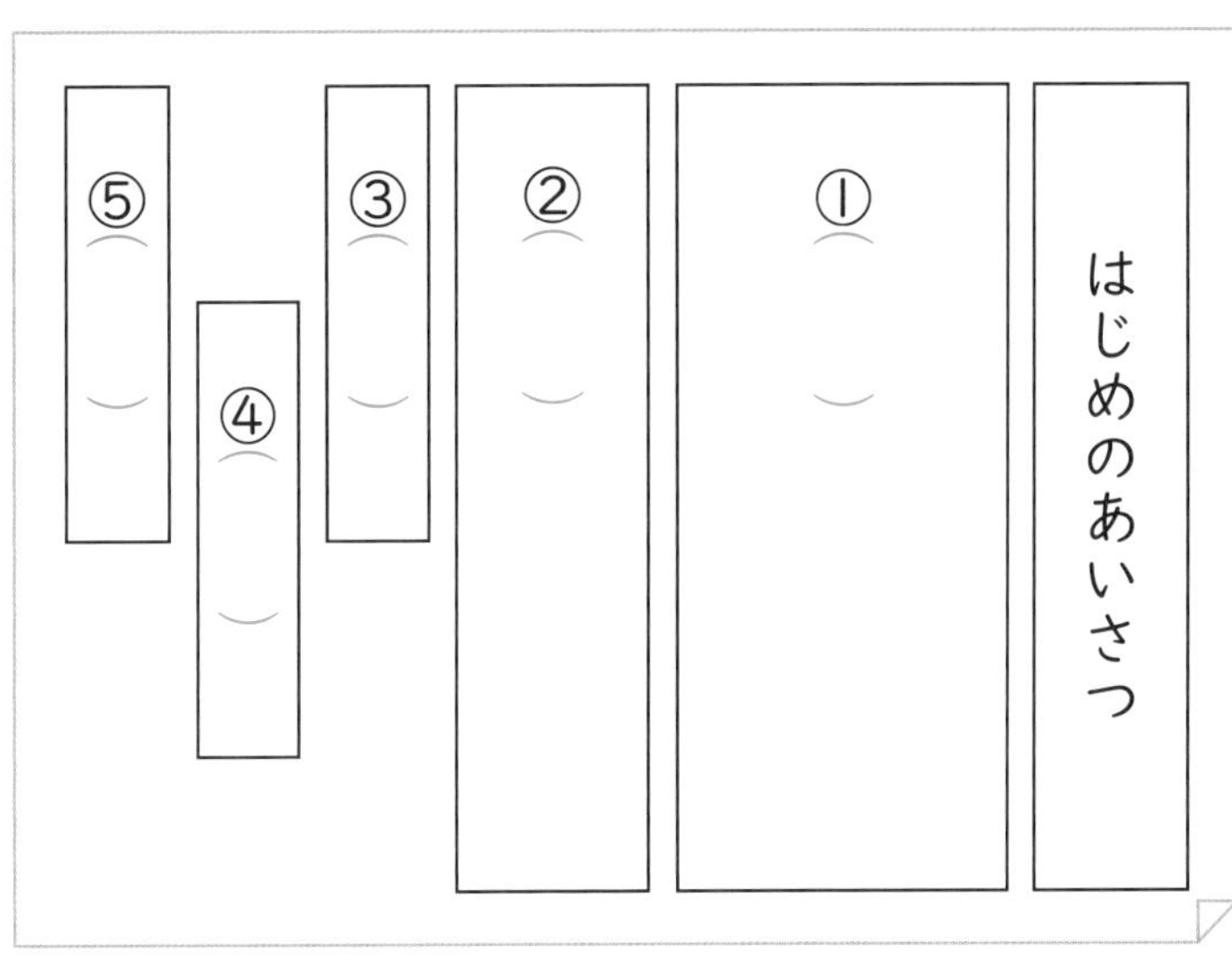

ア　自分の名前
イ　相手の名前
ウ　日付（づけ）
エ　むすびのあいさつ
オ　本文（つたえたいこと）

手紙を書くときは、どんな順番（じゅん）で書くのかおぼえよう。

時間 20分
/100
ごうかく 80点

学習日 月 日
教科書 上102～111ページ
答え 14ページ

1 文章を読んで、答えましょう。 思考・判断・表現

高橋さんは、駅前のみやげもの店へ見学に行きました。

【高橋さんのほうこく文】

店長の中山さんに、おみやげをたくさん売るためのくふうをたずねました。くふうは、店に入る前からわたしたちに見えているそうです。

おもに、次のようなくふうがあるということでした。

・地元のとくさん品ののぼりを立てる。
・おすすめの商品を、店の外から見えるガラスケースにかざる。
・店内では、目に入りやすい高さに、買ってほしい商品をならべる。 ※

わたしたちが気づかずに見ているところに、商品を売るためのくふうがたくさんあることがわかりました。

(1) ほかの人から聞いたことを表す書き方がされている部分を、文章から四字と八字で書きぬきましょう。 一つ5点(10点)

(2) ※の部分のような書き方を何といいますか。書きましょう。 10点

(3) この文章で、いちばんつたえたいことが書かれている文をさがし、はじめの五字を書きぬきましょう。 10点

考えを書こう

(4) 「わたしたちが気づかずに見ているところ」とありますが、どのようなところですか。考えて書きましょう。 20点

2 ①～④の□に合うものを▢から一つずつえらんで記号を書き入れ、ふうとうをかんせいさせましょう。

一つ5点(20点)

【表】

1890004

切手

東村山市西町五三―二
中川青果店(なかがわせいか)
中川　孝一(こういち)　①

【うら】

東村山市川上三丁目―一
川上小学校
小田(おだ)　すず　②
③
④

①(　　)　②(　　)　③(　　)　④(　　)

ア　あて　イ　九月二十三日　ウ　様
エ　(何も書かない)　オ　行　カ　189-0051

3 次の手紙を読んで、答えましょう。

秋風のさわやかなきせつとなりました。中川様は、お元気でしょうか。
わたしは、先日お店を見学させていただいた、川上小学校の小田すずです。お店では、きせつの野菜(やさい)やくだものを売り場の前の方にならべたり、ねだんを大きく書いてはりだしたりするなどのくふうがあることを知りました。これから、お店に行くのが楽しみになりました。
おいそがしい中、見学をさせていただき、ありがとうございました。これからもお仕事をがんばってください。
九月二十日
川上小学校　小田　すず
中川青果店
中川　孝一　様

(1) きせつの言葉をつかってあいさつをしている文を、書きぬきましょう。　15点

(　　)

(2) むすびのあいさつはどこからどこまでですか。はじめとおわりの五字ずつを書きぬきましょう。(句読点(くとうてん)をふくむ)　完答(かんとう)15点

□□□□□ ～ □□□□□

六 つたえたいことをはっきりさせて書こう

取材(ざい)したことをほうこく文に ～漢字の広場③ 送りがな

時間 20分
／100
ごうかく 80点

学習日 月 日
教科書 上102～111ページ
答え 15ページ

1 読みがなを書きましょう。 一つ2点(20点)

① きけんな 薬品。（　　）
② 真昼 の空。（　　）
③ 暑中 見まい（　　）
④ 土地の 区分。（　　）
⑤ 九九を 暗記 する。（　　）
⑥ 申 しこみ用紙（　　）
⑦ お 礼 の手紙。（　　）
⑧ じょうぶに 育 つ。（　　）
⑨ コーヒーは 苦 い。（　　）
⑩ 王に 仕 える。（　　）

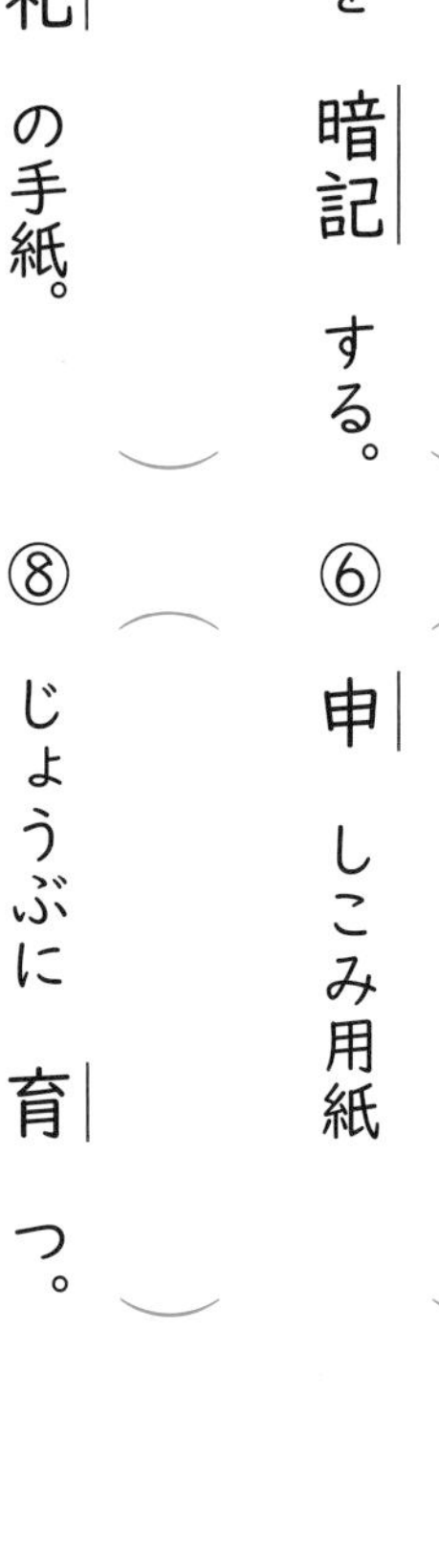

2 □に漢字を、〔　〕に漢字と送りがなを書きましょう。 一つ3点(30点)

① □□□（いっちょうめ） の家。
② □□□（いんしょくてん）
③ □□（くしん） する。
④ 力のいる □□（しごと）。
⑤ □□（あす） から夏休み。
⑥ 手紙を □□（へんそう） する。
⑦ しあいに〔　　〕（まける）。
⑧ 荷物を〔　　〕（おくる）。
⑨ 書き〔　　〕（うつす）。
⑩ コートを〔　　〕（きせる）。

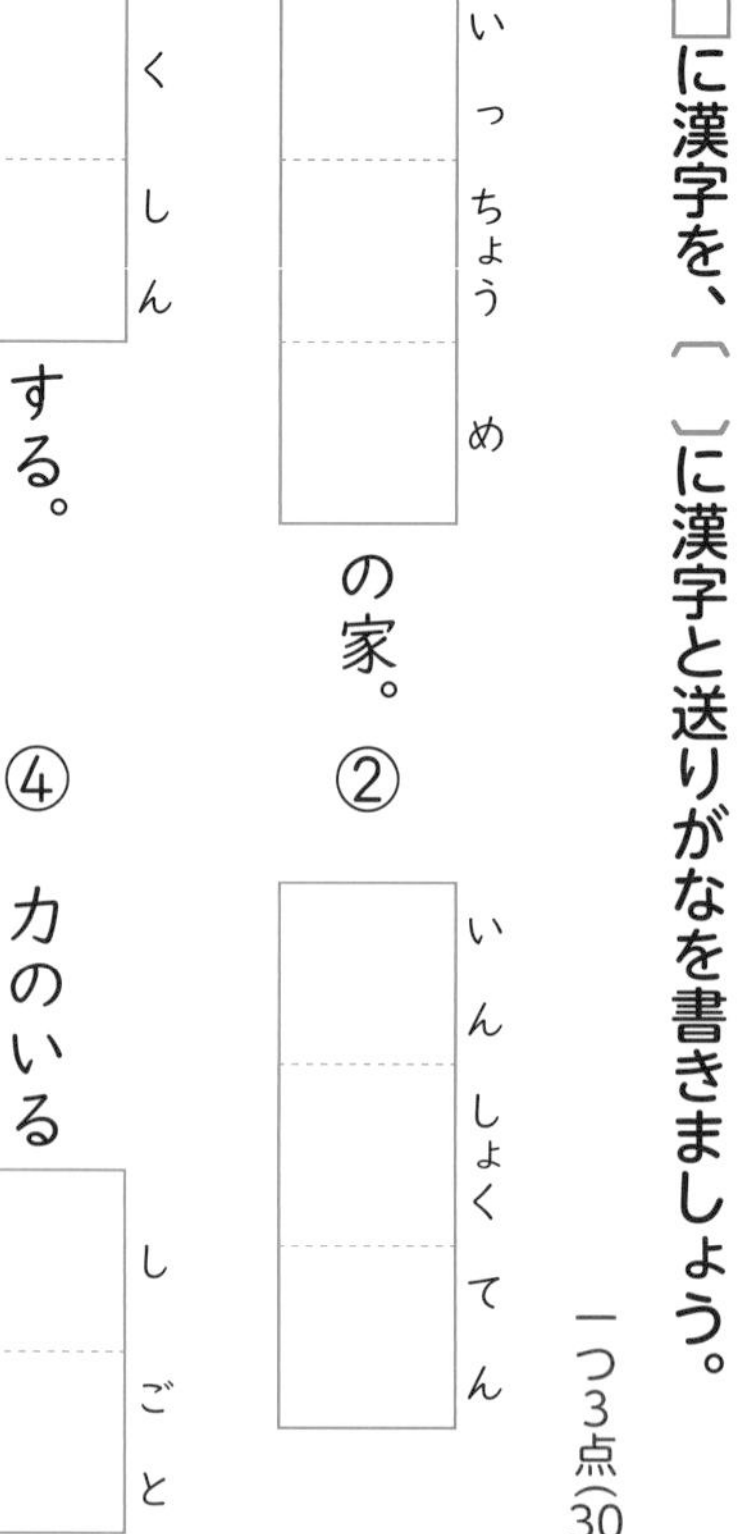

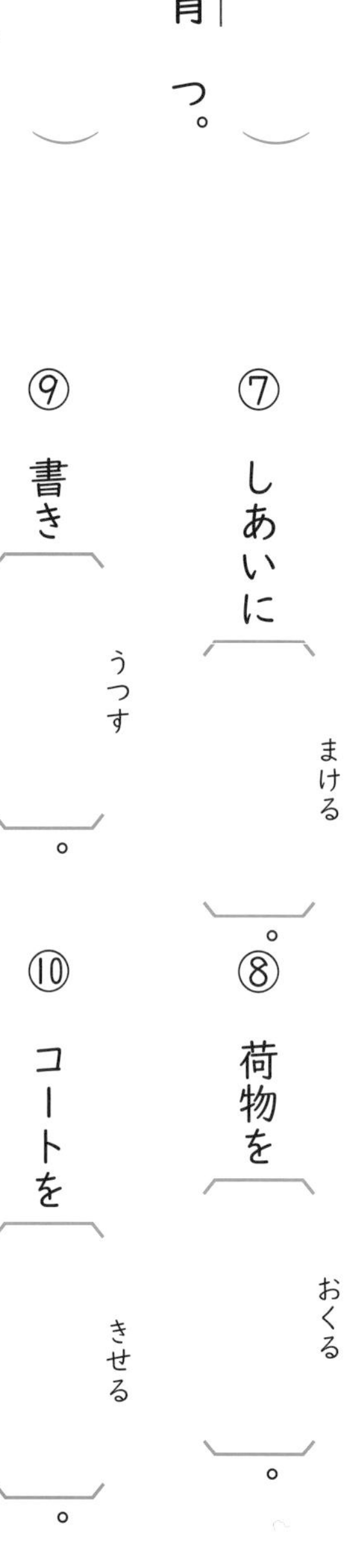

3 次の文を、かじょう書きをつかって、わかりやすいように書き直しましょう。 一つ5点(20点)

動物園では、動物のせわのほかに、入場者のきっぷのかくにんや動物のかいせつ、まいごのあん内など、しなければならないことがたくさんあるそうです。

動物園では、［　　　　　］のほかにも、次のようなしなければならないことがあるそうです。

・［　　　　　　　　　］
・［　　　　　　　　　］
・［　　　　　　　　　］

4 手紙の書き方について、正しいほうに○をつけましょう。 一つ2点(10点)

① かんしゃの手紙を書くときは、はじめのあいさつに｛ア（　）おいわい　イ（　）きせつ｝の言葉を入れる。

② 後づけには｛ア（　）書いた日付(づけ)　イ（　）たん生日｝を書く。

③ 相手の名前は、ふうとうの表の｛ア（　）まん中　イ（　）左上｝に｛ア（　）小さく　イ（　）大きく｝書く。

④ ふうとうのうらがわの｛ア（　）まん中　イ（　）左上｝に日付を書く。

5 （　）に送りがなを書きましょう。 完答(かん)10点(20点)

① 打
（　）ない
（　）ます
（　）とき
（　）ば
（　）う
（　）た

② 話
（　）ない
（　）ます
（　）とき
（　）ば
（　）う
（　）た

ぴったり1 じゅんび

七 題名について考えたことをつたえよう

わすれられないおくりもの

スーザン＝バーレイ 文
小川仁央 やく

めあて
★物語のないようと題名が、どのようにつながっているのかを考えましょう。

学習日 月 日
教科書 上113〜129ページ
答え 15ページ

がきトリ 新しい漢字

教科書114ページ	115ページ	116ページ	116ページ
助 ジョ たすける・たすかる 7画	向 コウ むく・むける むかう・むこう 6画	幸 コウ さいわい・しあわせ 8画	終 シュウ おわる・おえる 11画

117ページ	118ページ	119ページ	128ページ
速 ソク はやい・はやめる はやまる 10画	者 シャ もの 8画	寒 カン さむい 12画	央 オウ 5画

「速い」と「早い」のつかい分けに気をつけよう！

1 （　）に読みがなを書きましょう。

① 幸運（　）をいのる。
② ♦部屋（　）に入る。
③ 寒（　）さにたえる。
④ 学者（　）になる。

♦ とくべつな読み方の言葉

2 □に漢字を、（　）に漢字と送りがなを書きましょう。

① あの □□（ほうこう）を見る。
② わか □（もの）に話を聞く。
③ しゅく題が（　）（おわる）。
④ （　）（しあわせ）になる。
⑤ 人を（　）（たすける）。
⑥ （　）（はやく）走る。

3 正しい意味に〇をつけましょう。

① 年をとって、体がいうことをきかない。

ア（　）体がいたみをあまり感じない。

イ（　）体が思いどおりに動かない。

② やりきれないほどの悲しみ。

ア（　）がまんできない、たえられない。

イ（　）どうにかがまんできる。

③ しゅく題が多すぎてとほうにくれる。

ア（　）どうしたらよいかわからなくなる。

イ（　）悲しくてたまらなくなる。

④ それくらいのことでくよくよするな。

ア（　）だめだと思ってあきらめる。

イ（　）気にして、いつまでも心配する。

⑤ 転校生が来ることが、学校中に知れわたる。

ア（　）みんなに知らせてまわる。

イ（　）広くたくさんの人に知られる。

3分でワンポイント

登場人物のかかわりをとらえよう。

★①〜③の（　）に合う言葉を［　］の中からえらんで記号を書きましょう。

場面	あなぐまと森のみんなの関わり、思い出
一〜三	あなぐまがもぐらとかえるのかけっこを見に行く。その夜、①（　）を書く。
四〜五	あなぐまの死が森のみんなに知らされる。悲しみながら冬をすごす。
六〜八	春が来て、森のみんなはあなぐまとの②（　）を語り合う。みんなはあなぐまが一人一人に③（　）になるようなちえやくふうをのこしてくれたことに気がつく。もぐらはおかに登り、あなぐまがのこしてくれたおくりもののお礼を言う。

ア　たからもの　イ　思い出　ウ　手紙

わすれられないおくりもの

学習日
月　日
教科書
上113〜129ページ
答え
16ページ

文章を読んで、答えましょう。

あなぐまは、かしこくて、いつもみんなにたよりにされています。こまっている友達は、だれでも、きっと助けてあげるのです。それに、大変年をとっていて、知らないことはないというぐらい、もの知りでした。あなぐまは、自分の年だと、死ぬのがそう遠くはないことも、知っていました。

あなぐまは、死ぬことをおそれてはいません。死んで体がなくなっても、心はのこることを知っていたからです。だから、前のように体がいうことをきかなくなっても、くよくよしたりしませんでした。ただ、あとにのこしていく友達のことが気がかりで、自分がいつか長いトンネルの向こうに行ってしまっても、あまり悲しまないようにと、言っていました。

ある日のこと、あなぐまは、もぐらとかえるのかけっこを見に、おかに登りました。その日は、とくに年をとったような気がしました。あと一度だけでも、みんなといっしょに走れたらと思いましたが、あなぐまの足では、も

1 「死ぬことをおそれてはいません。」とありますが、なぜですか。文章から書きぬきましょう。

（　　　　　　　　）

2 「長いトンネルの向こうに行ってしまっても」とありますが、どういう意味ですか。わかりやすく書かれている部分を、文章から書きぬきましょう。

（　　　　　　　　）

3 「その日は、とくに年をとったような気がしました。」とありますが、あなぐまは、なぜそのような気がしたのですか。一つに○をつけましょう。

ア（　）友達とたくさん走ってつかれたから。
イ（　）おかの上まで登ることができなかったから。
ウ（　）自分はもうかけっこができないと感じたから。

ヒント このだんらくのはじめの方にちゅうもくしよう。

う無理なことです。それでも、友達の楽しそうな様子をながめているうちに、自分も幸せな気もちになりました。

夜になって、あなぐまは家に帰ってきました。月におやすみを言って、カーテンをしめました。それから、地下の部屋にゆっくり下りていきました。そこでは、だんろがもえています。

夕ごはんを終えて、つくえに向かい、手紙を書きました。ゆりいすをだんろのそばに引きよせて、しずかにゆらしているうちに、あなぐまは、ぐっすりねいってしまいました。そして、ふしぎな、でも、すばらしいゆめを見たのです。

おどろいたことに、あなぐまは走っているのです。目の前には、どこまでもつづく長いトンネル。足はしっかりとして力強く、もう、つえもいりません。体はすばやく動くし、トンネルを行けば行くほど、どんどん速く走れます。とうとう、ふっと地面からうき上がったような気がしました。まるで、体が、なくなってしまったようなのです。あなぐまは、すっかり自由になったと感じました。

スーザン＝バーレイ 文／小川仁央（おがわひとみ） やく「わすれられないおくりもの」より

4 「友達の楽しそうな様子」とありますが、これは、どこで、だれが、何をしている様子を言っているのですか。文章から書きぬきましょう。

［　　］で
［　　　　　　］が、
［　　　　］をしている様子。

5 「ふしぎな、でも、すばらしいゆめ」とありますが、どのようなことがすばらしかったのですか。一つに○をつけましょう。

ア（　）足がしっかりして力強くすばやく走れたこと。

イ（　）長いトンネルがどこまでもつづいていたこと。

ウ（　）自分の体がすっかりなくなってしまったこと。

6 この文章で、あなぐまがゆめを見た日の様子が書かれているのは、どこからですか。はじめの五字を文章から書きぬきましょう。

ヒント
三番めのだんらくから場面がかわっていることにちゅういしよう。

ぴったり1 じゅんび

七 題名について考えたことをつたえよう

言葉の文化① 俳句(はいく)に親しむ

言葉の文化② きせつの言葉を集めよう

めあて
★俳句で表されている場面を読み取ろう。
★きせつを表す言葉にふれよう。

学習日 月 日
教科書 上130〜137ページ
答え 16ページ

かきトリ 新しい漢字

教科書131ページ	132ページ	133ページ	136ページ	137ページ
陽 ヨウ 12画	氷 ヒョウ こおり 5画	有 ユウ ある 6画	植 ショク うえる・うわる 12画	緑 リョク みどり 14画

137ページ	137ページ	137ページ	137ページ
祭 サイ まつる・まつり 11画	湯 トウ ゆ 12画	豆 トウ・ズ まめ 7画	式 シキ 6画

1 □に読みがなを書きましょう。

① 新緑（　　）のきせつ。

② 動植物（　　）

2 □に漢字を書きましょう。

① □（ゆうめい）になる。

② けっこん□（しき）に行く。

③ ゆず□（ゆ）に入る。

④ □（ぶんかさい）に行く。

きせつの言葉を集めよう

3 次のきせつを表す言葉（季語(きご)）を、□から二つずつえらんで、記号を書きましょう。

春（　）（　）　夏（　）（　）

秋（　）（　）　冬（　）（　）

ア 風鈴(ふうりん)　イ つくし　ウ 新米
エ こたつ　オ コスモス　カ 春一番
キ 夕立(ゆうだち)　ク 白鳥

4 俳句と文章を読んで、答えましょう。

（春）

雪とけて村いっぱいの子どもかな

小林一茶（こばやしいっさ）

　北国の長くさむい冬が終わり、雪がとけて春が来ました。子どもたちが、いっせいに外に出てきて遊んでいます。

菜（な）の花や月は東に日は西に

与謝蕪村（よさぶそん）

　春の野原には、一面に菜の花がさいています。太陽は、西にしずみかけています。そして、月はもう、東の空に顔を出しています。

「俳句に親しむ」より

(1)「雪とけて」の俳句について答えましょう。

①この俳句から、きせつを表す言葉を書きぬきましょう。

（　　　　）

②この俳句からは、作者のどのような様子が感じられますか。一つに○をつけましょう。

ア（　）ようやくやって来た春をよろこぶ様子。

イ（　）多くの子どもに出会っておどろく様子。

ウ（　）しずかにすごせた冬をなつかしむ様子。

(2)「菜の花や」の俳句について答えましょう。

①この俳句によまれているのは、一日のうちのいつごろの様子ですか。一つに○をつけましょう。

ア（　）早朝　イ（　）昼間　ウ（　）夕方

②この俳句には、対（つい）になっている言葉が二組あります。それぞれ漢字一字ずつで書きぬきましょう。

□と□　□と□

(3)二つの俳句のきせつと同じ、春を感じる言葉を三つえらんで、○をつけましょう。

ア（　）さくら　イ（　）あめんぼ

ウ（　）入道雲　エ（　）流氷

オ（　）ひなまつり　カ（　）うちわ

わすれられないおくりもの ～ 言葉の文化② きせつの言葉を集めよう

時間 20分
／100
ごうかく 80点

学習日 月 日
教科書 上113～137ページ
答え 17ページ

文章を読んで、答えましょう。　思考・判断・表現

春が来て、外に出られるようになると、みんな、たがいに行き来しては、あなぐまの思い出を語り合いました。

もぐらは、はさみをつかうのが上手です。一まいの紙から、手をつないだもぐらが、切りぬけます。切りぬき方は、あなぐまが教えてくれたものでした。はじめのうち、なかなか、紙のもぐらはつながらず、ばらばらになってしまいました。でも、しまいに、しっかりと手をつないだもぐらのくさりが、切りぬけたのです。その時のうれしさは、今でも、わすれられない思い出です。

かえるはスケートがとくいです。スケートを、はじめてあなぐまに習った時のことを話しました。あなぐまは、かえるが一人でりっぱにすべれるようになるまで、ずっとやさしく、そばについていてくれたのです。

きつねは、子どものころあなぐまに教えてもらうまで、ネクタイがむすべなかったことを思い出しました。

「はばの広いほうを左に、せまいほうを右にして首にかけてごらん。それから、広いほうを右手でつかんで、

よく出る

1 「みんな」とありますが、だれが出てきましたか。すべて書きぬきましょう。　完答15点

（　　）（　　）（　　）（　　）

2 「スケートがとくいです。」とありますが、この「とくい」と同じ意味の二字の言葉を文章から書きぬきましょう。　15点

3 「村中に知れわたっていました。」とありますが、どのような意味ですか。一つに○をつけましょう。　15点

ア（　）村中のみんなに知らせてまわったということ。

イ（　）村中のみんながよく知っていたということ。

ウ（　）村中のだれにも知られていなかったということ。

4 「今でも、やきたてのしょうがパンのかおりが、ただよってくるようだ」とありますが、それはなぜですか。一つに○をつけましょう。　15点

せまいほうのまわりにくるりと、わを作る。わの後ろから前に、広いほうを通して、むすび目を、きゅっとしめるんだ。」

きつねは今、どんなむすび方だってできますし、自分で考え出したむすび方もあるんです。そして、いつも、とてもすてきにネクタイをむすんでいます。

うさぎのおくさんの料理上手は、村中に知れわたっていました。でも、さいしょに料理を教えてくれたのは、あなぐまでした。ずっと前、あなぐまは、うさぎにしょうがパンのやき方を教えてくれたのです。うさぎのおくさんは、はじめて料理を教えてもらった時のことを思い出すと、今でも、やきたてのしょうがパンのかおりが、ただよってくるようだと言いました。

みんなだれにも、なにかしら、あなぐまの思い出がありました。あなぐまは、一人一人に、わかれたあとでもたからものとなるような、ちえやくふうをのこしてくれたのです。みんなは、それで、たがいに助け合うこともできました。

スーザン＝バーレイ 文／小川仁央やく「わすれられないおくりもの」より

ア（　）あなぐまから、さいしょに教えてもらったのが、しょうがパンのやき方だったから。

イ（　）あなぐまから、教えてもらったのは、しょうがパンのやき方だけだったから。

ウ（　）あなぐまのことを思い出すたびに、今でも、しょうがパンをやいているから。

できたらスゴイ!

5 「あなぐまの思い出」とありますが、どのようなことがみんなの思い出になっているのですか。あてはまる言葉を文章から書きぬきましょう。 完答20点

あなぐまが、みんなにとって［　　　　］となるような、［　　　　］を教えてくれたこと。

考えを書こう

6 「たがいに助け合うこともできました。」とありますが、みんなは、どのようにしてたがいに助け合ったのだと思いますか。あなぐまが、みんなにしてくれたことをさんこうにして、考えて書きましょう。 20点

ぴったり3

たしかめのテスト②

七 題名について考えたことをつたえよう

わすれられないおくりもの
～言葉の文化② きせつの言葉を集めよう

時間 20分

／100

ごうかく 80点

学習日 月 日

教科書 上113～137ページ

答え 18ページ

1 読みがなを書きましょう。 一つ3点(27点)

① 幸（　　）いにも晴れた。

② 今日は寒（　　）い。

③ 終点（　　）でおりる。

④ 方向（　　）をしめす。

⑤ 助手（　　）せきにすわる。

⑥ 緑色（　　）にそまる。

⑦ 氷山（　　）の一角。

⑧ 湯気（　　）が立つ。

⑨ 十二月になって寒風（　　）がふく。

2 □に漢字を、（　）に漢字と送りがなを書きましょう。 一つ3点(33点)

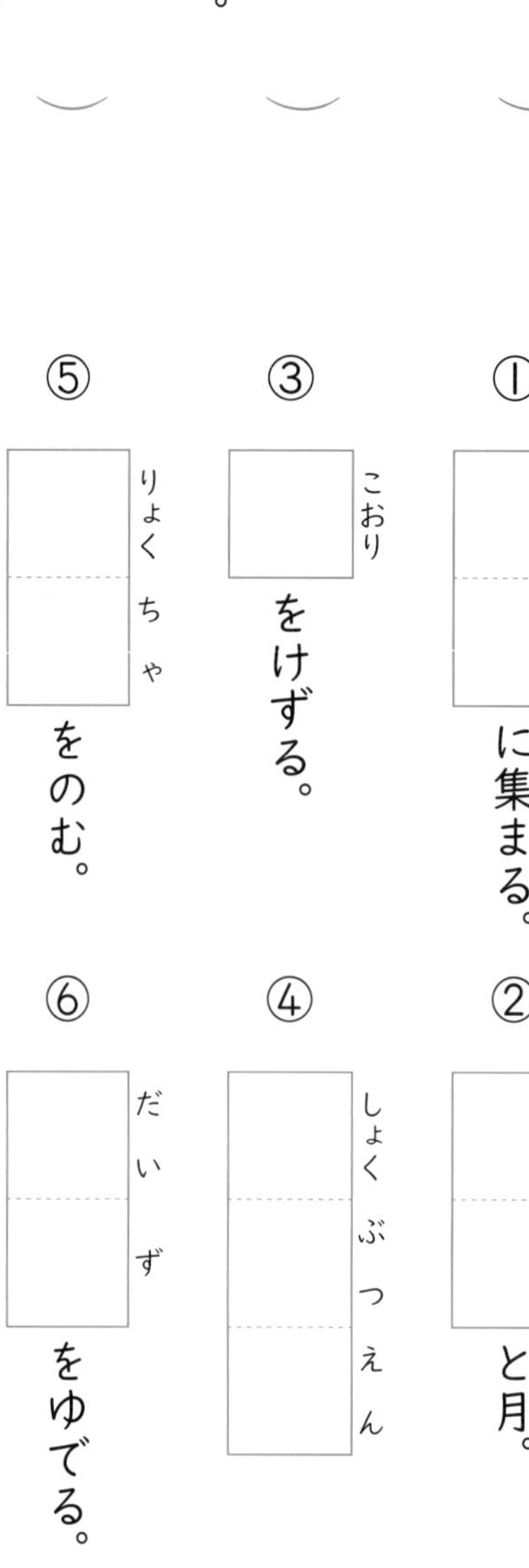

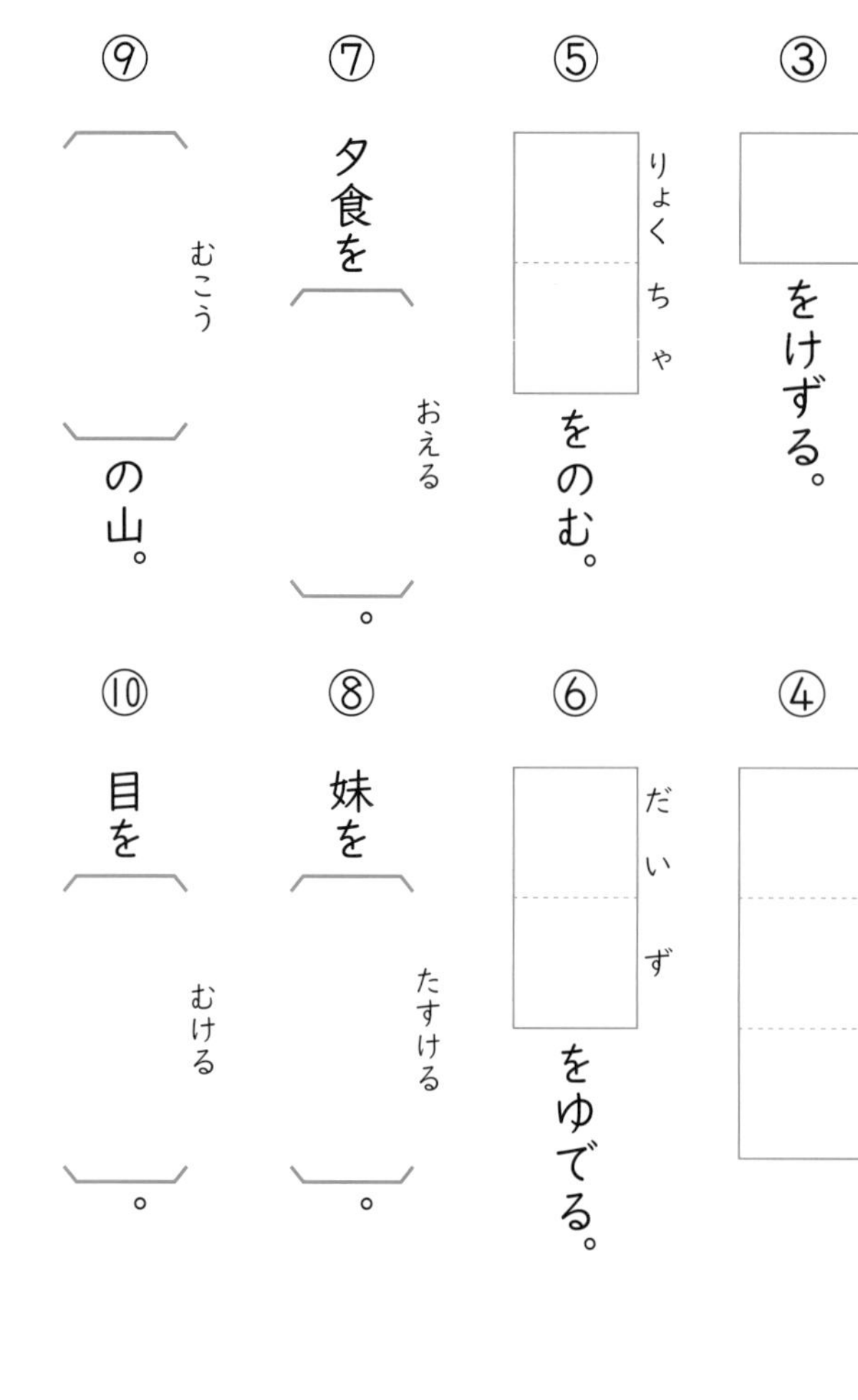

① □□（ちゅうおう）に集まる。

② □□（たいよう）と月。

③ □（こおり）をけずる。

④ □□□（しょくぶつえん）

⑤ □□（りょくちゃ）をのむ。

⑥ □□（だいず）をゆでる。

⑦ 夕食を（　　）（おえる）。

⑧ 妹を（　　）（たすける）。

⑨ （　　）（むこう）の山。

⑩ 目を（　　）（むける）。

⑪ 木を（　　）（うえる）。

3 俳句と文章を読んで、答えましょう。

名月や池をめぐりて夜もすがら　松尾芭蕉

中秋の名月の光が、池の水にうつってあまりにもうつくしいので、ひとばんじゅう池のまわりを歩きながらながめていました。

「俳句に親しむ」より

①　この俳句によまれているのは、一日のうちのいつごろの様子ですか。一つに○をつけましょう。　4点

ア（　）朝　イ（　）昼　ウ（　）夜

②　「夜もすがら」とは、どのような意味ですか。一つに○をつけましょう。　4点

ア（　）ひとばんじゅう
イ（　）夜おそく
ウ（　）夜が明けるころ

③　この俳句と同じ秋を表す季語を三つえらんで、○をつけましょう。　完答9点

ア（　）つくし　イ（　）さんま
ウ（　）入道雲　エ（　）天の川
オ（　）いねかり　カ（　）豆まき

4 あとの□の中から、それぞれ春・夏・秋・冬・新年の季語にあてはまるものをえらびましょう。　一つ3点（15点）

春（　）
夏（　）
秋（　）
冬（　）
新年（　）

ア　だいこん　イ　あじさい　ウ　たねまき
エ　文化の日　オ　すごろく

5 次の俳句は、かわず（かえる）が古池にとびこんだ様子をよんだものです。あなたがこの俳句から感じたことを書きましょう。　8点

古池やかわずとびこむ水のおと　松尾芭蕉

ぴったり1 じゅんび

一 文章を読んで、考えたことをまとめよう

世界の人につたわるように

くらしと絵文字

太田（おおた） 幸夫（ゆきお）

めあて

★ひっしゃの説明（せつ）について、自分の考えをまとめる方ほうを学ぼう。

学習日 月 日

教科書 下7〜21ページ

答え 18ページ

かきトリ 新しい漢字

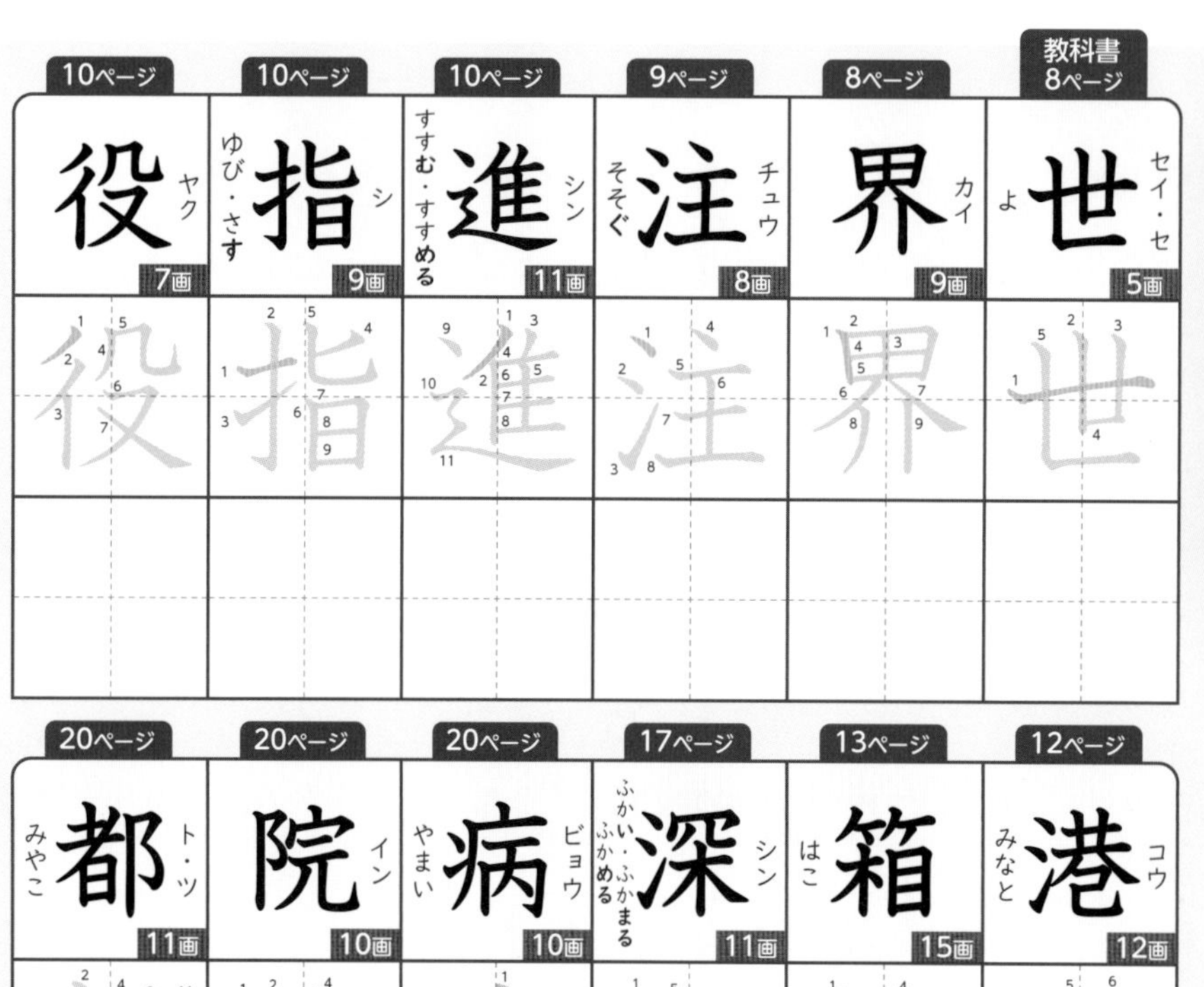

教科書8ページ	8ページ	9ページ	10ページ	10ページ	10ページ
世 セイ・セ よ 5画	界 カイ 9画	注 チュウ そそぐ 8画	進 シン すすむ・すすめる 11画	指 シ ゆび・さす 9画	役 ヤク 7画

12ページ	13ページ	17ページ	20ページ	20ページ	20ページ
港 コウ みなと 12画	箱 はこ 15画	深 シン ふかい・ふかまる・ふかめる 11画	病 ビョウ やまい 10画	院 イン 10画	都 ト・ツ みやこ 11画

1 （　）に読みがなを書きましょう。

① 車に 注意（　） する。

② 役立（　） つ図かん。

③ 空港（　） に着く。

④ 指（　） 印（じるし）がしめす。

2 □に漢字を書きましょう。

① □□（びょういん） へ行く。

② □□（せかい） 一しゅう

③ 一人 □□（しめい） する。

④ □（はこ） をあける。

⑤ 船が □□（しゅっこう） する。

⑥ □□（すいしん） をはかる。

3 正しい意味に○をつけましょう。

① <u>道しるべ</u>をたよりに進む。

ア（　）旅の思い出を書いた文章。

イ（　）道あん内が書かれた立てふだ。

② この本にヒントが<u>記されている</u>。

ア（　）記号がつけられている。

イ（　）文字で書かれている。

4 主語とじゅつ語に気をつけて次の文を書きかえたときに、（　）にあてはまる記号をえらびましょう。

① 弟は、自分の部屋にまんがのポスターをはっています。

→ まんがのポスターは、弟の部屋に（　　）います。

② 本屋では、たくさんの本が売られています。

→ 本屋は、たくさんの本を（　　）います。

ア　はって　　イ　はられて
ウ　売って　　エ　売られて

3分でワンポイント

絵文字の役わりと特長について考えましょう。

★①～③の（　）に合う言葉を［　］の中からえらんで記号を書きましょう。

初め	①（　　）を色と形にして、見ただけでわかるようにした記号を絵文字という。
特長一	天気よほうの絵文字のように、その絵を見たしゅんかんに、その意味がわかること。
特長二	まいごの絵文字のように、つたえる相手に②（　　）や楽しさを感じさせること。
特長三	ひじょう口の絵文字のように、その意味が言葉や年れいなどのちがいをこえてわかるということ。
まとめ	絵文字は、くらしをべんりで楽しく、安全にしてくれる。また世界中の人々がわかりあい、③（　　）を深め合うのにも役立つ。

ア　親しみ　　イ　つながり　　ウ　つたえたいこと

一 文章を読んで、考えたことをまとめよう

くらしと絵文字

学習日 月 日
教科書 下10～21ページ
答え 19ページ

文章を読んで、答えましょう。

絵文字はむかしからつかわれてきました。たとえば、お茶屋さんやかぎ屋さんは、木にほった茶つぼやかぎを、店先につるしました。道しるべには、方向をしめす指印がほりこまれました。絵文字は、時代をこえて多くの人々のくらしに役立ってきたのです。

げんざい、わたしたちの毎日のくらしの中には、たくさんの絵文字がつかわれています。車の運転席にすわると、ヘッドライトやワイパーの絵文字が目に入ります。どうろや、駅・空港などおおぜいの人々が集まる場所でも、電話やトイレなどのいろいろな絵文字を見ることができます。せんたくやアイロンかけの仕方など、いるいの取りあつかい方も絵文字によってわかります。

このように、たくさんの絵文字がつかわれているのは、なぜでしょうか。絵文字の特長から考えてみましょう。

絵文字の第一の特長は、その絵を見たしゅんかんに、その意味がわかることです。

㋒の絵文字は、テレビなどの天気よほうで、よく見る

1 「絵文字はむかしからつかわれてきました。」とありますが、どのようなところで、どのようにつかわれてきたのですか。文章から書きぬきましょう。

お茶屋さんやかぎ屋さんは、（　　　）を、店先につるした。

道しるべには、（　　　）がほりこまれた。

2 「げんざい、わたしたちの毎日のくらしの中には、たくさんの絵文字がつかわれています。」とありますが、次のようなところでは、どのような絵文字がつかわれていますか。文章から書きぬきましょう。

車の運転席（　　　）

どうろ・駅・空港（　　　）

ものです。わたしたちは、これを見たしゅんかんに、それぞれの地方の天気よほうを知ることができます。㋓の絵文字は、こわれやすい品物を送る箱にはってあるものです。「こわれやすい物なので、取りあつかいに注意してください。」という意味がわかりますね。

＊㋒の絵文字、㋓の絵文字はしょうりゃくします。

太田幸夫「くらしと絵文字」より

いるい

それぞれの前後の部分に注意しよう。

3 「このように、たくさんの絵文字がつかわれているのは、なぜでしょうか。」とありますが、その理由を文章の言葉をつかって書きましょう。

4 「こわれやすい品物を送る箱にはってある」とありますが、どのようなことをつたえているのですか。文章から書きぬきましょう。

あとの一文に注目しよう。

一 文章を読んで、考えたことをまとめよう

世界の人につたわるように くらしと絵文字

時間 20分

／100

ごうかく 80点

学習日 月 日

教科書 下7〜21ページ

答え 20ページ

文章を読んで、答えましょう。 思考・判断・表現

絵文字の第三の特長は、その意味が言葉や年れいなどのちがいをこえてわかる、ということです。デパートや映画館などで、㋖のような絵文字を見たことがあるでしょう。この絵文字は、日本全国から集まった三千点をこえるデザインの中から、けむりの中での見え方の実験などを行って、えらばれたものです。この絵文字は、こくさい会議でも、いちばんよいとされました。「じしんや火事のときは、ここからにげなさい。」ということが、外国の人々にも、おさない子どもたちにもすぐわかります。言葉や年れいなどのちがう人でも、絵文字をつかえば、つたえたいことが同じようにわかるのです。

絵文字の特長をこのように考えてくると、わたしたちのくらしの中で、絵文字がたくさんつかわれている理由がはっきりしてきます。

これからのわたしたちのくらしは、外国との交流をぬきにしてはなり立ちません。おおぜいの人が海外を旅行

できたらスゴイ！

1 「言葉や年れいなどのちがいをこえてわかる」とありますが、具体的に、どのような人たちにわかるのですか。文章中の言葉を使って書きましょう。 15点

2 「㋖のような絵文字」とありますが、これはどのようなことを表していますか。文章から書きぬきましょう。 15点

よく出る

3 「こくさい会議でも、いちばんよいとされました。」とありますが、これはどのようなことを表していますか。一つに○をつけましょう。 10点

ア（　）こくさい会議の会場でよく使われたということ。

イ（　）日本でいちばんよいとみとめられたということ。

ウ（　）世界の国から、よいとみとめられたということ。

4 「絵文字の特長」とありますが、それはどのようなこと

したり、日本に来たりします。これまで以上にたくさんの品物やじょうほうも、世界中を行きかいます。絵文字は、さまざまな場面で、大切な役わりをはたすことになります。

最近では、身のまわりのきかいに、上手で正しいつかい方を、絵文字でわかりやすくしめしているものがふえています。また、工場などのきけんな場所では、絵文字で安全や注意をよびかけるようになってきています。さらに、同じ意味には共通の絵文字のデザインをつかおうという、こくさい協力の動きも進んでいるのです。

＊㋖の絵文字はしょうりゃくします。

太田幸夫「くらしと絵文字」より

ですか。文章の言葉を使って書きましょう。　15点

（　　　　）

5 「外国との交流」とありますが、これはどのようなことですか。あてはまるものには○、あてはまらないものには×をつけましょう。　完答15点

ア（　）おおぜいの日本人が海外を旅行するようになる。

イ（　）おおぜいの外国人が日本に来るようになる。

ウ（　）品物やじょうほうが世界中を行きかう。

エ（　）絵文字が言葉よりも大切な役わりをはたす。

6 「最近では」とありますが、最近のことは、このだんらくにいくつ書かれていますか。漢数字で答えましょう。　10点

（　　）つ

考えを書こう

7 「同じ意味には共通の絵文字のデザインをつかおう」とありますが、なぜ、そのようにするのがよいのですか。考えて書きましょう。　20点

（　　　　）

一 文章を読んで、考えたことをまとめよう

世界の人につたわるように
くらしと絵文字

時間 20分
／100
ごうかく 80点

学習日 月 日
教科書 下7〜21ページ
答え 21ページ

1 読みがなを書きましょう。 一つ2点(20点)

① 考えを深める。（　　）
② 花の都に行く。（　　）
③ 親指をおす。（　　）
④ 港から船が出る。（　　）
⑤ 世の中の意見。（　　）
⑥ みんなに注目される。（　　）
⑦ 話を進める。（　　）
⑧ 大きな箱を持つ。（　　）
⑨ 病人のおみまい。（　　）
⑩ 入院する。（　　）

2 □に漢字を、〔　〕に漢字と送りがなを書きましょう。 一つ2点(20点)

① 重い□(やまい)。
② □□□(しやくしょ)
③ □□(つごう)のよい日。
④ 二十一□(せい)紀(き)
⑤ 車の□□(しんこう)方向。
⑥ 大□□(とかい)
⑦ 前に〔　　〕(すすむ)。
⑧ 〔　　〕(ふかく)もぐる。
⑨ 水を〔　　〕(そそぐ)。
⑩ 北を〔　　〕(さす)。

3 主語とじゅつ語に気をつけて、次の文を書きかえましょう。

一つ7点(21点)

① まゆみさんは、図工のじゅぎょうでかいた絵を、部屋のかべにかざりました。

まゆみさんの部屋のかべには、図工のじゅぎょうでかいた（　　　）絵が

② げんざい、わたしたちの毎日のくらしでは、インターネットが当たり前のようにつかわれています。

げんざい、わたしたちは、毎日のくらしでインターネット（　　　）を

③ さい近のわたしの楽しみは、昼休みに図書室で本を読むことです。

昼休みに図書室で本を読むことが、さい近の（　　　）

4 次の言葉を使ってみじかい文を書きましょう。

一つ6点(24点)

① びじゅつ館（　　　）

② 空港（　　　）

③ ほけん室（　　　）

④ スーパー（　　　）

5 次の文から、主語とじゅつ語をさがし、――線を引きましょう。

一つ5点(15点)

① 生活には　たくさんの　電気が　使われている。

② 家で　犬が　すやすやと　ねている。

③ 弟は　母に　本を　買ってもらった。

ぴったり1 じゅんび

二 役わりをきめて話し合おう
わたしたちの絵文字
言葉の広場④ 気持ちをつたえる話し方・聞き方
漢字の広場④ へんとつくり

めあて
★役わりをきめて話し合うときの役わりをたしかめよう。
★気持ちのつたえ方について考えよう。
★漢字のへんとつくりについて学ぼう。

学習日 月 日
教科書 下22〜33ページ
答え 21ページ

かきトリ 新しい漢字

33ページ 勉 ベン 10画

33ページ 放 ホウ はなす・はなつ・はなれる・ほうる 8画

1 （　）に読みがなを書きましょう。

① 学級（　）活動を行う。

② 横（　）を向く。

③ 全力 投球（　）する。

④ 童話（　）を読む。

⑤ 二倍（　）にふくらむ。

⑥ 柱（　）をたてる。

⑦ 宿題（　）を終える。

⑧ 休業（　）中の店。

2 □に漢字を、〔 〕に漢字と送りがなを書きましょう。

① 本を□□（せいり）する。

② □□（はんたい）の意見。

③ □□（でんちゅう）の工事。

④ □（おう）だん歩道

⑤ 人に□□（そうだん）する。

⑥ 国語の□□（べんきょう）。

⑦ わ〔 〕（なげ）

⑧ ボールを〔 〕（ほうる）。

⑨ つくえを〔 〕（ととのえる）。

⑩ テストを〔 〕（うける）。

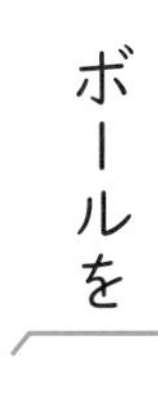
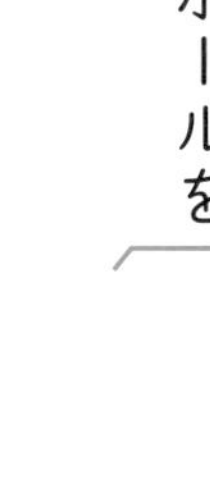
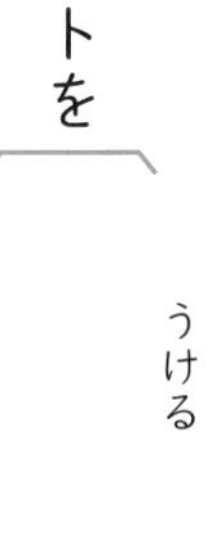

気持ちをつたえる話し方・聞き方

3 正しい意味に○をつけましょう。

① 何度もうなずく。

ア（ ）反対の意味で首を横に動かす。

イ（ ）さんせいの意味で首をたてに動かす。

② ほおづえをつく。

ア（ ）かた方のひじをついて、手のひらでほおをささえるしぐさ。

イ（ ）むねの前で両方のうでを組むしぐさ。

へんとつくり

4 （ ）にあてはまる言葉を書きましょう。

漢字には、右と左の二つの部分に分けられるものがあります。

右側（がわ）を（①　　）、左側を（②　　）といいます。

体 ① ②

①のなかまの名前

頁（　　　）〔顔・頭〕

力（　　　）〔助・勉〕

②のなかまの名前

亻（　　　）〔体・係〕

言（　　　）〔語・読〕

ぴったり3 たしかめのテスト

二 役わりをきめて話し合おう

わたしたちの絵文字 ～ 漢字の広場④ へんとつくり

1 読みがなを書きましょう。 一つ2点(20点)

① したくが整う。（　）

② サッカーの合宿。（　）

③ 後ろに反る。（　）

④ 受賞(しょう)する。（　）

⑤ 彼女は同級生だ。（　）

⑥ 童心にかえる。（　）

⑦ 会談をおこなう。（　）

⑧ 三倍にふやす。（　）

⑨ 鳥を放す。（　）

⑩ 球をなげる。（　）

2 □に漢字を、〔　〕に漢字と送りがなを書きましょう。 一つ3点(30点)

① □(はしら)を立てる。

② □□(こうぎょう)地たい

③ □□(べんきょう)にはげむ。

④ 道を□(よこ)ぎる。

⑤ □□(とうしゅ)になる。

⑥ □□(じどう)書を読む。

⑦ 学校の□□(ほうそう)。

⑧ □□(しゅくだい)をする。

⑨ 大学に〔　　(うかる)　　〕。

⑩ 体を〔　　(そらす)　　〕。

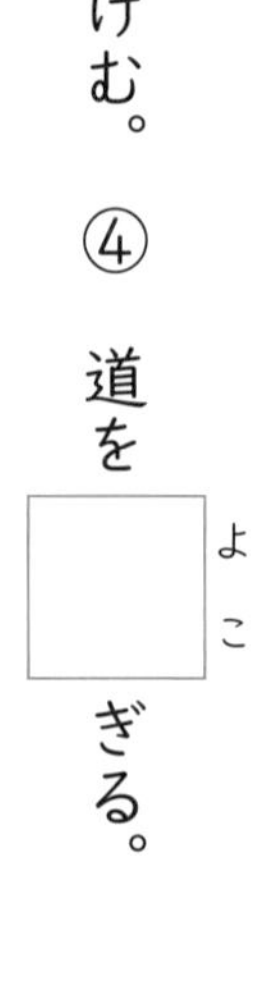

時間 20分

／100

ごうかく 80点

学習日

月　日

教科書 下22～33ページ

答え 22ページ

3 話し合いをするときの役わりについて、（　）にあてはまる言葉を［　］からえらんで、記号を書きましょう。　一つ2点(8点)

司会　・話し合うないようをかくにんする。
・出た意見を①（　）したり、まとめたりする。
記録　・みんなの意見の②（　）な部分を記録する。
発言者　・自分の意見を③（　）話して伝える。
・みんなの意見を聞いて、理由といっしょに、④（　）か反対かを言う。

ア　大切　イ　さんせい　ウ　整理
エ　わかりやすく　オ　進め

4 友達が話しやすい聞き方に○を、話しにくい聞き方に×をつけましょう。　一つ2点(10点)

ア（　）話し手を見ず、下や横を向いて聞く。
イ（　）話し手の目を見て、うなずきながら聞く。
ウ（　）ほおづえをつきながら、話し手の目を見て聞く。
エ（　）話をとちゅうでさえぎって、自分の話をしはじめる。
オ（　）体の向きを話し手の方に向けて聞く。

5 次のカードを二まい組み合わせてできる漢字を二つ書きましょう。　一つ6点(12点)

亻　目
力　木

（　　）（　　）

6 次の□に共通してあてはまる「へん」や「つくり」を［　］からえらんで、その名前を書きましょう。　一つ5点(20点)

① □交　□喬　□主　（　　）
② □丁　□寺　□殳　（　　）
③ □十　□売　□周　（　　）
④ 彦□　豆□　是□　（　　）

言　頁　木　扌

ぴったり1 じゅんび

三 登場人物のせいかくを考えながら読もう

モチモチの木

斎藤(さいとう) 隆介(りゅうすけ)

めあて
★会話文や他の文に注目して、登場人物のせいかくを考えましょう。

学習日　月　日
教科書 下35～55ページ
答え 22ページ

かきトリ 新しい漢字

教科書36ページ	38ページ	39ページ	40ページ	42ページ	42ページ	45ページ
両 リョウ 6画	追 ツイ・おう 9画	落 ラク・おちる・おとす 12画	鼻 はな 14画	起 キ・おきる・おこる・おこす 10画	神 シン・ジン・かみ 9画	歯 シ・は 12画

46ページ	46ページ	46ページ	51ページ	54ページ	54ページ
医 イ 7画	坂 さか 7画	血 ケツ・ち 6画	他 タ・ほか 5画	銀 ギン 14画	油 ユ・あぶら 8画

1 （　）に読みがなを書きましょう。

① 坂道（　）をのぼる。
② 油絵（　）を習う。
③ 歯医者（　）に行く。
④ 体を起（　）こす。

2 □に漢字を、（　）に漢字と送りがなを書きましょう。

① ぞうの長い□(はな)。
② □□(かみさま)にいのる。
③ うでから□(ち)が出る。
④ □(ほか)の人に聞く。
⑤ よごれを（　　　）(おとす)。
⑥ おにを（　　　）(おう)。

3 正しい意味に○をつけましょう。

① ころびそうになり、きもをひやす。

ア（　）意外なことにあって、わくわくする。

イ（　）あぶないめにあって、ひやっとする。

② 手紙の返事をさいそくする。

ア（　）早くするようにいそがせること。

イ（　）ていねいに行うよう求(もと)めること。

③ 重たいにもつに歯を食いしばる。

ア（　）よゆうを持ってやりすごす。

イ（　）一生けんめいにがまんする。

④ 山のふもとの家に住む。

ア（　）山の下のほう。

イ（　）山の上のほう。

3分でワンポイント

豆太(まめた)のへんかを読み取ろう。

★①～③の（　）に合う豆太の気持ちを［　］の中からえらんで、記号を書きましょう。

場面	気持ち	豆太の様子
1	①（　）	五つにもなって、夜中に一人でせっちんにも行けない。
2		昼間はモチモチの木にいばったりするが、夜は一人ではしょんべんできない。
3		モチモチの木に灯(ひ)がともるのを見たいが、一人で見に出るのはぶるぶるだ。
4	②（　）→③（　）	真夜中に、じさまが体を丸めてうなっている。外はこわかったけれど、じさまが死んでしまうほうが、もっとこわかったから、ふもとの医者様へなきなき走った。
5	うれしい	元気になったじさまが、豆太を「勇(ゆう)気(き)のある子どもだったんだ」と言った。

ア ひっし

イ おくびょう

ウ びっくり

モチモチの木

1 文章を読んで、答えましょう。

全く、豆太(まめた)ほどおくびょうなやつはいない。もう五つにもなったんだから、夜中に一人でせっちんぐらいに行けたっていい。

ところが、豆太は、せっちんは表にあるし、表には大きなモチモチの木がつっ立っていて、空いっぱいのかみの毛をバサバサとふるって、両手を「わあっ！」と上げるからって、夜中には、じさまについてってもらわないと、一人じゃしょうべんもできないのだ。

じさまは、ぐっすりねむっている真夜中に、豆太が、

「じさまあ。」

って、どんなに小さい声で

1 「豆太ほどおくびょうなやつはない。」について、答えましょう。

① なぜ「おくびょう」だといえるのですか。文章から書きぬきましょう。

五つにもなったのに、[　　]に[　　]で[　　　]にも行けないから。

② 「おくびょう」とは反対の意味で使われている言葉を、文章から三字で書きぬきましょう。

[　　　]

2 「空いっぱいのかみの毛をバサバサとふるって、両手を『わあっ！』と上げる」とありますが、何のどのような様子をたとえていますか。一つに○をつけましょう。

ア（　）お化けがおどかしている様子。
イ（　）大きなくまがおそってくる様子。
ウ（　）木のえだが風にゆれている様子。

学習日　月　日
教科書 下35〜55ページ
答え 23ページ

言っても、
「しょんべんか。」
と、すぐ目をさましてくれる。

いっしょにねている一まいしかないふとんを、ぬらされちまうよりいいからなあ。

それに、とうげのりょうし小屋に、自分とたった二人でくらしている豆太がかわいそうで、かわいかったからだろう。

けれど、豆太のおとうだって、くまと組みうちして、頭をぶっさかれて死んだほどのきも助だったし、じさまだって六十四の今、まだ青じしを追っかけて、きもをひやすような岩から岩へのとびうつりだって、みごとにやってのける。

それなのに、どうして豆太だけが、こんなにおくびょうなんだろうか――。

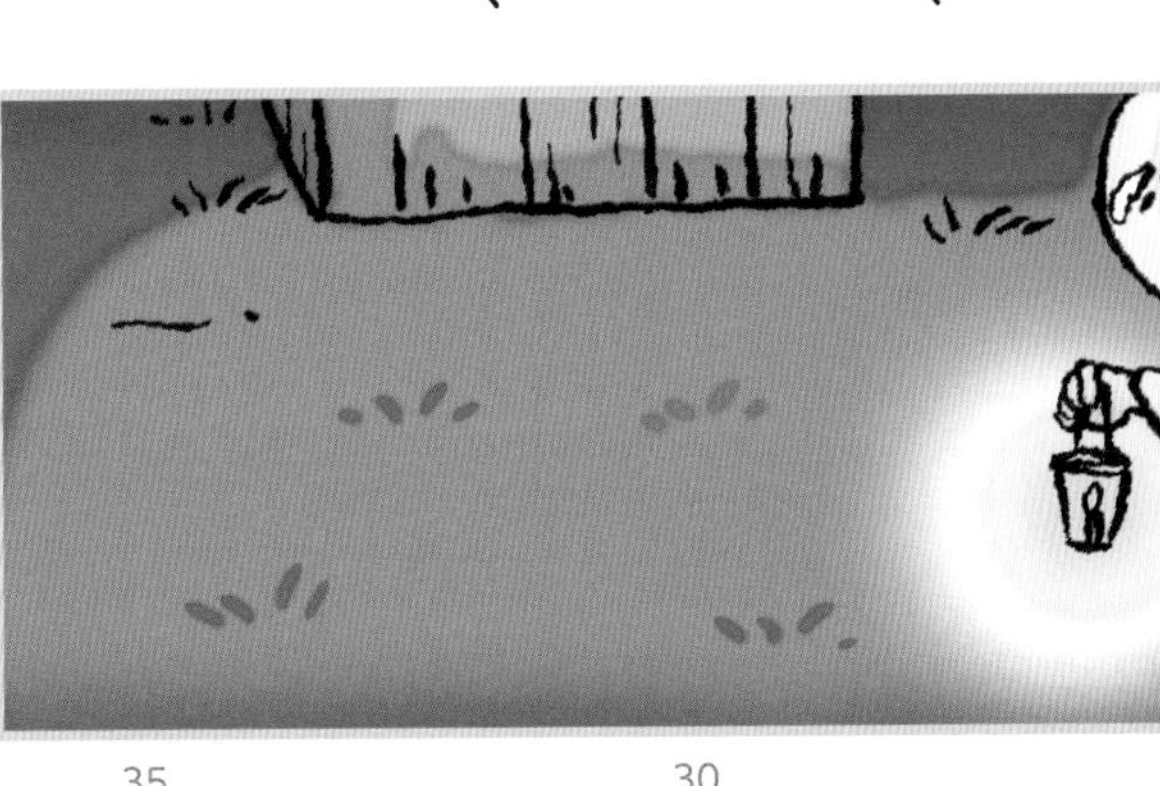

斎藤隆介「モチモチの木」より

3 「すぐ目をさましてくれる。」とありますが、なぜじさまはそうしてくれるのですか。一つに○をつけましょう。

ヒント 前に何のことが書いてあるか注目しよう。

ア（　）一まいしかないふとんを豆太にぬらされてしまっては、はらが立つから。

イ（　）かわいい豆太が大きなモチモチの木をこわがっているのが、かわいそうだから。

ウ（　）豆太は自分とたった二人でくらしているので、いやでも起きるしかないから。

ヒント あとの二つの文と「じさま」の気持ちに注意しよう。

4 「それなのに、どうして豆太だけが」とありますが、だれの、どんなことととくらべているのですか。文章から書きぬきましょう。

豆太の［　　　］や［　　　］が［　　　］として、あぶないことでもおそれずにする、勇気のある男であること。

三 登場人物のせいかくを考えながら読もう

モチモチの木

文章を読んで、答えましょう。

モチモチの木ってのはな、豆太がつけた名前だ。小屋のすぐ前に立っている、でっかいでっかい木だ。

秋になると、茶色い、ぴかぴか光った実をいっぱいふり落としてくれる。その実をじさまが木うすでついて、石うすでひいて、こなにする。こなにしたやつをもちにこね上げて、ふかして食べると、ほっぺたが落っこちるほどうまいんだ。

「やい、木い、モチモチの木い！実い、落とせえ！」

なんて、昼間は木の下に立って、かた足で足ぶみして、いばってさいそくしたりするくせに、夜になると、豆太は、もうだめなんだ。木がおこって、両手で、「お化けえ！」

1 「豆太がつけた名前だ。」とありますが、なぜこの名前をつけたのですか。一つに○をつけましょう。

ア（　）小屋の前に立っているでっかい木だから。
イ（　）ぴかぴか光った茶色い実をつけるから。
ウ（　）実をこなにして、もちをつくれるから。

2 「食べると、ほっぺたが落っこちるほどうまいんだ。」とありますが、食べるには、どのようにしますか。作業の順番になるように、番号を数字で書きましょう。

ア（　）石うすでひいてこなにする。
イ（　）ふかす。
ウ（　）実を木うすでつく。
エ（　）もちにこねあげる。

3 「いばってさいそくしたりする」とありますが、豆太はどのような気持ちからそうするのですか。一つに○をつけましょう。

ア（　）強いところを見せて、じさまを少しでも安心させたいという気持ち。
イ（　）木にいっぱい実を落とさせて、うまいもちをたくさん食べたいという気持ち。

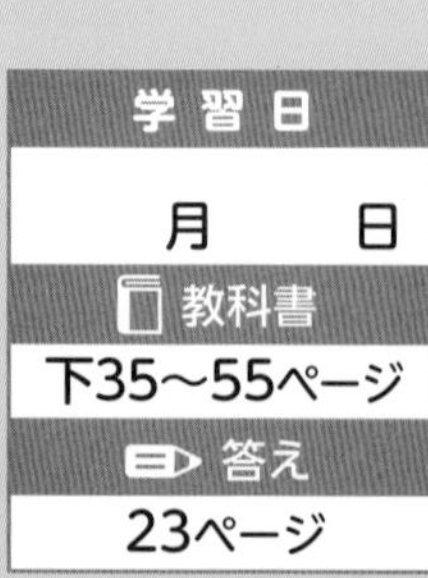

学習日
月　日
教科書
下35〜55ページ
答え
23ページ

って、上からおどかすんだ。夜のモチモチの木は、そっちを見ただけで、もうしょんべんなんか出なくなっちまう。

　じさまが、しゃがんだひざの中に豆太をかかえて、

「ああ、いい夜だ。星に手がとどきそうだ。おく山じゃあ、しかやくまめらが、鼻ぢょうちん出して、ねっこけてやがるべ。それ、しいいっ。」

って言ってくれなきゃ、とっても出やしない。しないでねると、あしたの朝、とこの中がこうずいになっちまうもんだから、じさまは、かならずそうしてくれるんだ。五つになって「しい」なんて、みっともないやなあ。

　でも、豆太は、そうしなくっちゃだめなんだ。

斎藤（さいとう）隆介（りゅうすけ）「モチモチの木」より

ウ（　）夜中はこわくて何もできないから、せめて昼間だけでもいばりたいという気持ち。

豆太がモチモチの木の実をどう思っているかに注目しよう。

4 「木がおこって、……おどかすんだ。」とありますが、このひょうげんについて合うもの一つに○をつけましょう。

ア（　）木を人間のようにたとえて書いている。
イ（　）木のこわさをお化けにたとえている。
ウ（　）木がおこっていることを強調している。

5 「じさまは、かならずそうしてくれる」とありますが、なぜそうしてくれるのですか。文章から書きぬきましょう。

豆太が［　　　　　］をしないでねると、［　　　　　　　　　］になってしまうから。

ヒント　理由は本文中に「〜から」という形で書かれているよ。

6 「みっともないやなあ。」とありますが、どのような意味ですか。一つに○をつけましょう。

ア（　）思い通りにならなくてはらが立つなあ。
イ（　）きたならしくて見たくないなあ。
ウ（　）かっこわるくてはずかしいなあ。

ぴったり1 じゅんび

3分でまとめ

三 登場人物のせいかくを考えながら読もう

読書の広場③「おすすめ図書カード」を作ろう

言葉の広場⑤ こそあど言葉

めあて
★本をしょうかいするくふうを学ぼう。
★こそあど言葉について学ぼう。

学習日 月 日
教科書 下56～61ページ
答え 24ページ

かきトリ 新しい漢字

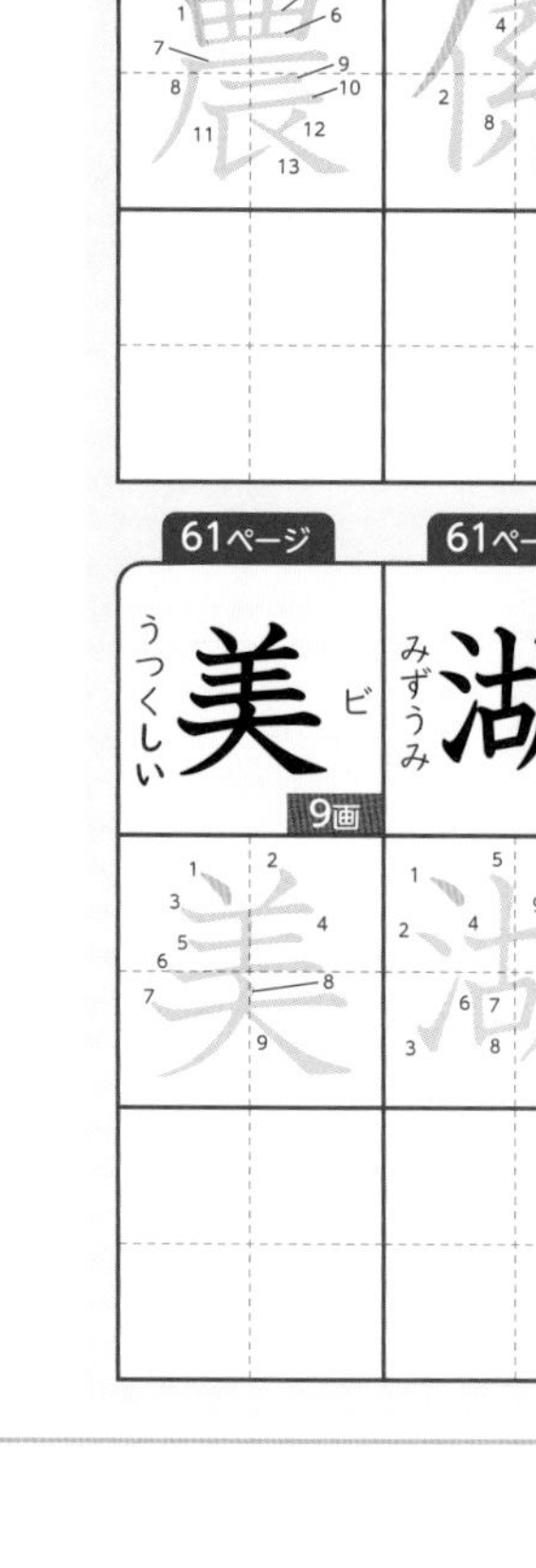

教科書59ページ	61ページ	61ページ	61ページ
係 ケイ かかる・かかり 9画	農 ノウ 13画	湖 コ みずうみ 12画	美 ビ うつくしい 9画

1 （　）に読みがなを書きましょう。

① そうじの 係（　）になる。
② 農家（　）の話を聞く。
③ 湖（　）はきれいだ。
④ 美（　）しいかざり。
⑤ 新しい ◆時計（　）。
⑥ 絵文字の 意味（　）。

◆とくべつな読み方の言葉

2 □に漢字を、（　）に漢字と送りがなを書きましょう。

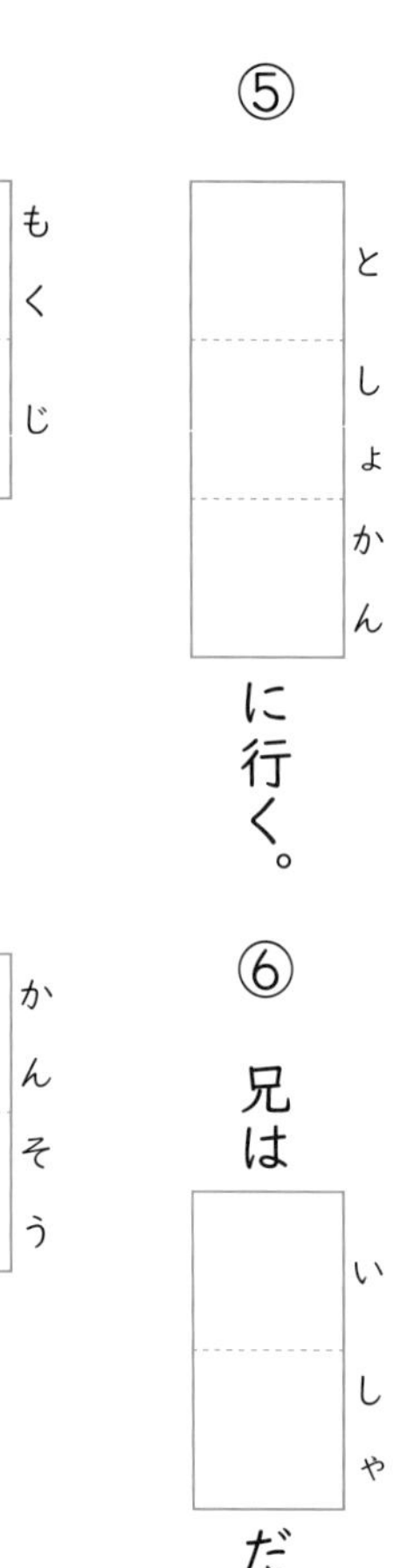
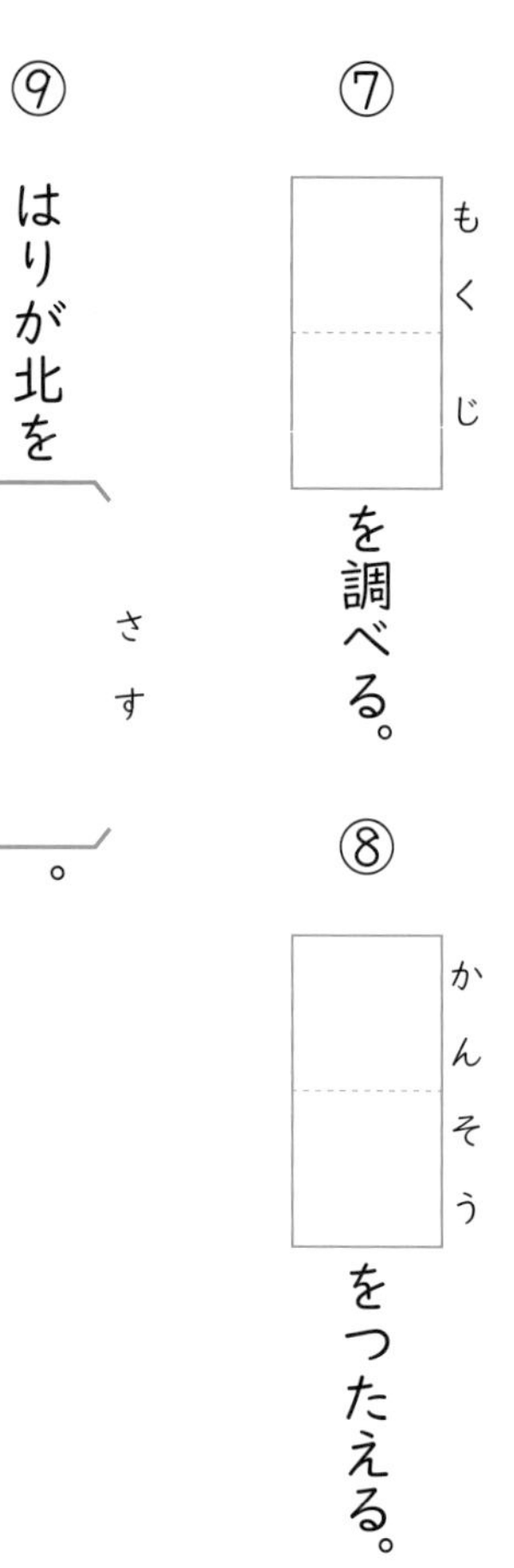

① □（び）じゅつ品を見る。
② びわ□（こ）は大きい。
③ □□（のうぎょう）にかかわる。
④ □□□（かんけいしゃ）
⑤ □□□（としょかん）に行く。
⑥ 兄は□□（いしゃ）だ。
⑦ □□（もくじ）を調べる。
⑧ □□（かんそう）をつたえる。
⑨ はりが北を（　　）（さす）。

おすすめ「図書カード」を作ろう

3 正しい意味に○をつけましょう。

① マンガをすいせんする。

ア（　）自分がよいと思うものを人にすすめること。

イ（　）自分のいいところを他の人にしょうかいしてもらうこと。

② 親に友だちをしょうかいする。

ア（　）知られていないものをだれかにおしえること。

イ（　）人の関係をとりもつこと。

4 「おすすめ図書カード」のおすすめポイントに書くとよいことを、□からえらんで文にあてはめましょう。

・おもしろいと思った①（　）や言葉。

・心にのこった②（　）の行動や言葉。

・会話や行動からわかる登場人物の③（　）。

・④（　）のはじまりと終わりで、登場人物はかわったのか、かわらなかったのか。

ア 場面　イ せいかく
ウ 物語　エ 人物

5 （　）に合う言葉を、□から一つずつえらんで記号を書き入れ、「おすすめ図書カード」をかんせいさせましょう。

おすすめ図書カード

（①　　）中川（なかがわ）　あおい

この本をおすすめします。

（②　　）『赤毛（あかげ）のアン』

（③　　）モンゴメリ

（④　　）南図書館

（⑤　　）

この物語の主人公・アンは、とても前向きで、みりょくてきな女の子です。…………

ア 本の題名　イ おいてある場所
ウ 感想　エ 書いた人　オ すいせん者

こそあど言葉

6 次の会話文の（　）に合う言葉を、□から一つずつえらんで、記号を書きましょう。

「①（　）においたはずなのに、ぼくの本は②（　）へいったんだろう。」

「③（　）本なら、④（　）の部屋で見たよ。」

ア その　イ ここ　ウ あっち　エ どこ

ぴったり1 じゅんび

三 登場人物のせいかくを考えながら読もう

はっとしたことを詩に 言葉の文化③ ことわざ・慣用句

3分でまとめ

めあて
★詩を書く時のポイントをおさえよう。
★ことわざと慣用句を学ぼう。

学習日 月 日
教科書 下62〜69ページ
答え 24ページ

かきトリ 新しい漢字

詩（シ）13画 教科書62ページ
短（タン・みじかい）12画 65ページ
昔（むかし）8画 65ページ
筆（ヒツ・ふで）12画 65ページ
急（キュウ・いそぐ）9画 66ページ
根（コン・ね）10画 67ページ

1 □に読みがなを書きましょう。

① 筆記（　）用具
② 詩（　）を読む。
③ 昔（　）の電話。
④ 急行（　）に乗る。

2 □に漢字を、〔　〕に漢字と送りがなを書きましょう。

① □□□（たんきかん）の休み。
② □（ふで）で書く。
③ □□（こんき）のいる作業。
④ □□（むかしばなし）をする。
⑤ そでが〔みじかい〕。

はっとしたことを詩に

3 正しいつかい方に○をつけましょう。

① ア（　）大きな岩がころころ落ちてきた。
　イ（　）おむすびがころころ転がった。
② ア（　）川にドボンととびこんだ。
　イ（　）地面にドボンと着地した。

4 詩を書くのに大切なことについて、（　）に合う言葉を［　］からえらんで、記号を書きましょう。

・おどろきや感動などの①（　）の動きがわかるように書く。
・書きたいものを、他のものに②（　）。
・同じ言葉を③（　）たり、言葉の組み合わせ方によって④（　）をよくしたりする。
・思わず読みたくなるような⑤（　）をつける。

ア　心　イ　題名　ウ　リズム
エ　たとえる　オ　くり返し

5 次の文の——部に、慣用句がつかわれているほうに○をつけましょう。

①
ア（　）てんじょうに手がとどくようになった。
イ（　）あと少し勉強すれば九十点に手がとどく。

②
ア（　）姉は竹をわったようなせいかくです。
イ（　）その入れ物は竹をわったような形だ。

③
ア（　）死んだ犬のことを思うとむねがいたむ。
イ（　）つめたい空気をすうと、むねがいたむ。

6 次のことわざや慣用句の、正しい意味に○をつけましょう。

① 急がば回れ
ア（　）急ぐ時ほど回り道をした方が安全だ。
イ（　）急がない時は、回り道をしてもよい。

② 石の上にも三年
ア（　）つらいことも、じっとがまんしていれば、いつかはよいけっかが得られる。
イ（　）同じところでずっと待っているだけでは、よいけっかは得られない。

③ むねがおどる
ア（　）こわい目にあって、ひやひやする。
イ（　）うれしいことがあって、わくわくする。

④ 水をさす
ア（　）じゃまをして、うまくいかなくする。
イ（　）手助けして、うまくいくようにする。

⑤ 頭をひねる
ア（　）いろいろ考えて決める。
イ（　）いろいろ考えてくふうする。

三 登場人物のせいかくを考えながら読もう

モチモチの木 ～ 言葉の文化③ ことわざ・慣用句

時間 20分 ／100 ごうかく 80点

学習日 月 日
教科書 下35～69ページ
答え 25ページ

文章を読んで、答えましょう。　思考・判断・表現

そのモチモチの木に、今夜は灯がともるばんなんだそうだ。じさまが言った。

「しもつきの二十日のうしみつにゃあ、モチモチの木に灯がともる。起きてて見てみろ、そりゃあきれいだ。おらも、子どものころに見たことがある。死んだおまえのおとうも見たそうだ。山の神様のお祭りなんだ。それは、一人の子どもしか見ることはできねえ。それも勇気のある子どもだけだ。」

「……それじゃあ、おらは、とってもだめだ……。」

豆太は、ちっちゃい声で、なきそうに言った。だって、じ

よく出る

1 「モチモチの木に灯がともる。」について、答えましょう。

① モチモチの木に灯がともるのは、何があるからですか。文章から書きぬきましょう。　15点

② モチモチの木に灯がともっているのを見ることができるのはどんな人ですか。文章から書きぬきましょう。　完答15点

［　　　］のある［　　　　　　］。

2 「それじゃあ、おらは、とってもだめだ」とありますが、この「とっても」と同じ意味で使われているのはどれですか。一つに○をつけましょう。　10点

ア（　）明日までになんてとっても間に合わないよ。
イ（　）今夜はお月様がとってもきれいだ。
ウ（　）あなたにとってもわるい話じゃないよ。

3 「とんでもねえ話だ。」とありますが、豆太のどんな気持ちを表していますか。一つに○をつけましょう。　10点

さまも、おとうも見たんなら、自分も見たかったけど、こんな冬の真夜中に、モチモチの木を、それもたった一人で見に出るなんて、とんでもねえ話だ。ぶるぶるだ。

木のえだえだの細かいところにまで、みんな灯がともって、木が明るくぼうっとかがやいて、まるでそれは、ゆめみてえにきれいなんだそうだが、そして豆太は、「昼間だったら、見てえなあ……。」と、そっと思ったんだが、ぶるぶるる、夜なんて考えただけでも、おしっこをもらしちまいそうだ……。

豆太は、はじめっからあきらめて、ふとんにもぐりこむと、じさまのたばこくさいむねん中に鼻をおしつけて、よいの口からねてしまった。

斎藤隆介「モチモチの木」より

ア（　）いけないことだと思っている。
イ（　）しんじられないと思っている。
ウ（　）こわくてとてもできないと思っている。

よく出る

4 「ぶるぶる」という言葉が二か所ありますが、これは豆太のどんな様子ですか。一つに○をつけましょう。 10点

ア（　）寒くてこごえている様子。
イ（　）こわくてふるえている様子。
ウ（　）とてもおこっている様子。

5 「昼間だったら、見てえなあ」とありますが、なぜ昼間なら見たいのですか。書きましょう。 20点

考えを書こう

6 「よいの口からねてしまった。」とありますが、豆太はどんな気持ちになって、ねてしまったのだと思いますか。考えて書きましょう。「よいの口」は、日がくれてまだまもないときのことです。 20点

ぴったり3 たしかめのテスト②

三 登場人物のせいかくを考えながら読もう

モチモチの木 ～ 言葉の文化③ ことわざ・慣用句

時間 20分

／100

ごうかく 80点

学習日 月 日

教科書 下35～69ページ

答え 26ページ

1 読みがなを書きましょう。 一つ2点(20点)

① 出血する。（　）

② 起立する。（　）

③ 急いで帰る。（　）

④ 赤の他人。（　）

⑤ 目と鼻の先。（　）

⑥ 木の根。（　）

⑦ 石油ストーブ（　）

⑧ 医学の道を進む。（　）

⑨ 落石に注意。（　）

⑩ 日本の神話。（　）

2 □に漢字を、〔　〕に漢字と送りがなを書きましょう。 一つ3点(30点)

① □□(はくぎん)の世界。

② □□(りょうほう)の手。

③ 悪人の□□(ついほう)。

④ 物が□(お)ちる。

⑤ □□(じんじゃ)に行く。

⑥ □□(しか)医院

⑦ □(とけい)を買う。

⑧ 六時に□(お)きる。

⑨ 〔　〕(みじかい)糸。

⑩ 〔　〕(うつくしい)海。

この本の終わりにある「冬のチャレンジテスト」をやってみよう！

3 「おすすめ図書カード」について、あてはまらないもの一つに×をつけましょう。 4点

ア（　）カードを作る人は、その本のいちばんおすすめしたい場面をすすめる。

イ（　）登場人物については、カードにとくに書かなくてもよい。

ウ（　）本を読んだ人は、よかったところや気に入ったところを伝える。

4 表の空いているところに、あてはまる「こそあど言葉」を書きましょう。 一つ2点(20点)

これ	①（　）	あれ	どれ
こちら	②（　）	あちら	③（　）
ここ	そこ	④（　）	⑤（　）
⑥（　）	⑦（　）	あの	どの
⑧（　）	そう	⑨（　）	⑩（　）

5 心が動いたことを詩に書くとき、（　）にあてはまる言葉を［　］からえらんで書きましょう。 一つ2点(6点)

（　）をくふうし、書きたいものを何かにたとえたり、（　）をくり返したりする。言葉の（　）に気をつけ、心の動きがつたわるように書く。

［ リズム　同じ言葉　題名 ］

6 次のことわざとにた意味のことわざを、［　］から一つずつえらんで、記号を書きましょう。 一つ4点(20点)

① ねこにこばん（　）
② ちょうちんにつりがね（　）
③ のれんにうでおし（　）
④ なきっつらにはち（　）
⑤ 転ばぬ先のつえ（　）

［
ア 月とすっぽん　イ 石橋をたたいてわたる
ウ ぬかにくぎ　エ ぶたにしんじゅ
オ 弱り目にたたり目
］

ぴったり1 じゅんび

夕日がせなかをおしてくる
いちばんぼし

阪田寛夫
まど・みちお

めあて
★詩にえがかれていることを読み取ろう。

学習日　月　日
教科書　下70〜73ページ
答え　26ページ

1 詩を読んで、答えましょう。

いちばんぼし
まど・みちお

いちばんぼしが　でた
うちゅうの
目のようだ

ああ
うちゅうが
ぼくを　みている

(1) 「いちばんぼし」という言葉から、どのような様子がわかりますか。一つに○をつけましょう。

ア（　）時間が真夜中である様子。
イ（　）夕ぐれの空に星があらわれた様子。
ウ（　）朝になって空が明るくなる様子。

(2) 「目のようだ」とありますが、何を、何にたとえていますか。詩の中から書きぬきましょう。

□を、□にたとえている。

(3) 「ああ」とありますが、「ぼく」のどのような気持ちがこめられていると思いますか。一つに○をつけましょう。

ア（　）いちばんぼしはきれいだなあと感動する気持ち。
イ（　）うちゅうを見ていると悲しくなるという気持ち。
ウ（　）うちゅうに見られていると気づいたおどろきの気持ち。

いつもは「ぼく」がほしを見ていることから考えよう。

2 詩を読んで、答えましょう。

夕日がせなかをおしてくる

阪田　寛夫

夕日がせなかをおしてくる
まっかなうででおしてくる
歩くぼくらのうしろから
でっかい声でよびかける
さよなら　さよなら
さよなら　きみたち
ばんごはんがまってるぞ
あしたの朝ねすごすな

夕日がせなかをおしてくる
そんなにおすなあわてるな
ぐるりふりむき太陽に
ぼくらも負けずどなるんだ
さよなら　さよなら
さよなら　太陽
ばんごはんがまってるぞ
あしたの朝ねすごすな

(1) この詩は、いつの時間の出来事ですか。一つに○をつけましょう。

ア（　）朝方　イ（　）昼間　ウ（　）夕方

(2) 「まっかなうででおしてくる」とは、どんな様子を表していますか。一つに○をつけましょう。

ア（　）夕日が太いうででおしてくる様子。

イ（　）まっかな夕日の光がてらしている様子。

ウ（　）赤い夕日がしずんでいく様子。

(3) この詩に書かれている様子として合っているものはどれですか。一つに○をつけましょう。

ア（　）遊びを終えて、家に帰る子どもたちの様子。

イ（　）いつまでも友達と遊ぶ子どもたちの様子。

ウ（　）家の中で友達と遊ぶ子どもたちの様子。

(4) 二つの「さよなら　さよなら」は、だれの言葉ですか。

・第一連（　　　）・第二連（　　　）

(5) 第二連の「まってるぞ」「ねすごすな」から、だれのどのような気持ちがわかりますか。

（　　　）が（　　　）を持っている気持ち。

ぴったり1 じゅんび

四 調べたことをしりょうにまとめて発表しよう

ちいきの行事

◎めあて
★しりょうを使って発表するときのポイントをおさえよう。

学習日 月 日
教科書 下74～79ページ
答え 27ページ

がきトリ 新しい漢字

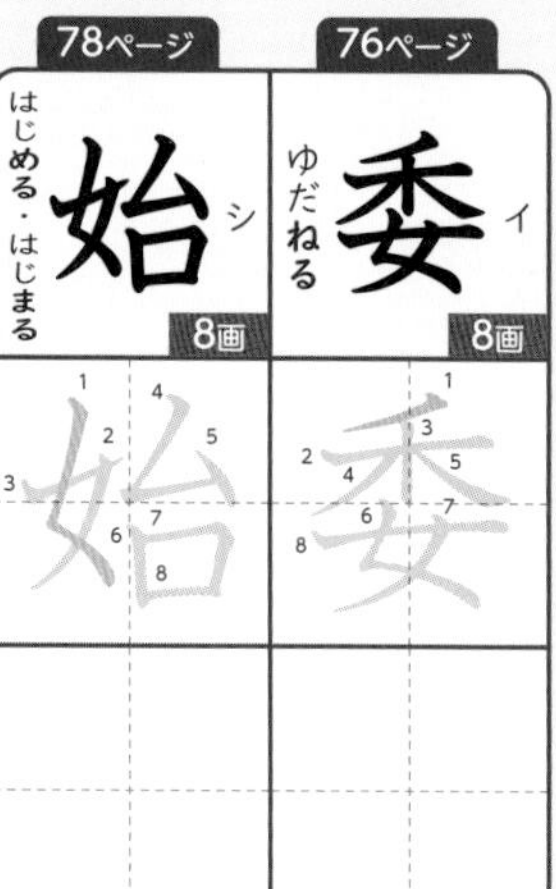

教科書74ページ	75ページ	76ページ	78ページ
決 ケツ きめる・きまる 7画	使 シ つかう 8画	委 イ ゆだねる 8画	始 シ はじめる・はじまる 8画

1 （ ）に読みがなを書きましょう。

① ◆七夕（ ）のかざり。　② ◆今年（ ）のお祭り。

◆とくべつな読み方の言葉

2 □に漢字を、（ ）に漢字と送りがなを書きましょう。

① □□□（いいんかい）を開く。　② 道具を（つかう）。

3 正しい意味に○をつけましょう。

① 空っ風（から）がほおにふきつける。
ア（ ）冬に強くふく、かわいた北風。
イ（ ）上空のしっけをふくんだ風。

② 秋のフェスタが楽しみだ。
ア（ ）お祭りのこと。
イ（ ）とくていの日に食べるりょう理。

③ のうりょうぼんおどりがある。
ア（ ）農作物の取り入れをいわうこと。
イ（ ）すずしさを味わうこと。

④ はじめて会う人だが親しみをおぼえる
ア（ ）心ぱいする気持ち。
イ（ ）身近に感じる気持ち。

4 文章を読んで、答えましょう。

［発表計画表］

話すないよう	話す人	使うしりょう
はじめの言葉 ・あいさつ ・大会の名前について	中西	オンラインインタビューの動画（北原） 写真（夏川）
発表① ・大会の説明	夏川	たこあげ大会のちらし
発表② ・あげるたこの説明	北原	いろいろなたこのしゅるいやあげ方をしょうかいする、動画や写真のスライド（中西）

A　これから三ぱんの発表を始めます。わたしたちのはんは、「空っ風たこあげ大会」について調べました。たこあげ大会の名前には、他のちいきにはない、このちいきの自然への親しみがこめられています。

まず、実行委員会のかたへのオンラインインタビューを見てください。

（実行委員会のかたへのオンラインインタビューを流す。）

B　たこあげ大会には、どのくらいのれきしがあると思いますか。

今年で、三十一回めをむかえるということです。

それでは、このちいきならではの、たこあげ大会のないようをしょうかいしたいと思います。……

「ちいきの行事」より

(1) 文章からわかることは何ですか。□にあてはまる言葉を、文章から書きぬきましょう。

行事の名前の「□」という言葉に、このちいきの□がこめられている。今年で、このたこあげ大会は□めとなる。

(2) A、Bは、それぞれだれが話していますか。「発表計画表」から名前を書きぬきましょう。

A □さん

B □さん

(3) 調べたことを発表し合うときの注意点として、正しいものには○を、まちがっているものには×をつけましょう。

ア（　）しりょうを使ってわかりやすく話す。

イ（　）聞いたないようは全部メモをとりながら聞く。

ウ（　）インタビューの動画は、そのまま流さず、言葉に直してつたえるほうがよい。

エ（　）計画表にはじゅんじょや役わりも書いておく。

四 調べたことをしりょうにまとめて発表しよう

言葉の広場⑥ 文の組み立て
漢字の広場⑤ 漢字の組み立て

◎めあて
★主語とじゅつ語の組み合わせを学ぼう。
★しゅうしょく語のはたらきを知ろう。
★漢字の組み立てについて考えよう。

学習日
月 日

教科書 下80～83ページ
答え 27ページ

かきトリ 新しい漢字

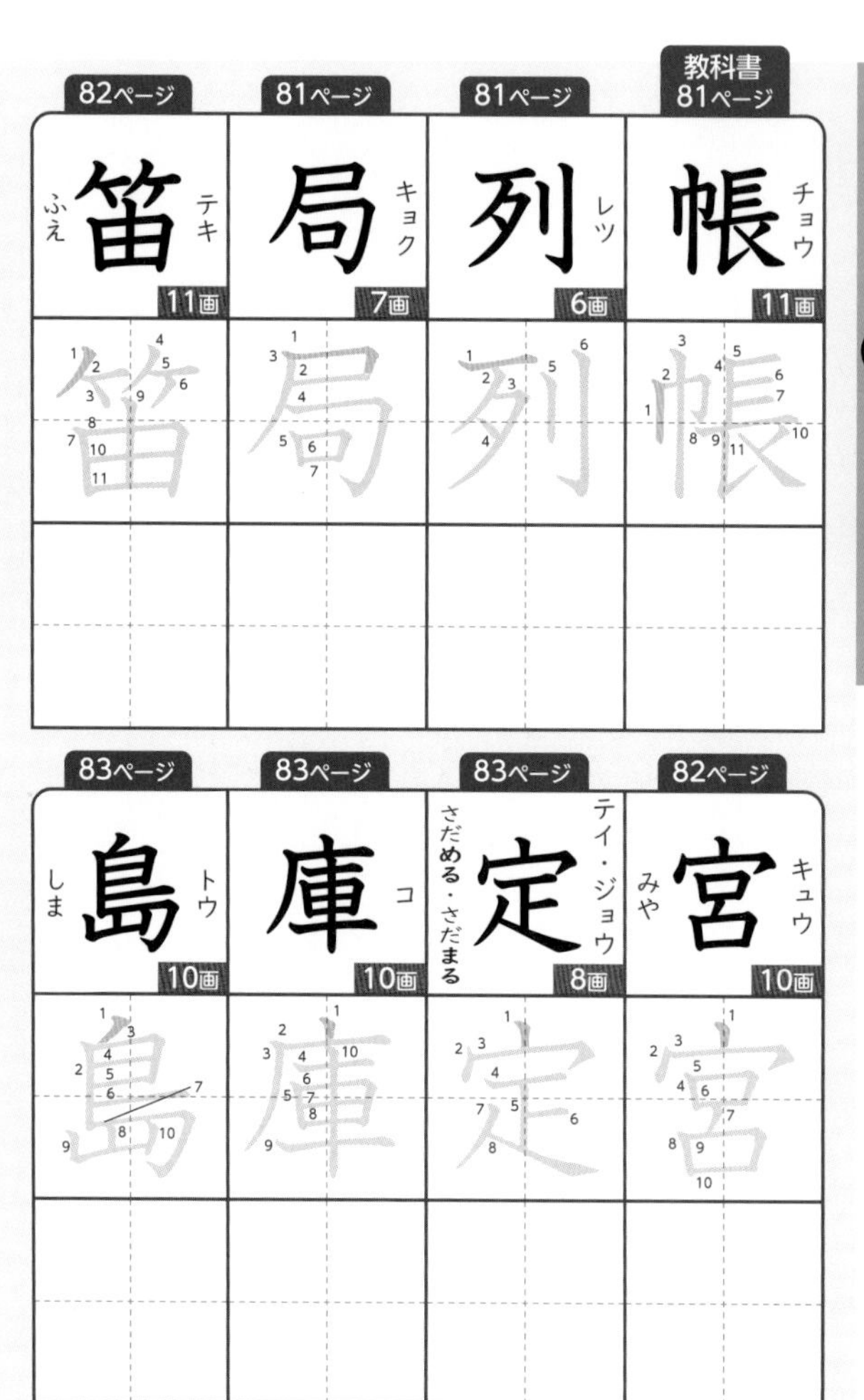

教科書81ページ 帳 チョウ 11画
81ページ 列 レツ 6画
81ページ 局 キョク 7画
82ページ 笛 テキ ふえ 11画
82ページ 宮 キュウ みや 10画
83ページ 定 テイ・ジョウ さだめる・さだまる 8画
83ページ 庫 コ 10画
83ページ 島 トウ しま 10画

「定」には二つの送りがながあるね。

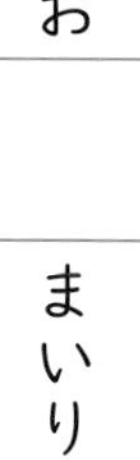

1 （　）に読みがなを書きましょう。

① 笛をふく。

② 日本は島国だ。

③ めい宮のようだ。

④ 手帳を持ち歩く。

2 □に漢字を、（　）に漢字と送りがなを書きましょう。

① □（れっしゃ）に乗る。

② □（やっきょく）へ行く。

③ バスの□（しゃこ）。

④ けい□（てき）がなる。

⑤ お□（みや）まいり

⑥ ねらいを（さだめる）。

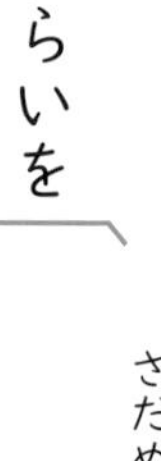

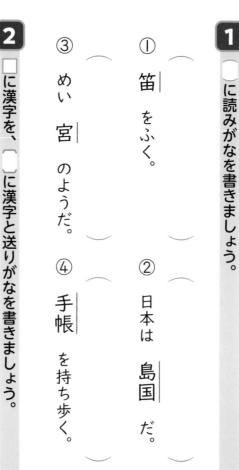

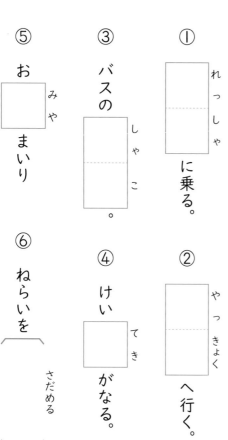

3 正しい意味に○をつけましょう。

① 始める時間をはっきりさせる。

ア（　）あいまいな様子。

イ（　）たしかな様子。

② おじにあたる人からプレゼントをもらった。

ア（　）ちょうどあてはまる。

イ（　）動いていたものがぶつかる。

4 次の文の主語とじゅつ語の組み合わせを、□から一つずつえらんで、記号を書きましょう。

① 戸だなの中にはかんづめがもうなかった。（　）

② 男の子が元気よく豆をまく。（　）

③ きのうのわすれ物は麦わらぼうしだった。（　）

④ 木の間から見える星空はとても美しい。（　）

ア「何がどうする」
イ「何がどんなだ」
ウ「何がなんだ」
エ「何がある／ない」

5 文の組み立ての図の（　）に、「を」「に」「が」「の」のどれかを書きましょう。

① 主語 妹（　）　花（　）　水（　）　じゅつ語 やる。

② 主語 母（　）　父（　）　アイロン（　）　ズボン（　）　じゅつ語 かける。

6 二つの漢字と組み合わせて、それぞれべつの漢字になる「かんむり」「あし」「にょう」の名前を、ひらがなで書きましょう。

れい　へん　木・交　（きへん）

① かんむり　早・楽　（　）

② あし　音・田　（　）

③ にょう　首・反　（　）

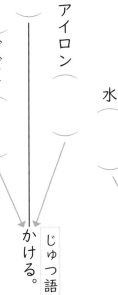

ぴったり3 たしかめのテスト

四 調べたことをしりょうにまとめて発表しよう

ちいきの行事 〜 漢字の広場⑤ 漢字の組み立て

時間 20分

／100

ごうかく 80点

学習日 月 日

教科書 下74〜83ページ

答え 28ページ

1 読みがなを書きましょう。 一つ2点(20点)

① 海につき出た半島。（　　）
② 長い行列。（　　）
③ きそくを定める。（　　）
④ 七夕祭り（　　）
⑤ ペンを使用する。（　　）
⑥ 案(あん)の定。（　　）
⑦ 今年の運動会。（　　）
⑧ 汽笛を鳴らす。（　　）
⑨ ゲームを開始する。（　　）
⑩ 当番を決める。（　　）

2 □に漢字を、〔　〕に漢字と送りがなを書きましょう。 一つ3点(30点)

① □□□(にっきちょう)
② 気温が□□(あんてい)する。
③ 遠くに見える□(しま)。
④ 竹の□(ふえ)をふく。
⑤ 日時の□□(けってい)。
⑥ 王様の□(きゅう)でん。
⑦ ゆうびん□(きょく)
⑧ 色えんぴつを□(つか)う。
⑨ はんだんを〔　　〕(ゆだねる)。
⑩ 練習を〔　　〕(はじめる)。

3 調べたことを発表するときに大切なことについて、（　）に合う言葉を［　］から一つずつえらんで、記号を書きましょう。 一つ2点(10点)

・聞く人がわかりやすいように、話の①（　）を考えておく。
・話すないように合わせて写真などの②（　）を見せる。
・調べたことからわかったことと、感想は③（　）話す。
・話すときの④（　）や言葉⑤（　）に気をつける。

ア 速さ　イ えがお　ウ じゅんじょ
エ 分けて　オ しりょう　カ づかい

4 次の部分の名前を（　）にひらがなで書き、その部分をもつ漢字を二つずつ書きましょう。 完答一つ5点(15点)

① 宀（　）□□
② 辶（　）□□
③ 心（　）□□

5 （　）に合う言葉を［　］からえらんで、記号を書きましょう。 一つ1点(15点)

れい （ウ）今日の（ア）天気は（イ）晴れだ。

①（　）外では（　）雪が（　）ふっている。
②（　）弟は（　）友達と（　）公園へ（　）出かけた。
③（　）ボールを（　）打つ（　）すがたが（　）かっこいい。
④（　）屋根の（　）上に（　）ねこが（　）いる。

ア 主語　イ じゅつ語　ウ しゅうしょく語

6 次の漢字の部分に共通して組み合わせると、べつの漢字になる部分の名前を、ひらがなで書きましょう。 一つ5点(10点)

① 化・古・早（　）
② 車・占・ム（　）

五 文章と図や写真を、むすびつけて読もう
川をつなぐちえ
言葉の文化④ 十二支と月のよび名

めあて
★文章の要点と、説明のじゅんじょを考えながら読もう。
★くらしの中にのこる昔からの言葉を知ろう。

学習日 月 日
教科書 下85〜97ページ
答え 28ページ

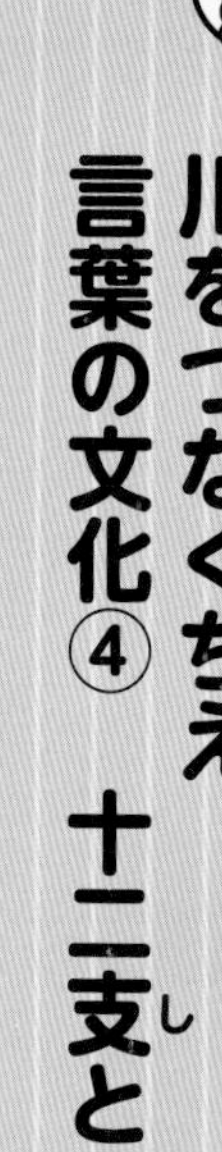

路	ロ・じ	13画	教科書86ページ
荷	に	10画	86ページ
県	ケン	9画	87ページ
板	ハン・バン・いた	8画	88ページ
階	カイ	12画	91ページ
州	シュウ	6画	94ページ
鉄	テツ	13画	94ページ
期	キ	12画	94ページ
羊	ヨウ・ひつじ	6画	96ページ

「州」の点のいちに気をつけよう！

1 （　）に読みがなを書きましょう。

① 羊（　）の毛をかる。
② まな板（　）をあらう。
③ 九州（　）の温せん地。
④ まっすぐな鉄路（　）。

2 □に漢字を書きましょう。

① □□（にもつ）を運ぶ。
② さいたま□（けん）
③ □□（こくばん）を消す。
④ □□（きたい）にこたえる。
⑤ □□（にかい）の部屋。
⑥ □□（ようもう）のセーター。

3 教科書97ページを見ながら、月のべつの名前の読み方を、（　）にひらがなで書きましょう。

	べつの名前	読み方
一月	睦月	むつき
二月	如月	①（　）
三月	弥生	②（　）
四月	卯月	うづき
五月	皐月	③（　）
六月	水無月	④（　）
七月	文月	ふづき・ふみづき
八月	葉月	⑤（　）
九月	長月	ながつき
十月	神無月	かんなづき・かみなづき
十一月	霜月	しもつき
十二月	師走	⑥（　）

3分でワンポイント

川をつなぐためのちえについて整理しよう。

★①～③の（　）に合う言葉を［　］の中からえらんで記号を書きましょう。

	船をいどうさせる方法
一の関	芝川に入った船を①（　）が引っぱって、一の関を通る。一の関で見沼代用水から流れてきた水をせき止めて、②（　）を高くする。
二の関	②が二の関と同じ高さになったら①が引っぱって二の関を通る。二の関のかべをとじ見沼代用水から流れてきた水をせき止めて②を高くする。
まとめ	③（　）のようにひくいところから高いところへ重い荷物をつんだ船をいどうさせる。

ア 水面　イ 人　ウ エレベーター

川をつなぐちえ

学習日 月 日
教科書 下85～95ページ
答え 29ページ

文章を読んで、答えましょう。

人々は、川と川を「水路」でつなぎ、船で行けるところを広げてきました。トラックも電車もなかったころ、一度に多くの荷物を遠くまで運ぶことができるのは、船だけでした。船が通る川は、今の道路や線路のような役わりをはたしてきたのです。

しかし、高いところを流れる川と、ひくいところを流れる川を水路でつなぐと大変（へん）です。重い荷物をつんだ船を、多くの人が時間をかけてこいだり、引っぱったりしなければならないからです。

では、こうした水路を通るために、人々は、どのようなちえを用いてきたのでしょうか。

1 「今の道路や線路のような役わり」とありますが、どのような役わりですか。文章から十五字で書きぬきましょう。

□□□□□□□□□□□□□□□ 役わり。

2 「大変です。」とありますが、なぜですか。文章から書きぬきましょう。

□□□□□ をつんだ船を、人が時間をかけて □□□□□□□□□□ て □□ しなければならないから。

3 「こうした水路」とありますが、どのような水路ですか。文章から書きぬきましょう。

――線の後に注目しよう。

埼玉県(さいたま)さいたま市にある「見沼通船堀(みぬまつうせんぼり)」は、今からおよそ三百年前につくられた全長千メートルほどの水路です（図１）。芝川(しば)と、その東西を流れる見沼代用水との間をつないでいます。

ところが、まん中を流れる芝川のほうが、見沼代用水より三メートルぐらいひくいところを流れています。

そこで、当時の人々が考えたのが、この課題(か)を、いくつかに分けてかいけつする方法(ほう)でした。

＊図１はしょうりゃくします。

「川をつなぐちえ」より

[　　　　]

[　　]と、[　　　　]

[　　]をつないだ水路。

4 「見沼通船堀」はどこにありますか。文章から書きぬきましょう。

[　　　]市にあり、芝川と、

[　　　　]をつないでいる。

5 見沼代用水はどこを流れていますか。一つに○をつけましょう。

ア（　）芝川をはさんで南北を流れている。

イ（　）芝川から三メートルくらい高いところを流れている。

ウ（　）芝川と見沼通船堀をむすんで流れている。

6 「当時」とありますが、いつのことですか。文章から十字で書きぬきましょう。

[　　　　　　　　　　]

時間 20分
／100
ごうかく 80点

学習日 月 日
教科書 下85〜97ページ
答え 30ページ

文章を読んで、答えましょう。　思考・判断・表現

一つの「関」に水がたまるには、五十分ぐらいかかります。一そうの船が水路をつうかするには、二時間ほどかかったといわれています。

「見沼通船堀」によって、多くの船が江戸（今の東京）と行き来できるようになったそうです。

このように、高さのちがう川をつなぐ水路は、いくつかにくぎって、まるでエレベーターのように、ひくいところから少しずつ高いところへ船をいどうさせることで、重い荷物をつんだ船でも通ることがかのうになったのです。

パナマ運河 ――二つの

よく出る

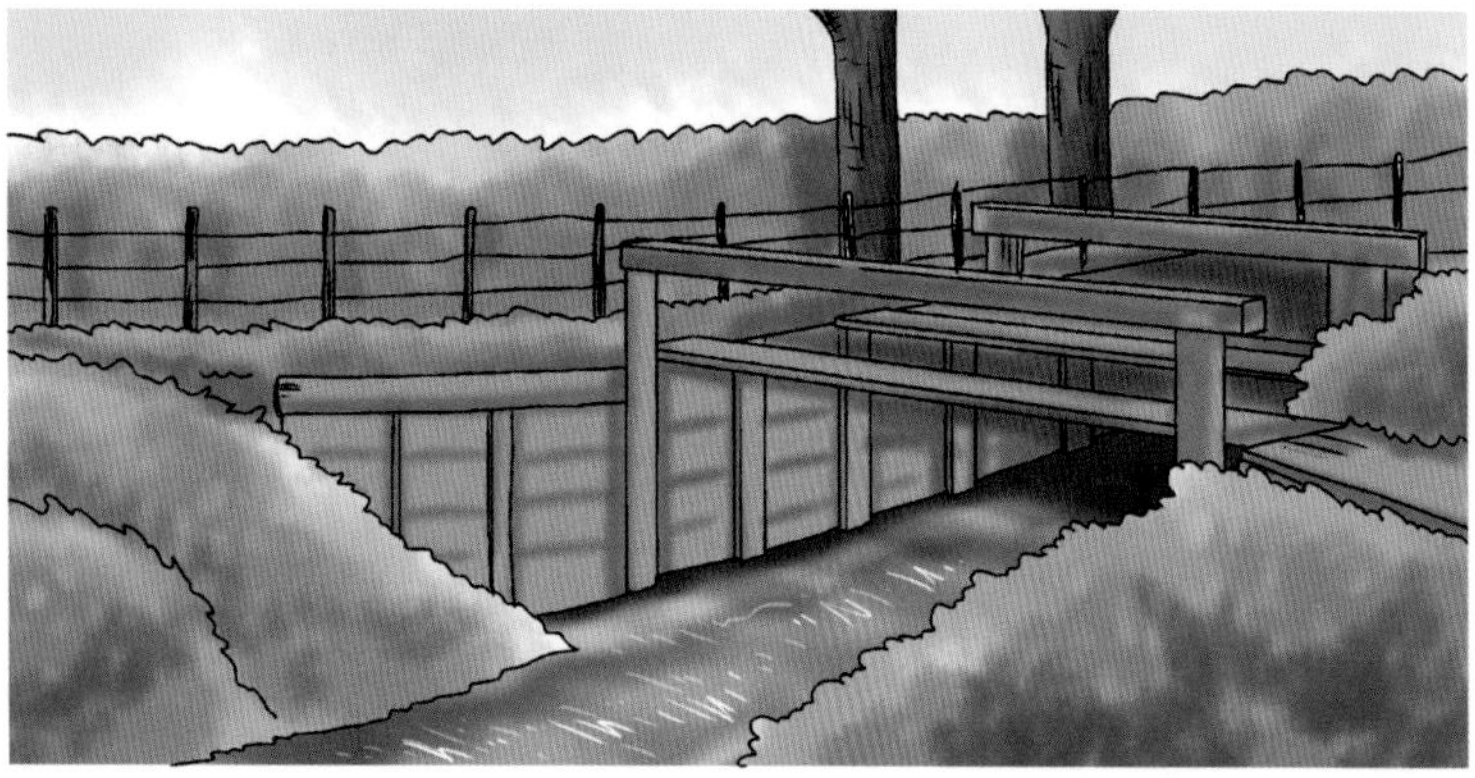

1 「見沼通船堀」とはどのような仕組みですか。文章から書きぬきましょう。　一つ5点（10点）

水路をいくつかに［　　］、ひくいところから少しずつ［　　］へ船をいどうさせる仕組み。

2 「多くの船が江戸（今の東京）と行き来できるようになった」とありますが、船が行き来するのは何のためですか。文章から二字で書きぬきましょう。　5点

［　　］を運ぶため。

3 「高さのちがう川をつなぐ水路」とありますが、このような水路として文章中にあげられているものを、二つ書きぬきましょう。　一つ10点（20点）

［　　］
［　　］

海をつなぐちえ

この「見沼通船堀」と同じちえは、もっと大きな水路にも用いられています。

一九一四年にかんせいしたパナマ運河は、太平洋と大西洋をつなぐ大きな運河です。海面から二十六メートル高い運河（七階だてのビルと同じくらいの高さ）まで、同じ仕組みで船を上げています。

パナマ運河ができる前は、船は太平洋と大西洋の間を行き来するのに、図3の矢印㋐のように遠回りをしなければなりませんでした。しかし、パナマ運河ができたことにより、矢印㋑のように近道をして、二つの海の間をいどうできるようになりました。

＊図3はしょうりゃくします。

「川をつなぐちえ」より

4 「船をいどうさせる」とありますが、「船のいどう」を何にたとえていますか。文章から六字で書きぬきましょう。 10点

□□□□□□

5 「もっと大きな水路」とは何のことですか。文章から書きぬきましょう。 一つ10点(40点)

これは、［　　　］にかんせいした、［　　　］のことで［　　　］をつないでいる。

これのおかげで、二つの海の間を［　　］をしていどうできるようになった。

考えを書こう

6 「見沼通船堀」やパナマ運河に用いられている「ちえ」について、どう思いますか。考えて書きましょう。 15点

時間 20分　／100　ごうかく 80点

学習日　月　日

教科書 下85〜97ページ　答え 31ページ

1 読みがなを書きましょう。 一つ2点（18点）

① 水路をつくる。（　　）
② 板ばりのゆか。（　　）
③ 本州につながる橋。（　　）
④ 羊をかう。（　　）
⑤ 荷馬車（　　）
⑥ 世界が広がる。（　　）
⑦ 家路につく。（　　）
⑧ 期間げん定の味。（　　）
⑨ 三学期がはじまる。（　　）

2 □に漢字を書きましょう。 一つ3点（18点）

① てつどうもけい
② かたい てっぱん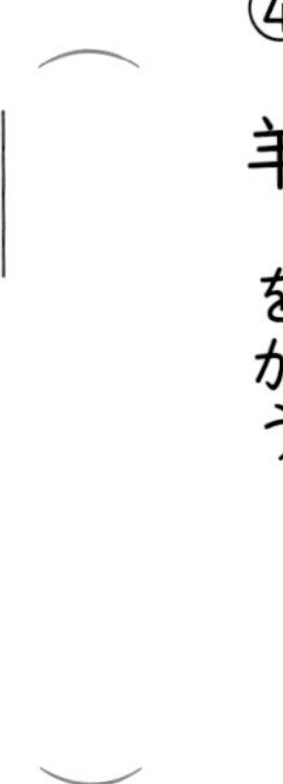。
③ ぜんちょう千メートル
④ こくばん□□に書く。
⑤ 青森けん□にすむ。
⑥ ビルのにかい□□に上がる。

3 〔　〕に漢字と送りがなを書きましょう。 一つ2点（4点）

① トラックで〔はこぶ〕。
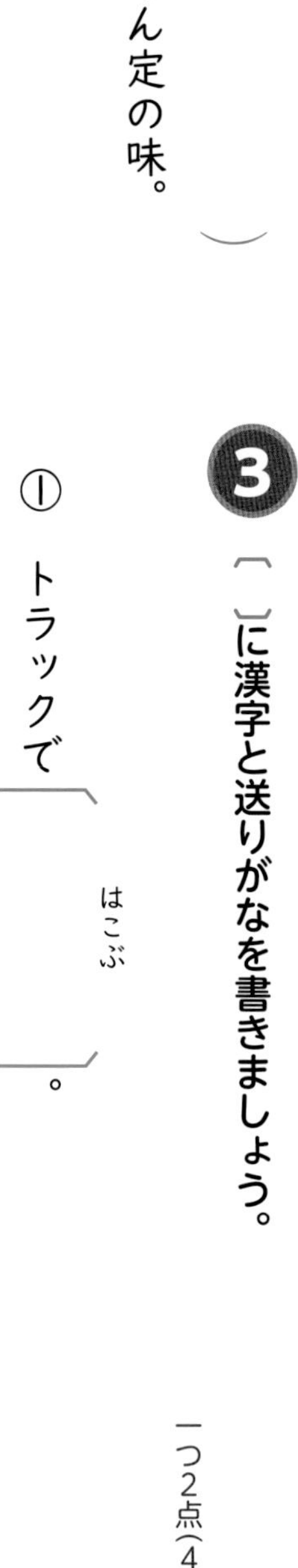
② 町の中を大きな川が〔ながれる〕。

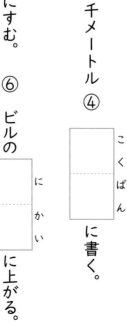

4 次の（　）にあてはまる言葉を、[　]からえらんで書きましょう。

一つ5点(20点)

① ケーキは（　　　）一つでは足りない。

② ねむ気がとんで、（　　　）宿題がはかどった。

③ 少しずつ気温も高くなり、（　　　）春らしくなってきた。

④ 今月も寒いが、来月は（　　　）寒くなるらしい。

どんどん　だんだん　もっと　たった

5 ①～④はホットケーキをやく順番です。（　）に合う言葉を[　]から一つずつえらんで、記号を書きましょう。

一つ5点(15点)

①（　）、ホットケーキのこなと牛乳を用意します。

②（　）、ボウルを用意して、ホットケーキのこなを入れます。

③（　）牛乳をくわえて、かるくまぜます。

④ そして、フライパンでやきます。

ア さらに　イ まず　ウ 次に

6 （　）にあてはまる十二支を、[　]から一つずつえらんで、記号を書きましょう。

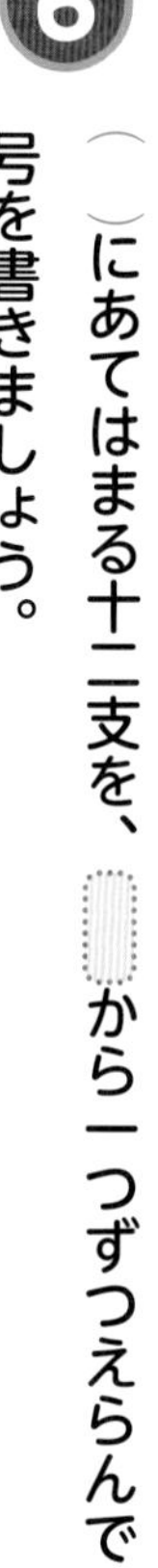

一つ3点(15点)

①（　）→ 丑（牛）→ ②（　）→ 卯（うさぎ）→ 辰（たつ）→ ③（　）→ 午（馬）→ 未（羊）→ 申（さる）→ ④（　）→ ⑤（　）→ 亥（いのしし）

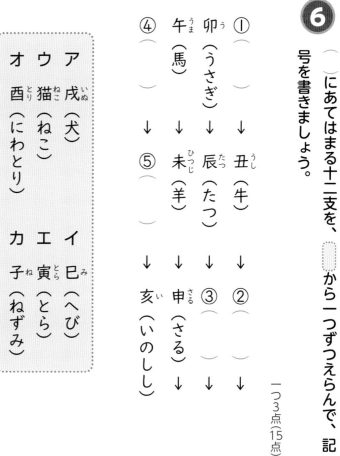

ア 戌（犬）　イ 巳（へび）
ウ 猫（ねこ）　エ 寅（とら）
オ 酉（にわとり）　カ 子（ねずみ）

7 次の月は何月ですか。漢字で書きましょう。

一つ5点(10点)

① 弥生（やよい）→（　　　）

② 師走（しわす）→（　　　）

ぴったり1 じゅんび

六 つたえたいことの中心を明らかにして書こう

強く心にのこっていることを

漢字の広場⑥ 二つの漢字の組み合わせ

めあて

★思い出にのこった場面を書くときのポイントをおさえよう。

★漢字の意味から、組み合わせを考えよう。

学習日 月 日

教科書 下98〜105ページ

答え 31ページ

かきトリ 新しい漢字

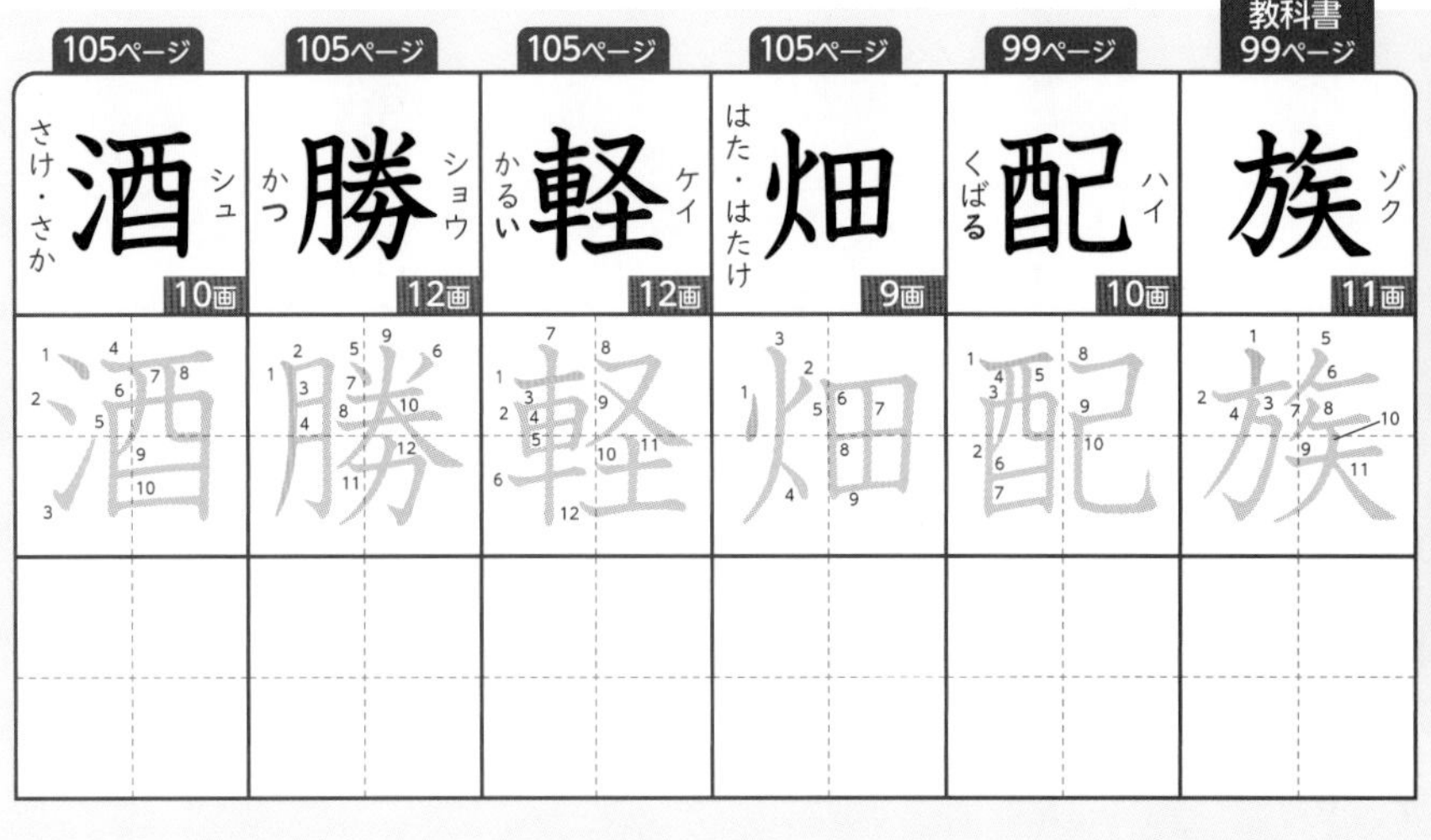

族	配	畑	軽	勝	酒
教科書99ページ	99ページ	105ページ	105ページ	105ページ	105ページ
ゾク	ハイ くばる	はた・はたけ	ケイ かるい	ショウ かつ	シュ さけ・さか
11画	10画	9画	12画	12画	10画

1 （　）に読みがなを書きましょう。

① 心配（　）をかける。

② お酒（　）を入れる。

③ 軽（　）い箱。

④ 畑（　）にたねをまく。

2 □に漢字を、□に漢字と送りがなを書きましょう。

① □（たはた）が多い。

② 試合（し）に□（か）つ。

③ ぶどう□（しゅ）

④ □（かぞく）がそろう。

⑤ □（けい）自動車にのる。

⑥ 手紙を（くばる）。

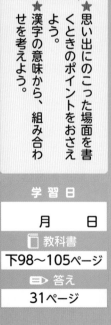

強く心にのこっていることを

3 正しい意味に○をつけましょう。

① たき火がげんいんで山火事が起きた。

ア（　）物ごとがおこるもと、わけ。
イ（　）よくないところ。

② 落としたさいふが見つかってほっとする。

ア（　）びっくりする。
イ（　）安心する。

二つの漢字の組み合わせ

4 二つの漢字が組み合わさってできた言葉です。読みがなを書き、同じ組み合わせの言葉を、［　］からえらんで書きましょう。

① 天地（　　　）［　　］
② 岩石（　　　）［　　］
③ 青空（　　　）［　　］

道路　美人　左右

強く心にのこっていることを

5 ていねいな形でない文末が三か所あります。文章を直す直し方で、ていねいな形に書き直しましょう。

まいごのジョン

日野（ひの）　智也（ともや）

「ジョン、どこに行ったの。」

ぼくがさん歩のと中、リードを放したせいで、ジョンがまいごになってしまいました。あちこちさがし回っても、見つかりません。ぼくのせいで、ジョンに何かあったらと心配になった。リードを放してしまったことを反せいしました。

ところが、ジョンはひょっこり帰ってきた。ぶじに帰ってきてくれて安心しました。

今日もジョンとさん歩に行く。これからも、ジョンとずっといっしょにいたいです。

六 つたえたいことの中心を明らかにして書こう

強く心にのこっていることを
漢字の広場⑥ 二つの漢字の組み合わせ

時間 20分
/100
ごうかく 80点

学習日
月　日

教科書 下98～105ページ
答え 32ページ

1 文章を読んで、答えましょう。　思考・判断・表現

すぐにずかんを出し、カメ太のために一生けんめい調べました。その間、カメ太のことが心配で、ぼくのしんぞうは、ドクドクしていました。早く調べなくては。あせって、ページが思うようにめくれません。

三十分ぐらいかかって、ようやくげんいんがわかりました。げんいんは、寒さでした。寒いからじっとしていたのです。ぼくは、みんなに大声でつたえました。


「ただ寒いだけなんだって。」

「そうなんだ。」

みんな、安心したように言いました。そして、

「どれどれ。」

と言いながら、集まってきました。

カメ太を見たみんなは、口々に、

「よかった。」

「死んでなくてよかった。」

と言いながら、ほっとしていました。

ぼくは、調べたかいがあったと思いました。

よく出る

(1) 「あせって、ページが思うようにめくれません。」とありますが、どうしてあせっていたのですか。文章の言葉を使って書きましょう。　12点

考えを書こう

(2) 「みんなに大声でつたえました。」とありますが、なぜこのようにしたのですか。あてはまる言葉を書きましょう。　13点

げんいんがわかり、はやくみんなを□と思ったから。

(3) 「調べたかいがあった」とありますが、どういう意味ですか。一つに○をつけましょう。　10点

ア（　）前にも調べたことがあった。

イ（　）それほどあせって調べることはなかった。

ウ（　）一生けんめい調べた分のかちがあった。

(4) この文章でくふうされていることとして正しいものには○を、まちがっているものには×を書きましょう。　完答10点

その後、カメ太を見ていると、カメ太が、
「心配をかけました。」
と、言っているようでした。

中田惇介（なかたじゅんすけ）「カメ太が動かない」（「強く心にのこっていることを」より）

20

2 （　）に読みがなを、□に漢字を書きましょう。

一つ2点（8点）

① 洋酒（　　）をつくる。

② 新聞を配（　　）る。

③ □□（しょうぶ）する。

④ □□（しんぞく）が集まる。

3 二つの漢字でできた言葉の意味を書きましょう。

一つ4点（12点）

① 新品（　　　　）

② 他国（　　　　）

③ 歩道（　　　　）

ア（　）自分の様子を表すひょうげんを入れている。

イ（　）カメ太との会話をくわしく書いている。

ウ（　）心の動きや、そうぞうしたことも書いている。

4 上と下の言葉のつながりを考えて、漢字二字の言葉を書き、（　）に読みがなも書きましょう。

完答一つ5点（15点）

① 長い → 文　□□（　　）

② 小さな → 鳥　□□（　　）

③ 昔の → 話　□□（　　）

5 ①〜③はにた意味の漢字を、④⑤は反対の意味の漢字を□からえらんで書き入れ、言葉を作りましょう。

一つ4点（20点）

① 中□

② 家□

③ 談□

④ 発□

⑤ □楽

話　着　央　屋　苦

ぴったり1 じゅんび

七 登場人物について考えたことを手紙にしよう

おにたのぼうし

あまん きみこ

めあて
★場面のうつり変わりにより、登場人物がどのように変化したかを考えよう。
★登場人物の発言から、気持ちをとらえよう。

学習日 月 日
教科書 下107〜123ページ
答え 32ページ

かきトリ 新しい漢字

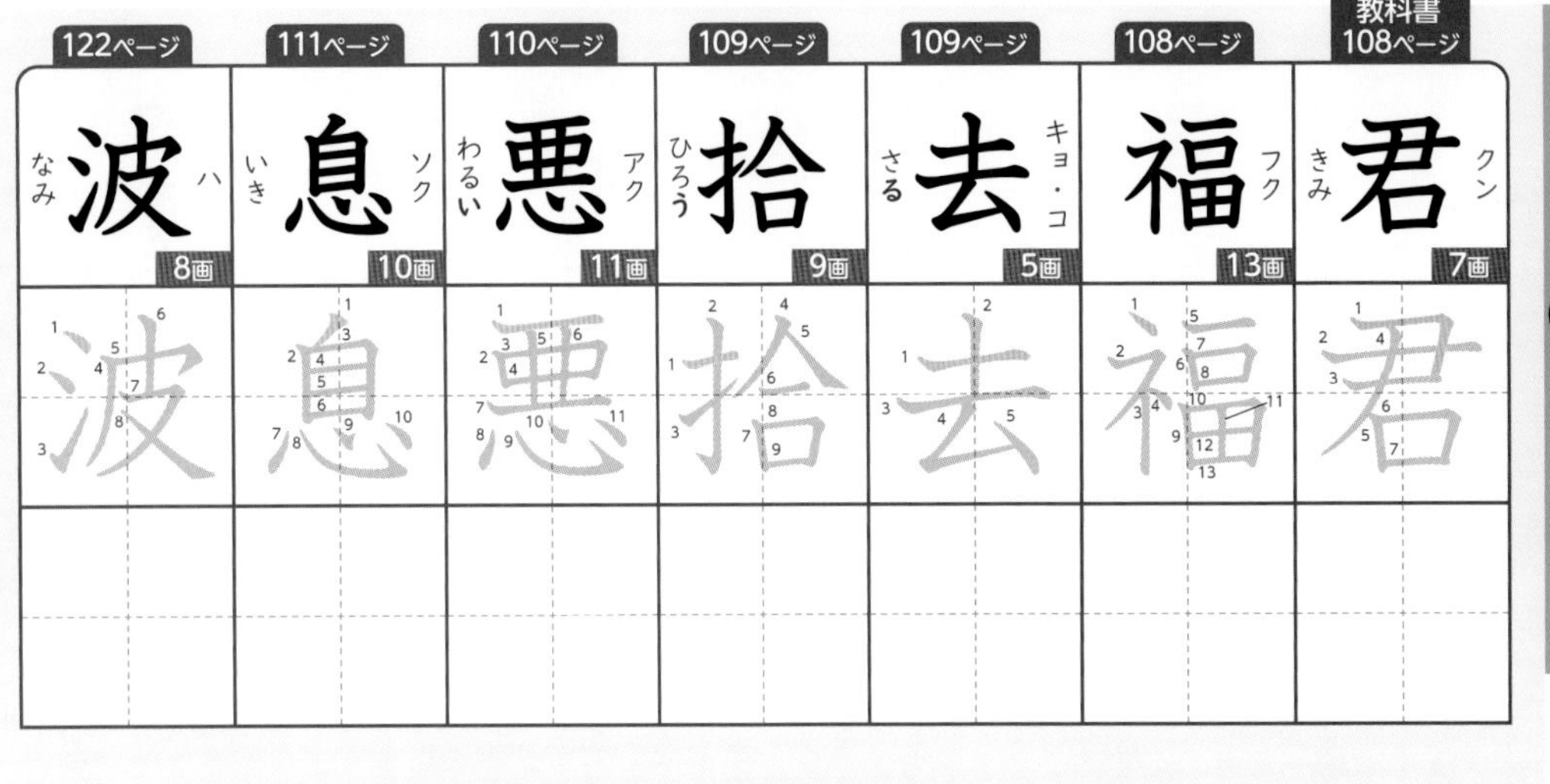

教科書108ページ 君 クン きみ 7画
108ページ 福 フク 13画
109ページ 去 キョ・コ さる 5画
109ページ 拾 ひろう 9画
110ページ 悪 アク わるい 11画
111ページ 息 ソク いき 10画
122ページ 波 ハ なみ 8画

「波」は使われる言葉によっては「ぱ」と読むこともあるよ。

1 （　）に読みがなを書きましょう。

① 電波（　）をとばす。
② 国の 君主（　）になる。
③ 過去（　）のできごと。
④ 悪人（　）をつかまえる。

2 □に漢字を、（　）に漢字と送りがなを書きましょう。

① □□（きょねん）の服。
② □（いき）をすう。
③ □（ふく）は内。
④ その場を（　）（さる）。
⑤ ごみを（　）（ひろう）。
⑥ 天気が（　）（わるい）。

3 正しい意味に○をつけましょう。

① じゅぎょう中に教室をきょろきょろ見回す。
ア（　）落ち着かずにあたりを見る。
イ（　）ゆっくりぐるっと見る。

② ゲームに負けて、くちびるをかむ。
ア（　）がんばろうと力を入れる。
イ（　）気持ちをおさえてがまんする。

③ 部屋に帰って、ひとりため息をつく。
ア（　）よろこんだときに長く息をはく。
イ（　）心配なときなどに長く息をはく。

④ 人前でもじもじする。
ア（　）えんりょしたりはずかしがったりする。
イ（　）落ち着きなく動き回る。

⑤ ガシャンという音におどろいてとび上がった。
ア（　）大きな声をはり上げる。
イ（　）思わずはね上がる。

3分でワンポイント

できごとと、発言から登場人物の気持ちを読み取ろう。

★①～③の（　）に合う気持ちを［　］の中からえらんで記号を書きましょう。

①（　）	おにたに、赤ごはんとに豆をもらって、顔がぱっと赤くなったときの、女の子の気持ち。
②（　）	女の子に「わたしも豆まきがしたい」と言われて、とび上がったときの、おにたの気持ち。
③（　）	女の子に「おにが来ればお母さんの病気が悪くなる」と言われたときの、おにたの気持ち。

ア

かなしい

イ

うれしい

ウ
びっくり

ぴったり2 練習

七 登場人物について考えたことを手紙にしよう

おにたのぼうし

文章を読んで、答えましょう。

節分の夜のことです。

まこと君が、元気に豆まきを始めました。

ぱら　ぱら　ぱら　ぱら

まこと君は、いりたての豆を、力いっぱい投げました。

「福はあ内。おにはあ外。」

茶の間も、客間も、子ども部屋も、台所も、げんかんも、手あらいも、ていねいにまきました。そこで、まこと君は、

「そうだ、物置小屋にも、まかなくっちゃ。」

と言いました。

その物置小屋のてんじょうに、去年の春から、小さな黒おにの子どもが住んでいました。「おにた」という名前でした。

1 「おにた」は、何の子どもですか。文章から書きぬきましょう。

2 「おにた」は、どこに住んでいますか。文章から書きぬきましょう。

（　　　　）の家の、（　　　　）

3 「おにた」は、どんなせいかく（人がら）の子どもですか。文章から二つ書きぬきましょう。

（　　　　）

（　　　　）

4 「ぱら　ぱら　ぱら　ぱら」とありますが、何の様子を表しているのですか。一つに○をつけましょう。

学習日
月　日
教科書
下107～123ページ
答え
33ページ

おにたは、気のいいおにでした。きのうも、まこと君に、なくしたビー玉を、こっそり拾ってきてやりました。この前は、にわか雨の時、ほし物を、茶の間に投げこんでおきました。お父さんのくつを、ぴかぴかに光らせておいたこともあります。

でも、だれも、おにたがしたとは気がつきません。はずかしがり屋のおにたは、見えないように、とても用心していたからです。

豆まきの音を聞きながら、おにたは思いました。

「人間っておかしいな。おには悪いって、決めているんだから。おににも、いろいろあるのにな。」

そして、古い麦わらぼうしをかぶりました。角かくしのぼうしです。

こうして、カサッとも音をたてないで、おにたは、物置小屋を出ていきました。

あまん きみこ「おにたのぼうし」より

ア（　）豆をいっているときの音。

イ（　）豆まきで、豆をまく音。

ウ（　）にわか雨がふりだしたときの音。

5 「だれも、おにたがしたとは気がつきません。」とありますが、なぜですか。文章から書きぬきましょう。

（　　　　　　　　　　）

6 「おににも、いろいろあるのにな。」とありますが、どういう意味ですか。一つに○をつけましょう。

ア（　）悪いおにもいるが、いいおにもいるということ。

イ（　）赤おにや青おにや黒おにがいるということ。

ウ（　）麦わらぼうしをかぶったおにもいるということ。

ヒント　すぐ前の言葉に注目しよう。

7 「おにたは、物置小屋を出ていきました。」とありますが、だれが、どんなことをしたからですか。文章から書きぬきましょう。

［　　　］が［　　　］をしたから。

ヒント　おにたは何を聞いたから出ていったのかを書こう。

ぴったり3 たしかめのテスト①

七 登場人物について考えたことを手紙にしよう

おにたのぼうし

学習日
月　日
教科書 下107〜123ページ
答え 34ページ

文章を読んで、答えましょう。　思考・判断・表現

それからしばらくして、入り口をトントンとたたく音がします。

「今ごろ、だれかしら？」

女の子が出ていくと、雪まみれの麦わらぼうしを深くかぶった男の子が立っていました。そして、ふきんをかけたおぼんのような物をさし出したのです。

「節分だから、ごちそうがあまったんだ。」

おにたは、一生けんめい、さっき女の子が言ったとおりに言いました。

女の子はびっくりして、もじもじしました。

「あたしにくれるの？」

そっとふきんを取ると、温かそうな赤ごはんと、うぐいす色のに豆が、湯気をたてています。

女の子の顔が、ぱっと赤くなりました。そして、にこっとわらいました。

女の子がはしを持ったまま、ふっ

1 「男の子が立っていました。」とありますが、「男の子」とはだれのことですか。文章から書きぬきましょう。　15点

よく出る

2 「女の子はびっくりして、もじもじしました。」とありますが、なぜですか。一つに○をつけましょう。　15点

ア（　）知らない男の子が、ふきんをかけたおぼんをさし出したから。

イ（　）男の子が雪まみれの麦わらぼうしをかぶっていたから。

ウ（　）おぼんの上には温かそうな赤ごはんと、に豆がのっていたから。

できたらスゴイ!

3 「女の子の顔が、ぱっと赤くなりました。」とありますが、このとき女の子はどんな気持ちでしたか。一つに○をつけましょう。　15点

ア（　）男の子からもらうのは、てれくさい。

イ（　）食べるのがもったいない。

ウ（　）おいしそうなごちそうで、うれしい。

と何か考えこんでいます。

「どうしたの？」

おにたが心配になってきくと、

「もう、みんな、豆まきすんだかな、と思ったの。」

と答えました。

「あたしも、豆まき、したいなあ。」

「なんだって？」

おにたはとび上がりました。

「だって、おにが来れば、きっと、お母さんの病気が悪くなるわ。」

おにたは、手をだらんと下げて、ふるふるっと、悲しそうに身ぶるいして言いました。

「おにだって、いろいろあるのに。おにだって……。」

氷がとけたように、急におにたがいなくなりました。あとには、あの麦わらぼうしだけが、ぽつんとのこっています。

「へんねえ。」

女の子は、立ち上がって、あちこちさがしました。そして、

「このぼうし、わすれたわ。」

それを、ひょいと持ち上げました。

「まあ、黒い豆！　まだあったかい……。」

あまん　きみこ「おにたのぼうし」より

4 「はしを持ったまま、ふっと何か考えこんでいます。」とありますが、何を考えこんでいたのですか。文章中から書きましょう。 15点

（　　　　）

できたらスゴイ!

5 「おにだって……。」とありますが、おにたはつづけて何と言いたかったのですか。書きましょう。 20点

（　　　　）

考えを書こう

6 「急におにたがいなくなりました。」とありますが、おにたはどうなったと思いますか。このあとの女の子の言葉もヒントにして、考えて書きましょう。 20点

（　　　　）

ふりかえり　3が分からないときは、105ページの 3分でワンポイント にもどってかくにんしてみよう。

時間 20分
／100
ごうかく 80点

学習日
月　日
教科書 下107〜123ページ
答え 35ページ

1 読みがなを書きましょう。 一つ2点(20点)

① 休息をとる。
② データを消去する。
③ 住まいをさがす。
④ 天使と悪ま。
⑤ 幸福をねがう。
⑥ 台風がすぎ去る。
⑦ 電波がとどく。
⑧ 温かいごはん。
⑨ 勝負の世界。
⑩ 君という人。

2 漢字を書きましょう。 一つ3点(15点)

① □(かい)だんを上がる。
② 子ども□(べや)
③ □□(じゅうしょ)を書く。
④ □(なみ)の音。
⑤ ため□(いき)をつく。

3 漢字と送りがなを書きましょう。 一つ5点(20点)

① ボールを（ひろう）。
② 具合が（わるい）。
③ 豆まきを（はじめる）。
④ 目を（あける）。

4 次の（　）に合う言葉を、［　］からえらんで書きましょう。

一つ3点（21点）

① 野原に（　　）一本の木が立っている。

② 赤ちゃんが（　　）わらった。

③ 力をぬき、うでを（　　）下げる。

④ ひみつを（　　）打ち明ける。

⑤ 大きな石を（　　）持ち上げる。

⑥ 目を（　　）あける。

⑦ ポケットに（　　）入るサイズのノート。

にこっと　すぽっと　うっすらと　ぽつんと
ふっと　ひょいと　そっと　だらんと

5 ――線の言葉の意味を［　］からえらんで、記号を書きましょう。

一つ3点（15点）

① でこぼこした道を歩く。（　）

② 兄は気のいい人だ。（　）

③ 落とし物をあちこちさがし回る。（　）

④ いたみをけんめいにこらえる。（　）

⑤ せなかがむずむずする。（　）

ア 表面が平らではない。
イ 虫がはうようなかゆい感じがする。
ウ いろいろな方向や場所。
エ 力のかぎり。せいいっぱい。
オ 人がよくてやさしい。

6 次の様子を表す言葉を下からえらんで、――でむすびましょう。

一つ3点（9点）

① 入り口のドアをたたく様子。・　・ぴかぴか

② 女の子がはずかしがる様子。・　・トントン

③ みがいたガラスが光る様子。・　・もじもじ

これまで これから

時間 10分
／100
ごうかく 80点
学習日 月 日
教科書 下124ページ
答え 35ページ

1 正しい意味に○をつけましょう。 一つ10点(20点)

① 味見をすると首をかしげて、しおを足した。

ア( )何かを思いついて、うなずく。

イ( )なっとくがいかず、首をかたむける。

② 転んでいたくても、なみだをこらえる。

ア( )なみだが出ないようにがまんする。

イ( )なみだがいっぱい出るようにする。

2 ( )に合う言葉を、[ ]から一つずつえらんで書きましょう。 一つ10点(30点)

① やき魚が消えたので、真っ先にねこのタマを( )。

② あの子にほめられて、少し( )。

③ ゲームに負けた弟は、とても( )。

てれた　くやしがった　うたがった

この本の終わりにある「春のチャレンジテスト」をやってみよう！

3 ( )に合う言葉を[ ]から一つずつえらんで、記号を書きましょう。 一つ10点(50点)

① 休みの日はそうじをしたり、おてつだいをし( )する。

② 銀色の車はかっこいい。でも金色の車のほうが、( )かっこいいと思う。

③ せのひくい兄( )、弟はとてもせが高い。

④ オリンピックには今まで、めずらしいきょうぎがあった。( )、魚つりやたこあげだ。

⑤ うちの妹( )なきむしの女の子はいないだろう。

ア ほど　イ に対して　ウ たとえば
エ たり　オ もっと

いろいろな言葉を学んだね。じっさいに使ってみよう。

この本の終わりにある「学力しんだんテスト」をやってみよう！

冬のチャレンジテスト

教科書 上98〜下69ページ

名前

月　日

時間 40分

思考・判断・表現 ／50

ごうかく80点 ／100

答え 37ページ

1 読みがなを書きましょう。

一つ2点(8点)

① 幸せな人生を送る。（　　）

② 部屋で休む。（　　）

③ 世界で一番高い山。（　　）

④ 急いで食べる。（　　）

2 漢字を書きましょう。

一つ2点(6点)

① クラスの［しゃしん］をとる。

② 赤い［ようふく］をえらぶ。

5 ——線の漢字の読み方を、音（おん）はカタカナで訓（くん）はひらがなで書きましょう。

一つ3点(6点)

① 王様に仕える。（　　）

② 仕組みを作る。（　　）

6 次の手紙を読んで、あとの問題に答えましょう。

空港のお店ではたらくみなさん、お元気ですか。

わたしは、このあいだ、そちらのお店に体験（けん）学習にうかがいました田中かおりです。

空港は、ア ひこおきに乗るところだと知っていましたが、たくさんお店があるのを見て、おどろきました。

お店には、数えきれないほどのおみやげがあって、なえらをもつ時期があるということです。魚でもない鳥やヒトが、どうしてえらなどあるのかふしぎですね。

　このようにして、はいの育ちはじめは、魚も、鳥も、ヒトもよくにていて、区別しにくいくらいです。

　このことは、これらの動物の祖先が、きっと同じだったのではないかという考えのしょうこになっています。

　ニワトリは、うまれるとすぐ歩きだします。ですから、たまごの中で、羽毛のはえたひなにまで成長してうまれるのです。

　ひなは、地上を歩きまわることはできますが、空をとぶことはできません。なぜかというと、うまれたてのひなは羽毛だけで、空をとぶための羽がないからです。

　羽がはえるまでには、数か月かかります。しかしニワトリは、ほかの野鳥のように、空高くまいあがることができません。

　ニワトリと同じなかまのキジやヤマドリやライチョウも、うまれるとすぐに歩きまわって、えさをひろいます。キジやヤマドリは野鳥ですから、ニワトリとちがって、空をとおくまでとびます。これらの鳥は、地上に巣をつくるのがとくちょうです。

清水　清「たまごのひみつ」より

次の**ア**〜**ウ**を育つ順にならべて、記号を書きましょう。　完答7点

ア　神経や目ができる。

イ　はいのからだがまがり、目や尾やせきずいが、だんだんつくられていく。

ウ　細ぼうがこまかくわれて、数がふえる。

（　　）→（　　）→（　　）

(4)　文章中に、説明ではなく、筆者の感想がのべられている文があります。そのはじめの五字を書きぬきましょう。　7点

(5)　この文章全体から考えると、たまごからうまれる動物全体について、どんなことが言えそうですか。あとにつながるように、次の［　］に書き入れましょう。　14点

［　　　　］は、その動物がたまごからうまれたあとにすぐにできなければならないこととかん係がある。

③ 道でさいふを［　　］とす。

3 次の漢字の■部の名前を書きましょう。 一つ3点(6点)

① 顔（　　　）

② 談（　　　）

4 次の（　）に合う「こそあど言葉」を、［　］からえらんで書きましょう。 一つ3点(9点)

① あなたは、いちごとぶどうの（　　　）のくだものがすきですか。

② 向こうに見える（　　　）白いたてものが、市役所です。

③ なぜあなたは（　　　）思うのですか。

この	あの	どれ	あれ
そちら	どちら	そう	どう

（切り取り線）

とても楽しいなあと思ったが、商品をきれいになべたり、お客さんにいろいろ説明［　　］のは、たいへんなことだとわかりました。短い時間でしたが、とても勉強になりました。

おいそがしいのに、親切に教えてくださって、［　　　　］。

① ――の言葉を、正しいかなづかいや正しい書き方に直しましょう。 一つ2点(4点)

ア（　　　）　イ（　　　）

② ［　］にはどんな言葉が入りますか。一つに○をつけましょう。 (5点)

ア（　）します

イ（　）したりする

ウ（　）する

③ ［　］に入るもっともふさわしい言葉を書きましょう。 (6点)

（　　　　　）

うらにも問題があります。

7 思考・判断・表現

文章を読んで、答えましょう。

たまごから、子どもになるまでの変化を、いろいろな動物で、くらべてみましょう。

メダカは、水中生活をする魚です。カエルは、水と陸の両ほうで生活します。ニワトリは、陸だけで生活します。

このように、メダカもカエルもニワトリも、生活する場所はちがうし、親になったときの大きさ、形もたいへんちがっています。

ところが、ふしぎなことに、たまごの中で育つようすをくらべてみますと、よくにたところがあるのに、おどろかされます。

まずはじめは、細ぼうがこまかくわれて、数がふえます。そして神経や目ができます。このころのメダカもニワトリも細長く、魚のようで、よくにています。

つづいて、はいのからだはまがり、目や尾やせきずいが、だんだんつくられていきます。

また、はいは水中生活をしています。ニワトリは、羊水という水の中にういています。

おもしろいことに、ニワトリにもヒトにも、魚のよう

（切り取り線）

(1) 「いろいろな動物で、くらべてみましょう。」について、①・②に答えましょう。

① どんな動物でくらべていますか。三つに○をつけましょう。 一つ2点(6点)

ア（　）ヘビ　イ（　）ニワトリ
ウ（　）トカゲ　エ（　）メダカ
オ（　）コウモリ　カ（　）カエル

② いろいろな動物でよくにているのは、どんなことですか。文章中から十一字で書きぬきましょう。 7点

(2) 「このこと」は、何を指していますか。次の□にあてはまる言葉を文章中から書きぬきましょう。 一つ3点(9点)

□の育ちはじめは、□も、鳥も、□もよくにているということ。

(3) たまごの中では、どんなふうに育っていきますか。

夏のチャレンジテスト

教科書 上10～97ページ

名前

月　日

時間 40分

思考・判断・表現 ／50

ごうかく80点 ／100

答え 36ページ

1 読みがなを書きましょう。 一つ1点(6点)

① 理由（　　）を話す。

② 気温（　　）が高い。

③ 貝の化石（　　）。

④ みかんの皮（　　）をむく。

⑤ 車に乗（　　）る。

⑥ 一等（　　）をとる。

2 漢字を書きましょう。 一つ2点(8点)

① こまが［かいてん］する。

けんきゅう

4 次のそれぞれの問題に答えましょう。

① 国語辞典（じてん）は、どのようなことを調べるときにつかいますか。次のうちあてはまるものをすべてえらびましょう。 完答（かんとう）3点

（　　）

ア 言葉の意味。

イ 言葉のつかい方。

ウ 漢字の読み方。

エ どんな漢字をつかって書いたらよいか。

② 次の言葉は、国語辞典でどのような順（じゅん）にならんでいますか。それぞれ（　）に1～3の数字を書きましょう。 完答一つ4点(12点)

(1)
（　）おくば
（　）めだか
（　）きせつ

(2)
（　）あんこ
（　）アイドル
（　）あくま

(3)
（　）ポーズ
（　）ビスケット
（　）ギター

（切り取り線）

がきこえた。静かだ。ゆっくりとした自分の呼吸がきこえる。安定した心臓の鼓動もきこえる。

ゆったりと、満ち足りた世界だった。見えるものは空しかなかった。空もまた、ただ青いだけの、単純そのものの静けさだった。

目を閉じる。

眠い。

海を信じるというのは、このことだったんだろうか。父親が死んだ海というものが、わずかだがおそろしくなくなっていた。

「そうじゃ。それでいい。」

米田老人の声が遠くになった。耳が水の中にあるせいだ。魚たちは人間の声を、こんなふうにきいているのだろうか。

「海にさからっちゃあいかん。よし、起きなされ。」

太は気持ちのいい眠りからさめたように、ゆっくり体を起こした。とたんに、海水浴客のにぎやかな声が耳にとびこんできた。

横山充男「少年の海」より

（切り取り線）

(4) 「ぷかっとういている木切れになった。」とは、どういうことですか。一つに○をつけましょう。 5点

ア（　）波に合わせて体がゆれているということ。

イ（　）体が木のようにかたくなったということ。

ウ（　）今にもしずみそうで、心配だということ。

エ（　）体に力が入らず何もできないということ。

(5) 「静かだ。」とありますが、どんな音がきこえますか。文章中から三つ書きぬきましょう。 一つ5点（15点）

(6) 米田老人の言う通りにしてみて、太はどんな気分になったと考えられますか。考えて書きましょう。 10点

② カブトムシの（　　）をする。

③ （りょかん）にとまる。

④ 高い山に（のぼ）る。

3

漢字の音読みと訓読みを答えましょう。音読みはカタカナで書き、訓読みはひらがなでおくりがなも書きましょう。

一つ1点(6点)

① 運　音（　　）　訓（　　）

② 泳　音（　　）　訓（　　）

③ 岸　音（　　）　訓（　　）

(切り取り線)

5

生き物について調べ、その生き物のとくちょうを説明する文章を書きました。この文章について、（　）にあてはまる言葉をあとからえらんで、記号を書き入れましょう。

一つ5点(15点)

家でかっているしば犬が、庭にあなをほっているのを見て、犬は、なぜ、あなをほるのか気になりました。

ずかんなどでいろいろ調べると、犬はいざというときにそなえて、食べ物をかくしておくというせいしつがあるとわかりました。図は、犬があなをほっている様子です。

〈出典〉『犬のずかん』(2019年、○○書店)・『しば犬のせいしつ』(2018年、○○書店)

・調べたい生き物をきめ、書くことの（①　　）をはっきりさせている。

・どのようなことをつたえたいかという目的に合った図や（②　　）をえらんでいる。

・ないようのまとまりごとに（③　　）を作って書いている。

ア　しりょう　　イ　だんらく

ウ　意見　　エ　中心

うらにも問題があります。

6 思考・判断・表現

文章を読んで、答えましょう。

「鼻をつまむな。水が鼻に入るとか、水が口に入って息ができなくなるとか、よけいなことは考えるな。おまえはいつでもよけいなことを考えすぎる。海を信じてみろ。」

太は、米田老人のいってることがわからなかった。こんな練習で、遠泳を完泳できるようになるのだろうか。しかし、今は信じるしかなかった。ふうっと息をはいて、うしろにたおれこむように体を横たえた。

「あごをひくな。あごをひらけ。空を見ろ。人の体は海でうくようにできておる。海から生まれた生きものじゃからな。なにも考えんで、海になるのだ。全部、力をぬけ。」

だらあんと、体中の力をぬいてみた。ういていた。

波のゆれと同じになっている。

大の字になって、もっと力をぬく。

ぷかっとういている木切れになった。

海は太をやさしくゆらせて、大きくつつみこんでくれていた。両耳は海水の中にかくれて、耳にあたる水の音

（切り取り線）

(1) この文章でえがかれているのは、どんな場面ですか。次の□にあてはまる言葉を文章中から書きぬきましょう。　一つ5点(10点)

太が、□□を完泳するための□□をしている場面。

(2) 「海を信じてみろ。」とありますが、太が海を信じてやってみたけっか、海がそれにこたえてくれたように感じられるところがあります。それを文章中から一文でさがし、そのはじめの五字を書きぬきましょう。　5点

□□□□□

(3) 「人の体は海でうくようにできておる。」とありますが、米田老人はどんなことを太につたえようとしているのですか。一つに○をつけましょう。　5点

ア（　）人は絶対に海でおぼれることはないということ。

イ（　）海でうくために、むりに力を入れてはいけない。

ウ（　）空をとぶより海で泳ぐほうがかんたんだ。

エ（　）海の水が体に入ってしまっても問題ない。

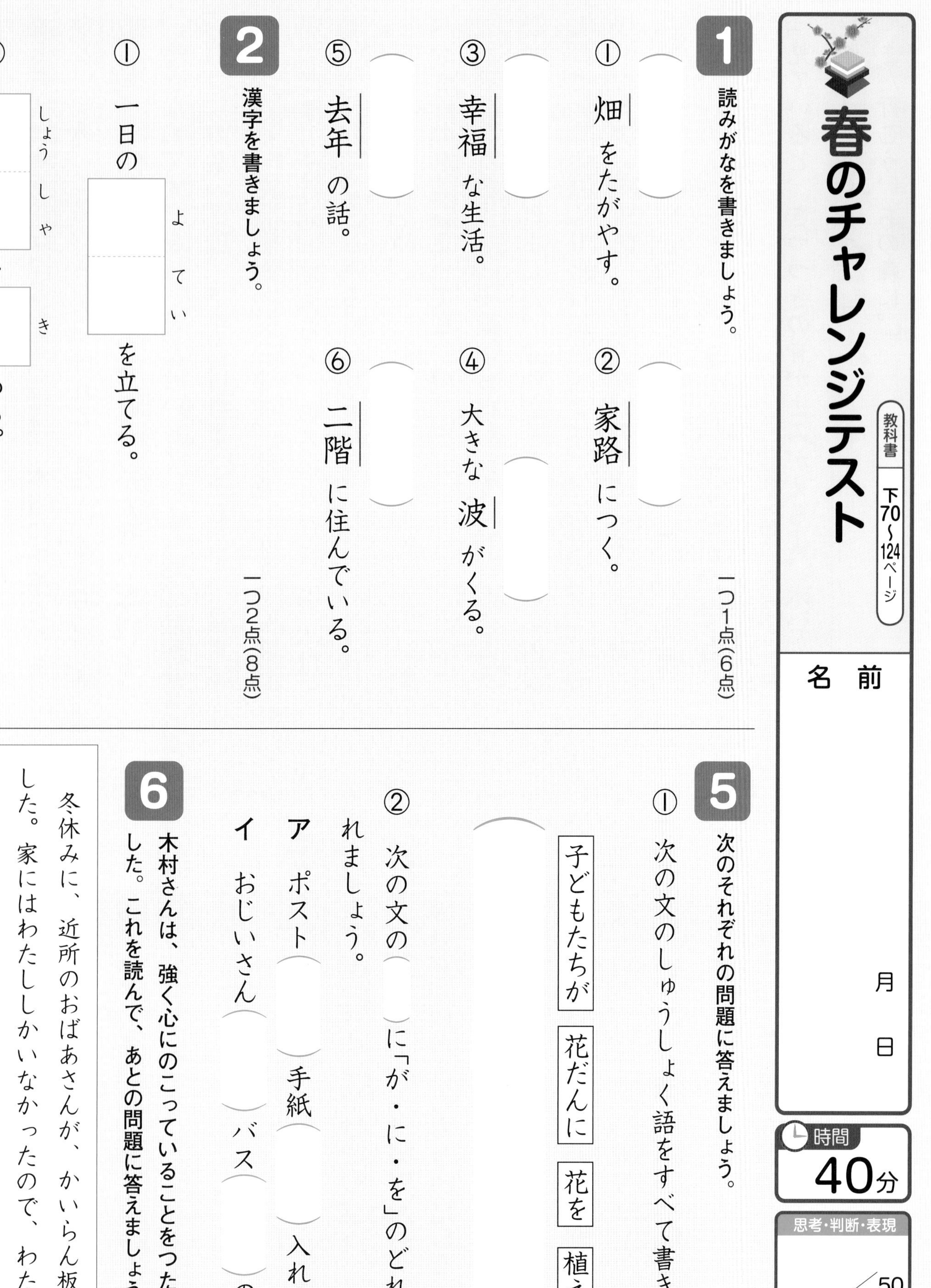

春のチャレンジテスト

教科書 下70～124ページ

名前

月　日

時間 40分

思考・判断・表現 ／50

ごうかく80点 ／100

答え 38ページ

1 読みがなを書きましょう。 一つ1点(6点)

① 畑（　）をたがやす。
② 家路（　）につく。
③ 幸福（　）な生活。
④ 大きな波（　）がくる。
⑤ 去年（　）の話。
⑥ 二階（　）に住んでいる。

2 漢字を書きましょう。 一つ2点(8点)

① 一日の［よてい］を立てる。
② ［しょうしゃ］を［き］める。

5 次のそれぞれの問題に答えましょう。

① 次の文のしゅうしょく語をすべて書きましょう。 完答(5点)

［子どもたちが］［花だんに］［花を］［植えた］。

（　）

② 次の文の（　）に「が・に・を」のどれかを書き入れましょう。 一つ1点(4点)

ア ポスト（　）手紙（　）入れる。
イ おじいさん（　）バス（　）のる。

6 木村さんは、強く心にのこっていることをつたえる文を書きました。これを読んで、あとの問題に答えましょう。 一つ5点(15点)

冬休みに、近所のおばあさんが、かいらん板を持ってきました。家にはわたししかいなかったので、わたしがかいらん板を受け取りました。

（切り取り線）

③ 荷物を［はいそう］する。

3 次の漢字の■部の名前を書きましょう。　一つ3点(6点)

① 第

② 悪

4 次の意味を表す漢字二字の言葉を書きましょう。　一つ2点(6点)

① 白い→馬

② 竹でつくった→笛

③ 北からふく→風

(切り取り線)

おばあさんは、家で何をして遊んでいるのか、と聞きました。わたしは、本を読んだり、テレビゲームをしたりしていると答えると、あやとりという遊びを教えてくれました。あやとりは、一本のひもをわにして、指にかけて形を作る遊びです。指の下にひもを通したり、ねじったりすると、はしごの形もできた。おもしろくて、いろいろな形を教えてもらいました。

わたしは、たった一本のひもで、こんなに楽しく遊べることにおどろきました。あやとりは昔からある遊びですが、やったことがありませんでした。昔からある遊びはほかにもあります。さがしてやってみたいと思いました。みなさんも、さがして楽しんでみませんか。

① ――部を、この文に合う形に直しましょう。

② 木村さんがつたえようとしたのはどんなことですか。

③ 木村さんは、このできごとからどのようなことを思いましたか。書きましょう。

↩うらにも問題があります。

3年
国語のまとめ

学力しんだんテスト

名前

月　日

時間 40分

ごうかく70点　／100

答え39ページ

（切り取り線）

1 読みがなを書きましょう。　一つ2点(14点)

① みんなの 都合（　　） にあわせる。

② 自転車で 坂道（　　） を上るのは 苦（　　） しい。

③ 仕事（　　） が早く 終（　　） わる。

④ 新緑（　　） の山で 遊（　　） ぶ。

2 漢字を書きましょう。　一つ2点(16点)

お

ひろ

4 次のひらがなをローマ字で書きましょう。　一つ2点(6点)

① いしゃ

② そうこ

③ らっぱ

5 山村さんの学級では、自分の住む町について調べました。次の山村さんの発表を読んで、問題に答えましょう。

わたしが住む朝日（あさひ）町で行われる祭りをしょうかいします。…ア

朝日町の祭りは、お米がたくさんとれたことをいわって、毎年十月のはじめに行われます。…イ

じゅんび 2~3ページ

かえるのぴょん

1 しを読んで、答えましょう。

かえるのぴょん　谷川俊太郎

かえるのぴょん
とぶのがだいすき
はじめにかあさんとびこえて
それからとうさんとびこえる
ぴょん

かえるのぴょん
とぶのがだいすき
つぎにはじどうしゃとびこえて
しんかんせんもとびこえる
ぴょん　ぴょん

かえるのぴょん
とぶのがだいすき
とんでるひこうきとびこえて
ついでにおひさまとびこえる
ぴょん　ぴょん　ぴょん

かえるのぴょん
とぶのがだいすき
とうとうきょうをとびこえて
あしたのほうへきえちゃった
ぴょん　ぴょん　ぴょん　ぴょん　ぴょん

(1) このしの中心になっているのはだれですか。しから書きぬきましょう。
（かえるのぴょん）

(2) 「かえるのぴょん」がすきなことは何ですか。しから書きぬきましょう。
（とぶ）こと。

(3) 「かえるのぴょん」がとびこえたものは何ですか。出てくるじゅんにしから書きぬきましょう。
① かあさん　② とうさん　③ じどうしゃ　④ しんかんせん　⑤ ひこうき　⑥ おひさま　⑦ きょう

とびこえるものが大きくなると、「ぴょん」の数もふえているね。

(4) このしを音読するとき、どのように読むとよいですか。一つに○をつけましょう。
ア（　）のんびりとねむくなるように読む。
イ（　）かなしくてなみだが出るように読む。
ウ（○）どんどん元気がよくなるように読む。

じゅんび 4~5ページ

白い花びら

おきトリ 新しい漢字

開	返	事	動	物	乗	登	主	橋	岸
教科書16ページ 12画	16ページ 7画	17ページ 8画	17ページ 11画	17ページ 8画	17ページ 9画	18ページ 12画	18ページ 5画	30ページ 16画	30ページ 8画

「橋」は画数が多いので、気をつけて書こう。

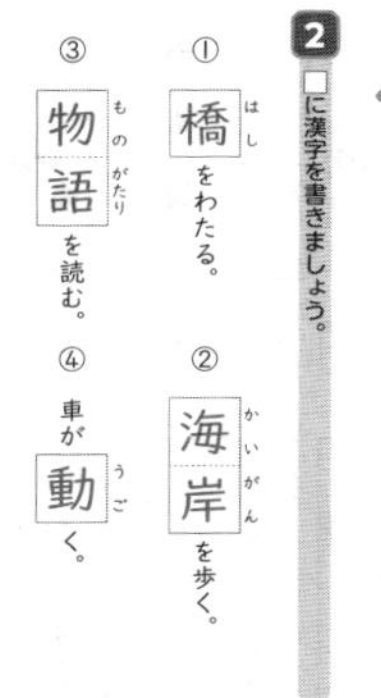

1 に読みがなを書きましょう。
① 開会式に出る。（かいかい）
② バスに乗車する。（じょうしゃ）
③ 元気に返事する。（へんじ）
④ 女の子が主人公だ。（しゅじんこう）
⑤ 今日は日曜日だ。（きょう）
⑥ 八時に登校する。（とうこう）

2 に漢字を書きましょう。
① 橋をわたる。
② 海岸を歩く。
③ 物語を読む。
④ 車が動く。

3 正しいいみに○をつけましょう。
① くらい道へすすむのにしりごみした。
ア（○）こわがってやりたがらなかった。
イ（　）ゆう気を出してはじめた。
② うつくしいけしきに目をみはった。
ア（　）なんどもまばたきした。
イ（○）すばらしくておどろいた。
③ けっきょく何も言わなかった。
ア（○）さいごには。
イ（　）はじめに。
④ へやに、かすかな花のかおりがのこっている。
ア（○）ほんの少しわかるくらいに。
イ（　）まったくわからないくらいに。

3分でワンポイント 四つの場面に分けて、できごとにちゅういして読もう。

★お話のないようを、○をつけてたしかめましょう。

場面1 出会い
ゆうたが林のそばを歩いていると、馬と話す女の子に出会った。
気もち（　）うれしい（　）たのしい（○）おどろき（　）つらい

場面2 馬の形の岩
馬の形の岩を見つけた。のっていると、ぼうけんのたびの主人公みたいだ。
気もち この岩が（○）すきになった。（　）気に入らなかった。

場面3 日曜日
女の子と馬の岩にのっていた。
↓いつのまにか、本物の黒い馬にのっていた。
↓女の子のかみから（　）雪（○）花びら がふってきた。
↓女の子はきえた。
気もち ふしぎ

場面4 一週間後
女の子のことが気になる。さいしょに女の子が立っていたところに行った。
↓さくらの木が、花をいっぱいにさかせていた。
考えながら読もう 女の子の正体は、いったいだれ(何)だったんだろう。

---

1 (1)この詩の中では、だれの、どのようなすがたがえがかれているのかを考えましょう。

(2)「だいすき」という言葉に注目しましょう。

(3)「とびこえて」「とびこえる」という言葉に気をつけて、詩の中に出てくるじゅんに書きぬきましょう。

(4)とびこえるものが、だんだん大きなものになっていきます。それといっしょに「ぴょん」の数もふえていって、どんどん元気がよくなっていきます。その様子を表げんするには、どんどん元気がよくなるように読むとよいでしょう。

1 ①「開会」とは、集会やしきてんなどの会を始めることです。

2 ①「橋」の左がわの部分に気をつけて書きましょう。

②「岸」の「干」の部分を「千」と書かないように気をつけましょう。

③「物語り」と書かないように気をつけましょう。「かたる」は「語る」と書きますが、「物語」と書くときはおくりがなをつけません。

3 ①「しりごみする」とはこわがってためらうことです。

②「目をみはる」とは、おどろいたり、おこったりしたときに、大きく目を見開くことです。「みはる」には、目を大きく開いて見るという意味があります。

3分でワンポイント

「白い花びら（やえがし なおこ）」では、登場人物の行動や気もちを考えながら読みましょう。

それぞれの場面で、ゆうたがどのような気もちになったのかを、ゆうたの様子や、ゆうたが思っているないようから考えるようにしましょう。

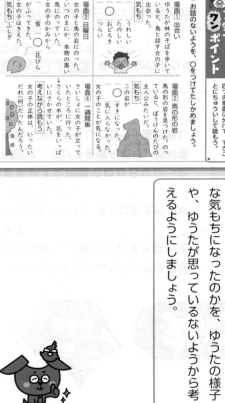

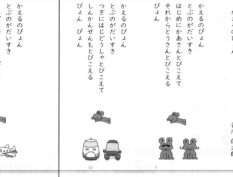

練習 6~7ページ

白い花びら

文しょうを読んで、答えましょう。

さいしょにその道を見つけたのは、ゆうただった。じゅうたく地のどうろから、林の中へつづく道。ゆうたはちょっとしりごみしたけれど、かずきはへいきみたいだった。

「たんけんしよう。」

そう言って、かずきが先に走りだしたので、ゆうたもしかたなくあとにつづいた。いばらのとげやねっこにひっかかって、ゆうたはなかなかはやく走れない。

「おうい、早く来いよ。」

やっとかずきにおいついて、ゆうたは、あっと目をみはった。とつぜん、広い野原に出たからだ。野原は、つめ草のみどりと春の光でいっぱいだった。

「すごい。」

ゆうたが言うと、かずきはとくいげに目をかがやかせた。

「ここ、ひみつきちにできるな。ちょっと、あっちを見てくる。」

かずきが、あっというまにすすきのむこうにきえたので、ゆうたは一人でそこにのこされた。

——どうしよう。

少しまよって、ゆうたは林のそばを歩きはじめた。歩くと、草が「キュッキュッ」と鳴る。風が、林をゆらしている。ゆうたは、どんどん歩いていった。そして、だれかの声に立ち止まった。

「長い冬だったね。やっと春が来たね。」

すぐそこで、女の子が一人、林にむかって話しかけている。

林の中で、「チイチイ」と鳥が鳴いた。女の子は、また言った。

「新しい家は、もう見つかった？」

——あの子、鳥と話してるのか？

ゆうたは、目を大きく開いた。同時に女の子がふり返った。おどろいたような目でゆうたを見て、そして、にこりとわらった。日だまりの中で、ふわりと花のようなにおいがしたな、と思った時。

「ゆうた、こっちに来てみろよ。」

遠くで、かずきの声がした。

「今行くよ。」

あわてて返事をして、もういちど見たら、女の子はいなかった。

やえがし なおこ「白い花びら」より

1 「その道」とは、どの道のことですか。文しょうから書きぬきましょう。

（林の中へつづく）道。

2 ① 「ゆうたは、あっと目をみはった。」について、このときのゆうたは、どのようなようすですか。一つに○をつけましょう。

ア（　）よろこんでいる。
イ（○）びっくりしている。
ウ（　）おこっている。

② なぜ、ゆうたは「あっと目をみはった」のですか。文しょうから書きぬきましょう。

とつぜん、（つめ草のみどり）と（春の光）でいっぱいの（広い野原）に出たから。

ヒント　あとにつづく二つの文にちゅうもくしよう。

3 「だれかの声」について、

① その声は、何を言っていましたか。文しょうから書きぬきましょう。

（「長い冬だったね。やっと春が来たね。」）

② 「だれかの声」は、だれが、何と話している声だとゆうたは思いましたか。文しょうから書きぬきましょう。

（女の子）が、林の中の（鳥）にむかって話している声。

4 「あわてて返事をして、もういちど見たら、女の子はいなかった。」とありますが、このとき、ゆうたはどんな気もちになったと思いますか。一つに○をつけましょう。

ア（　）うれしい気もち。
イ（　）くやしい気もち。
ウ（○）ふしぎな気もち。

ヒント　返事をしてすぐに見たのに、いなかったのです。

5 このばめんのきせつを、文しょうから書きぬきましょう。

（春）

じゅんび 8~9ページ

「発見ノート」／国語辞典のつかい方

かきトリ 新しい漢字

教科書32ページ	32ページ	32ページ	32ページ	33ページ	33ページ	33ページ
発（ハツ）9画	予（ヨ）4画	想（ソウ）13画	調（チョウ・しらべる）15画	葉（ヨウ・は）12画	表（ヒョウ・おもて・あらわす・あらわれる）8画	由（ユ・ユウ）5画

33ページ	34ページ	34ページ	34ページ	36ページ	37ページ	37ページ
温（オン・あたたか・あたたかい・あたたまる・あたためる）12画	漢（カン）13画	意（イ）13画	味（ミ・あじ・あじわう）8画	号（ゴウ）5画	重（ジュウ・チョウ・え・おもい・かさねる・かさなる）9画	問（モン・と・とい・とん）11画

1 □に読みがなを書きましょう。

① 理由（りゆう）を聞く。　② 意味（いみ）がちがう。
③ 記号（きごう）をつかう。　④ 予想（よそう）が当たる。
⑤ 紙を重（かさ）ねる。　⑥ 本で調（しら）べる。

2 □に漢字を、□に漢字とおくりがなを書きましょう。

① たいおん（体温）をはかる。　② か石をはっけん（発見）する。
③ ことば（言葉）を話す。　④ 書きあらわす（表す）。

「発見ノート」／国語辞典のつかい方

3 正しい意味に○をつけましょう。

① 動物のほねを発見する。
ア（○）みつける。
イ（　）手に入れる。

② いすの高さを調節する。
ア（○）ぐあいよくととのえる。
イ（　）くわしく調べる。

③ 文しょうに見出しをつける。
ア（　）ないようの感想を書いたみじかい言葉。
イ（○）ないようをまとめて表すみじかい言葉。

④ あなたは考えがあまいよ。
ア（○）しっかりした心がまえができていない。
イ（　）人の心をひきつけてまよわせる。

国語辞典のつかい方

4 つぎの音に合うものを□からえらんで、記号を書きましょう。

① 清音（カ）　② だく音（イ）
③ 半だく音（エ）　④ 長音（ア）
⑤ そく音（ウ）　⑥ よう音（オ）

ア かたかなののばす音。
イ 「が・ざ・だ」などのにごる音。
ウ つまる音「っ」。
エ 「ぱ・ぴ・ぷ」などの音。
オ 「きゃ・きゅ・きょ」などの音。
カ にごらない音。

5 つぎの言葉のうち、国語辞典で先に出てくるほうに○をつけましょう。

① ア（○）毛づくろい　イ（　）つめとぎ
② ア（○）みかん　イ（　）りんご
③ ア（　）あまがさ　イ（○）あまおと

---

1 「さいしょにその道を見つけたのは、ゆうただった。」という文につづけて「じゅうたく地のどうろから、林の中へつづく道」と書かれています。

2 「目をみはる」は、「すばらしくておどろく」という意味です。「あっと目をみはった」のあとに、「とつぜん、広い野原に出たから」と書かれているので、どのような野原か、つづけて読みましょう。

3 ①すぐあとに、「女の子が一人、林にむかって話しかけている」と書かれているので、その言葉を見つけましょう。
②女の子が話しかけた林の中から鳥の鳴き声がして、それにつづけてまた、女の子が話しかけています。その様子を見てゆうたは、「あの子、鳥と話してるのか？」と思っています。

4 「すぐそこ」にいた女の子が、あっという間に消えてしまったら、どんな気持ちになるかを考えましょう。

5 「春の光」や「やっと春が来た」という言葉から、ばめんのきせつが春であることがわかります。

1 ④「予想」とは、未来のことについてあらかじめ考えていたないようという意味です。書くときは、「想」と「相」をまちがえないように気をつけましょう。

2 ②「発」の上の部分の形に気をつけて書きましょう。
④「表わす」と書かないように気をつけましょう。

3 ①「発見する」とは、まだ知られていないことや物を見つけるという意味です。

4 ④かたかなの長音は、「ケーキ」のように「ー」をつかって表されます。

5 ①「毛（け）づくろい」と「つめとぎ」では、「かきくけこ」の順にならんでいるので「け」が先に出てきます。
②「みかん」と「りんご」では、ま行はら行よりも先になるので「み」のほうが先に出てきます。
③「あまがさ」と「あまおと」ではどちらも一字目と二字目が「あ」と「ま」なので、三字目の「が」と「お」をくらべます。あ行はか行よりも先になるので、「あまおと」のほうが先に出てきます。

たしかめのテスト① 10〜11ページ

白い花びら 〜 言葉の広場① 国語辞典のつかい方

おうちのかたへ

新しい物語を学習するとき、まずは基礎となる情報を確認することが重要です。登場人物はだれで、どのような関係なのか、場面ごとの主な出来事は何か、などをとらえるようにしましょう。

文しょうを読んで、答えましょう。 思考・判断・表現

前を走っていた女の子を一気にぬこうと思った時、ゆうたは、はっとした。風に乗って、何か白いものがとんでくる。

――雪？ ちがう。花びらだ。

ゆうたは、目を大きく開けた。女の子のかみの毛が、ひらひらゆれて、その先から、花びらが雪のようにふってくるのだ。まわりが、ぼうっと白くなってきた。女の子のすがたは、だんだん小さくなっていく。

「おうい。」

と、ゆうたはよんだ。遠くから、かすかな声がもどってきた。

「またね。また会おうね。」

花びらがまぶしくて、ゆうたは思わず目をとじた。まわりがしずかになった気がして、目を開けたら、そこは岩の上だった。女の子のすがたは、どこにもない。

――ゆめだったの？

ゆうたは、ぼんやりと前を見た。ひざの上では、白い小さな花びらが、ゆめのつづきみたいに光っていた。

かずきが、ゆうたをさそいにきたのは、その一週間後のことだ。

「今日もたんけんだ。」

野原につくと、かずきは、かってにずんずん歩いていった。

――さいしょに、あの子のいた方だ。

ゆうたは、どきどきしながら、かずきのあとについていった。

野原は、しんとしずかだ。

「あれ？」

とつぜん、かずきが立ち止まった。

「さくらの木だ。」

同時にゆうたも顔を上げた。目の前で、一本の木が、花をいっぱいにさかせている。

――さくら……。あの子がさいしょに立っていたところだ。

そう思ったとたんに、風がザアッとふいてきて、花びらがいちどに空にまい上がった。そして、こんな声が、ゆうたの耳に聞こえた気がした。

――またね。また会おうね。

やえがしなおこ「白い花びら」より

1 よく出る この物語に登場する人物を、文しょうから書きぬきましょう。※順番はちがっていてもよい。 完答10点

（女の子）（ゆうた）（かずき）

2 「前を走っていた女の子を一気にぬこうと思った時、ゆうたは、はっとした。」とありますが、なぜ「はっとした」のですか。文しょうから書きぬきましょう。 一つ10点(20点)

女の子のかみの毛から、風に乗って花びらがふってきたから。

3 できたらスゴイ！ 「ゆめだったの？」とありますが、なぜゆうたは「ゆめ」だと思ったのですか。つづけて書きましょう。 20点

女の子と馬に乗って走っていたのに、目を開けたら

（れい そこは岩の上で、女の子のすがたはどこにもなかった）から。

4 「さいしょに、あの子のいた方だ。」とありますが、女の子はさいしょ、どこにいたのですか。文しょうから書きぬきましょう。 10点

さくらの木が花をさかせたところ。

5 「ゆうたは、どきどきしながら、かずきのあとについていった。」とありますが、このとき、ゆうたはどんなことを考えていたと思いますか。一つに○をつけましょう。 10点

ア（ ）かずきにおいていかれたらどうしよう。

イ（○）また、あの女の子に会えるかなあ。

ウ（ ）かってに歩いていかないでほしいなあ。

6 この物語の中には、くりかえされている女の子の言葉があります。文しょうから書きぬきましょう。 10点

（またね。また会おうね。）

7 考えを書こう 女の子の正体は何だったと思いますか。考えて書きましょう。 20点

（れい 春になったらさくらの花をさかせる、さくらの木のようせい。）

1 物語の場面の中に出てきて、話したり動いたりしている人をさがしましょう。

2 すぐあとに、「風に乗って、何か白いものがとんでくる」と書かれています。「雪？ ちがう。花びらだ」とゆうたは思っていることに注目しましょう。

3 ゆうたが「ゆめだった？」と思う前に起こったことをさがしましょう。「目を開けたら、そこは岩の上だった」「女の子のすがたは、どこにもない」と書かれています。

4 あとでゆうたが、「さくら……。あの子がさいしょに立っていたところだ」と考えています。

5 ゆうたは、「さいしょに、あの子のいた方だ」と考えて「どきどき」しています。

6 同じ言葉が書かれているところをさがします。

7 女の子のかみの毛から花びらがふってきたことや、ゆうたには、さくらの木のそばで、女の子の声が聞こえた気がしたことなどから考えてみましょう。

れい2 毎年花をさかせるさくらの木が、女の子のすがたになったもの。

たしかめのテスト② 12~13ページ

白い花びら ～ 言葉の広場① 国語辞典のつかい方

1 読みがなを書きましょう。 一つ2点(20点)

① 漢字のれんしゅう。（かんじ） ② 問題をとく。（もん） ③ 自動車をつくる。（じどうしゃ） ④ 体重をはかる。（たいじゅう） ⑤ 予算をきめる。（よさん） ⑥ 岸につく。（きし） ⑦ 絵本の表紙。（ひょうし） ⑧ しおで味つけする。（あじ） ⑨ 温かなスープ。（あたた） ⑩ 山に登る。（のぼ）

2 漢字を書きましょう。 一つ3点(18点)

① 人物をしらべる。 ② 由来を話す。 ③ 主な食べもの。 ④ 表とうら。 ⑤ 道ぐを発明する。 ⑥ 長さを調節する。

3 漢字とおくりがなを書きましょう。 一つ3点(12点)

① 紙を重ねる。 ② 気もちが表れる。 ③ 車に乗る。 ④ ドアが開く。

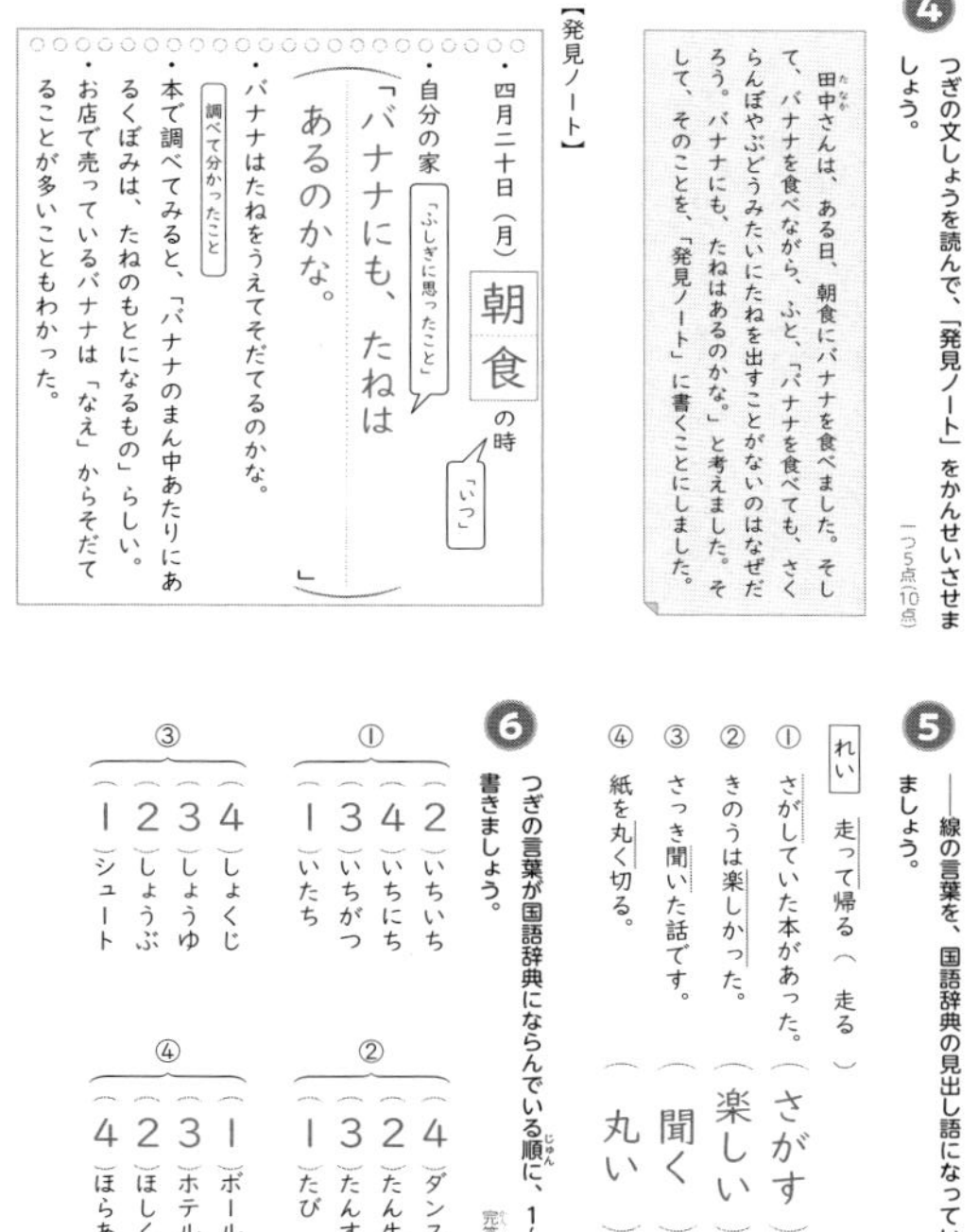

4 つぎの文しょうを読んで、「発見ノート」をかんせいさせましょう。 一つ5点(10点)

田中さんは、ある日、朝食にバナナを食べました。そして、バナナを食べながら、ふと、「バナナを食べても、さくらんぼやぶどうみたいにたねを出すことがないのはなぜだろう。バナナにも、たねはあるのかな。」と考えました。そして、そのことを、「発見ノート」に書くことにしました。

【発見ノート】
・四月二十日（月） 朝食の時 「いつ」
・自分の家
・ふしぎに思ったこと 「バナナにも、たねはあるのかな。」
・バナナはたねをうえてそだてるのかな。
・調べて分かったこと
・本で調べてみると、「バナナのまん中あたりにあるくぼみは、たねのもとになるもの」らしい。
・お店で売っているバナナは「なえ」からそだてることが多いこともわかった。

5 ——線の言葉を、国語辞典の見出し語になっている形で書きましょう。 一つ5点(20点)

れい 走って帰る（走る）
① さがしていた本があった。（さがす） ② きのうは楽しかった。（楽しい） ③ さっき聞いた話です。（聞く） ④ 紙を丸く切る。（丸い）

6 つぎの言葉が国語辞典にならんでいる順に、1～4の数字を書きましょう。 全部できて一つ5点(20点)

① 2 いちいち 4 いちにち 3 いちがつ 1 いたち
② 4 ダンス 2 たん生日 3 たんす 1 たび
③ 4 しょくじ 3 しょうゆ 2 しょうぶ 1 シュート
④ 1 ボール 3 ホテル 2 ほしくず 4 ほらあな

1 ⑤「予算」とは、目てきのためにひつようなお金を予想した金がくです。

2 ⑤「発明」とは、今までにない新しいものやカほうを考え出すことです。

3 ①「重ねる」を「重る」と書かないように気をつけましょう。

④「開」は読み方によっておくりがながかわります。「ひらく」と読む場合は「開く」、「あける」と読む場合は「開ける」と書きます。まちがえないように気をつけましょう。

4 「なぜだろう」「～かな」という言葉に注目しましょう。どちらも、ふしぎに思ったときに使います。

5 国語辞典の見出し語は、言い切りの形でのっています。

6 ①まず二文字目をくらべて、さらに三文字目で順番を考えましょう。

②「ダンス」と「たんす」のように、にごる音とにごらない音をくらべるときには、にごらない音が先になることに注意して、順番を考えましょう。

③「シュート」のようにのばす音は、前の音によって「ア・イ・ウ・エ・オ」におきかえて考えます。「シュート」は「シュウト」とおきかえましょう。

④「ボール」は「ボオル」とおきかえて考えましょう。

じゅんび 14~15ページ

わたしのたからもの／漢字学習ノート

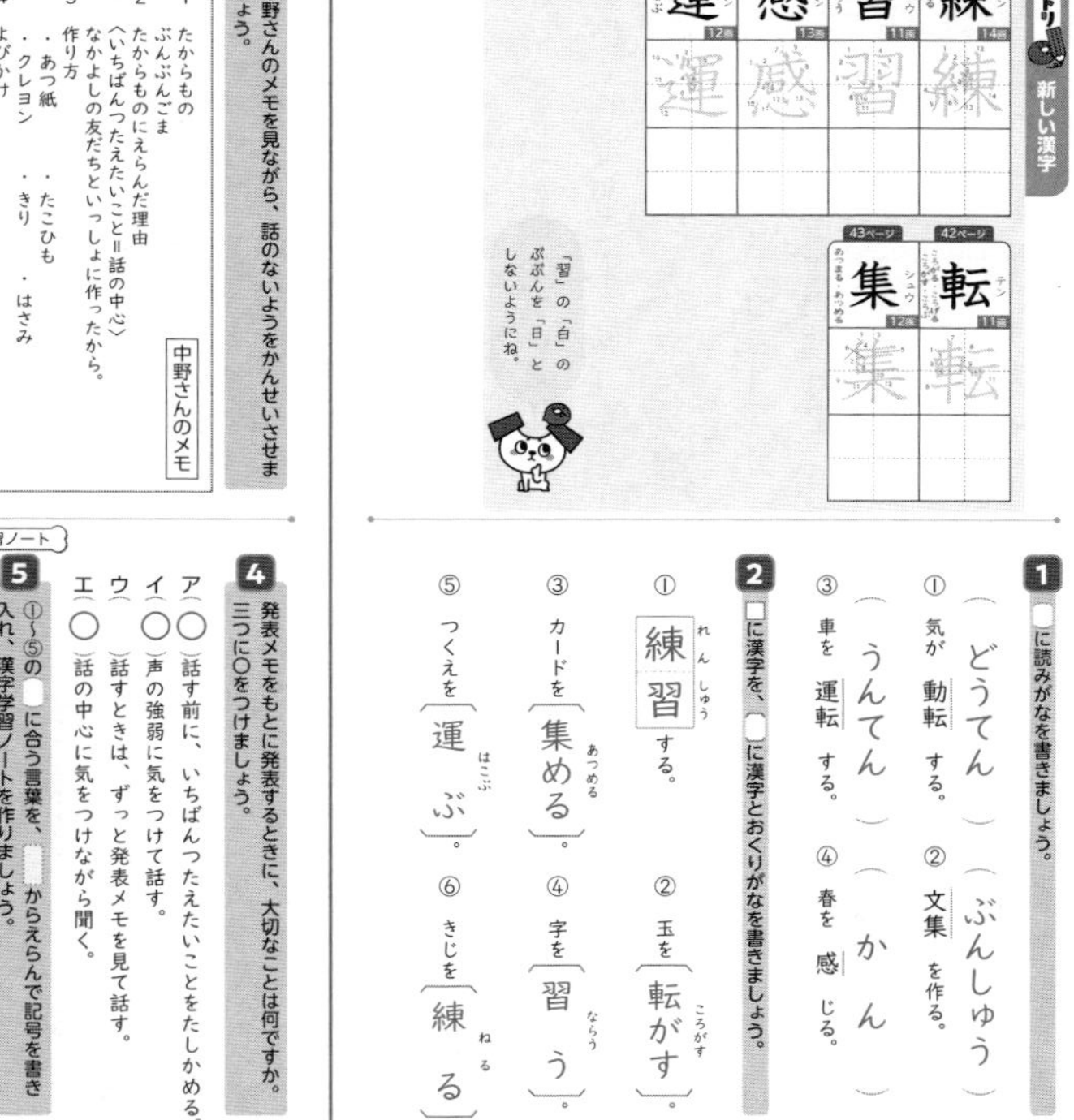

新しい漢字 かきトリ

練（教科書38ページ 14画） 習（38ページ 11画） 感（42ページ 13画） 運（42ページ 12画） 転（42ページ 11画） 集（43ページ 12画）

1 □に読みがなを書きましょう。

① 気が動転する。（どうてん） ② 文集を作る。（ぶんしゅう） ③ 車を運転する。（うんてん） ④ 春を感じる。（かん）

2 □に漢字を、□に漢字とおくりがなを書きましょう。

① 練習する。 ② 玉を転がす。 ③ カードを集める。 ④ 字を習う。 ⑤ つくえを運ぶ。 ⑥ きじを練る。

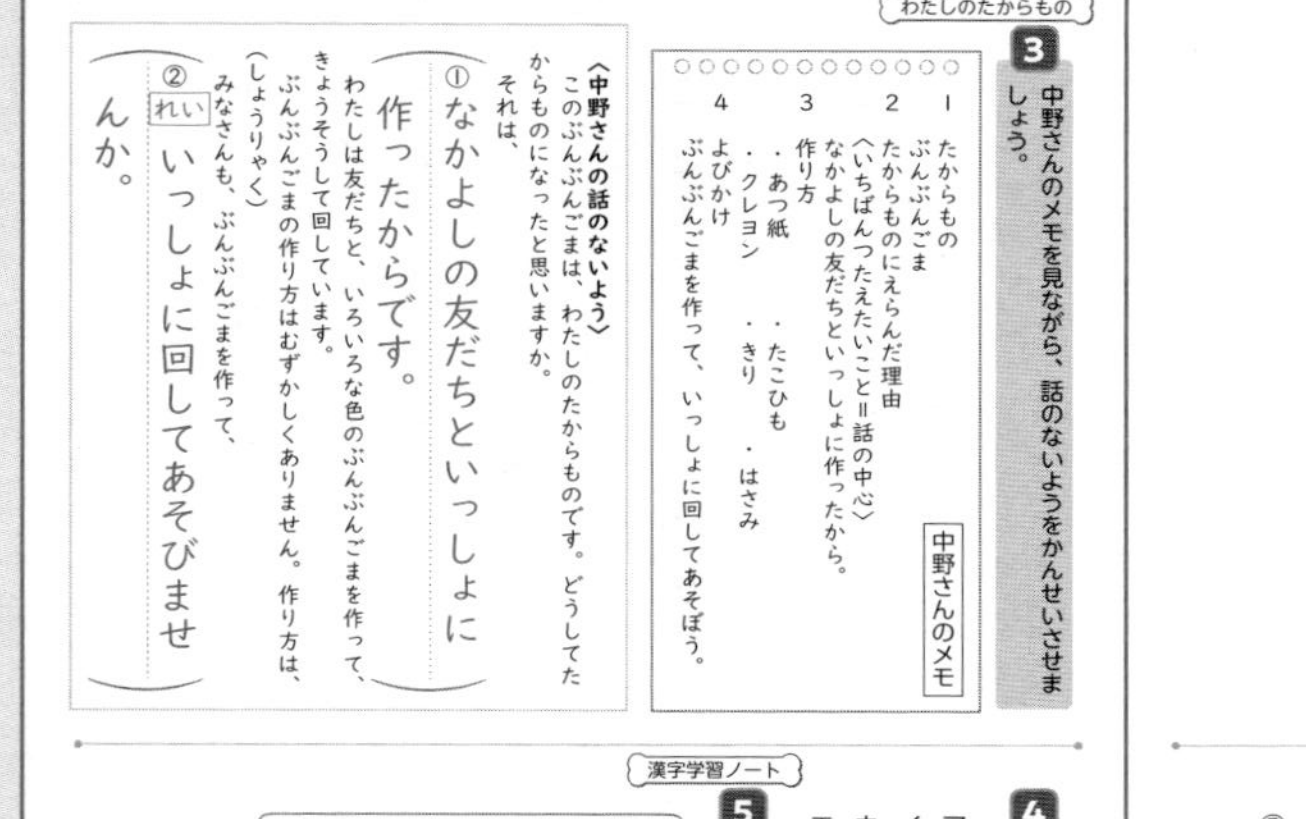

わたしのたからもの

3 中野さんのメモを見ながら、話のないようをかんせいさせましょう。

中野さんのメモ
1 たからもの ぶんぶんごま
2 たからものにえらんだ理由 なかよしの友だちといっしょに作ったから。（いちばんつたえたいこと＝話の中心）
3 作り方 ・あつ紙 ・たこひも ・クレヨン ・きり ・はさみ
4 よびかけ ぶんぶんごまを作って、いっしょに回してあそぼう。

〈中野さんの話のないよう〉

このぶんぶんごまは、わたしのたからものです。どうしてそれが、たからものになったと思いますか。

それは、①（なかよしの友だちといっしょに作ったからです。）

わたしは友だちと、いろいろな色のぶんぶんごまを作って、きょうそうして回しています。

（しょうりゃく）

ぶんぶんごまの作り方はむずかしくありません。作り方は、
みなさんも、ぶんぶんごまを作って、
②（れい いっしょに回してあそびませんか。）

漢字学習ノート

4 発表メモをもとに発表するときに、大切なことは何ですか。三つに○をつけましょう。

ア ○ 話す前に、いちばんつたえたいことをたしかめる。
イ ○ 声の強弱に気をつけて話す。
ウ （ ） 話すときは、ずっと発表メモを見て話す。
エ ○ 話の中心に気をつけながら聞く。

5 ①～⑤の□に合う言葉を、□からえらんで記号を書き入れ、漢字学習ノートを作りましょう。

習 音…①オ くん…②ウ (1)ならう。(2)なれる。
「羽」と「③ア」とが組み合わさった字。
(1)予習、④エ (2)習じゅく (3)習かん 風習
ねる前に予習をする。

習じゅくどをチェックする。

はみがきを⑤カづける。

ア 白 イ 自 ウ なら（う） エ 学習 オ シュウ カ 習かん

1 ①「動転」は、「おどろいてあわてる」という意味です。

②「文集」とは、詩や文しょうを集めて一さつにまとめたもののことです。

2 ③「集める」を「集る」と書かないように気をつけましょう。

⑥「練」の右がわを「東」と書かないように気をつけましょう。

3 ①メモの2の部分に「たからものにえらんだ理由」が書かれています。

②メモの4の部分によびかける言葉が書かれています。

5 ①②漢字の音読みはカタカナで、訓読みはひらがなで書きます。

④(1)の「予習」と同様の意味で「習」を使っている言葉をえらびましょう。

⑤(1)(2)(3)の言葉からえらびましょう。

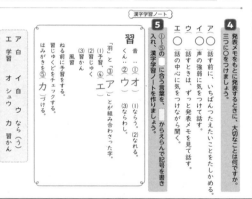

たしかめのテスト　16~17ページ

わたしのたからもの／漢字の広場①　漢字学習ノート

1 文しょうを読んで、答えましょう。　思考・判断・表現

森本さんは、グループの友達から意見やかんそうを聞いて、自分の話をふり返りました。そして、しおりが「大切なたからもの」だということがつたわるように、発表メモを書き直しました。つぎは、友達の意見やかんそうをもとに見直した、森本さんの話のないようです。よくなったところを見つけましょう。

このしおりは、わたしのたからものです。どうしてたからものになったと思いますか。

それは、おばあちゃんに教えてもらいながら自分で作ったからです。

おばあちゃんには、散歩の時、草花をつかったいろいろなあそびを教えてもらいました。しおりのほかには、くさぶえや花かんむりなどです。

みなさんは、しおりを作ったことがありますか。ちょっと、こちらを見てください。

まず、このように、葉を本の間に数日間はさんで、おし葉を作ります。つぎに、これを紙にはります。そして、とうめいなシールでつつみ、リボンをつけて、できあがりです。

わたしといっしょに、いろいろな草花でしおりを作ってみませんか。自分だけのたからものができると思います。

「わたしのたからもの」より

(1) 「どうしてたからものになったと思いますか。」とありますが、その答えを文しょうから書きぬきましょう。　10点

［れい］おばあちゃんに教えてもらいながら自分で作ったから。

(2) 森本さんの発表を「はじめ」「中」「おわり」の三つに分けると、「おわり」はどこになりますか。はじめの五文字を書きぬきましょう。　12点

わたしとい

(3) よく出る　森本さんは話の中でしおりの作り方を説明していますが、作り方のじゅん番がわかりやすくなるようにつかわれている言葉を、じゅんに書きぬきましょう。　一つ5点(15点)

①（まず）②（つぎに）③（そして）

(4) この森本さんの話の中心は何ですか。一つに○をつけましょう。　10点

ア（○）しおりがたからものだということ。
イ（　）草花でしおりが作れるということ。
ウ（　）クラスのみんなへのよびかけ。

(5) この話の中で、話し方のくふうがされているのはどこですか。一つに○をつけましょう。　15点

ア（○）よびかけの言葉をつかい、みんなに話しかけるような話し方をしているところ。
イ（　）おばあちゃんに教えてもらいながら、みんなの前でしおりを作っているところ。
ウ（　）しおりの作り方を順に見せながら、みんなといっしょに作っているところ。

2 読みがなを書きましょう。　一つ3点(12点)

① 玉が　転がる。（ころ）
② 校庭に　集合　する。（しゅうごう）
③ 文字を　習う。（なら）
④ 歌を　練習　する。（れんしゅう）

3 漢字を書きましょう。　一つ3点(6点)

①［運動］会
② さむさを［感］じる。

4 ①～④の（　）に合う言葉を、□からえらんで記号を書き入れ、漢字学習ノートを作りましょう。　一つ5点(20点)

運　音：①（イ）　くん：②（エ）
漢字の意味　(1)はこぶ。(2)うごく、うごかす。(3)めぐりあわせ。
漢字を使った言葉　(1)運そう　(2)③（ア）　(3)こう運　④（ウ）

ア 運転　イ ウン　ウ 運めい　エ はこーぶ

じゅんび　18~19ページ

うめぼしのはたらき

かきトリ　新しい漢字

1 □に読みがなを書きましょう。

① 火が　消える。（き）
② 大きな　実がなる。（み）
③ きつねが人を　化かす。（ば）

2 □に漢字を、□に漢字とおくりがなを書きましょう。

①［実行］する。
②［消化］のよい食事。
③ 明かりを［消］す。
④ くりが（実る）。

3 正しい意味に○をつけましょう。

① 話をおぎなう。
ア（○）足りないところに足す。
イ（　）多いところをへらす。

② 温度をたもつ。
ア（　）つねにじょうたいをへんかさせる。
イ（○）あるじょうたいをまもりつづける。

4 文しょうを読んで、答えましょう。

①うめぼしは、うめの実をしおにつけて作った、とてもすっぱい食べ物です。日本では、むかしから食べられてきました。みなさんも、食べたことがあるでしょう。わたしたちは、なぜ、そんなにすっぱいうめぼしを食べるのでしょう。

②それは、うめぼしが、わたしたちの体にとって、いろいろとよいはたらきをするからです。

③うめぼしは、食べ物の消化をたすけるはたらきをします。わたしたちの体は、すっぱいものを食べると、たくさんのつばを出します。つばには、食べ物の消化をよくするはたらきがあるので、うめぼしを食べると、食べ物の消化がよくなるのです。

④うめぼしは、体に塩分をおぎなうはたらきをします。わたしたちの体は、塩分が足りなくなると、十分にはたらかなくなってしまいます。あつい時や運動をした時にあせをかくと、体から塩分が出てしまいます。そのような時にうめぼしを食べると、うめぼしの塩分が、体の中の塩分のりょうを、正しくたもってくれるのです。

「うめぼしのはたらき」より

(1) うめぼしはどのように作られていますか。文しょうから書きぬきましょう。

［うめの実］を［しお］につけて作られる。

(2) 「わたしたちは、なぜ、そんなにすっぱいうめぼしを食べるのでしょう。」とありますが、なぜですか。その理由を「うめぼしが、」につづけて書きましょう。

うめぼしが、
［れい］わたしたちの体にとって、よいはたらきをするから。

(3) 「たくさんのつばを出します。」とありますが、つばのはたらきとして合うものはどれですか。一つに○をつけましょう。

ア（　）食べ物をすっぱくする。
イ（　）食べ物のかおりをよくする。
ウ（○）食べ物の消化をよくする。

(4) 「うめぼしは、体に塩分をおぎなうはたらきをします。」とありますが、どのような時にそのはたらきをしますか。合う言葉を文しょうから二字で書きぬきましょう。

［あせ］をかいた時。

---

1 (1)すぐあとに、「〜からです。」と、理由を説明する形の文がつづいています。

(2)話すときは、ひつようなときだけ発表メモを見るようにして、聞き手の方を見て話した方がよいので、ウはあてはまりません。

(3)しおりの作り方は「まず、このように……できあがりです。」と説明されています。この中から、「まず」「つぎに」「そして」という順番を表す言葉をさがしましょう。

(4)森本さんは、「このしおりは、わたしのたからものです。」と、いちばんつたえたいことから話し始めています。

(5)森本さんの話し方のくふうには、話の始まりの問いかけや、「作ったことがありますか」「こちらを見てください」「作ってみませんか」というよびかけがあります。

4 ①②漢字の音読みはカタカナで、訓読みはひらがなで書きます。

③④「漢字の意味」の三つの意味にそれぞれ合うようにえらびましょう。

1 ①「消」はおくりがなによって読み方がちがいます。「消える（きーえる）」「消す（けーす）」となるので注意しましょう。

③「化かす」とは、心をこんらんさせて正しいはんだんをできなくさせるという意味です。

2 ②「消化」とは、食べ物を体の中できゅうしゅうするはたらきのことです。

5 (1)さいしょの文に「うめの実をしおにつけて作った」とあります。

(2)二つめのだんらくに注目しましょう。「うめぼしが、わたしたちの体にとって、いろいろとよいはたらきをするからです。」とあります。

(3)次の文に「……はたらきがある」と書かれています。

(4)さい後の文に、「そのような時にうめぼしを食べると、うめぼしの塩分が、体の中の塩分のりょうを、正しくたもってくれるのです。」とあります。「そのような時」というのは、「あつい時や運動をした時」に「あせをかいた時」です。

めだか／本をさがそう

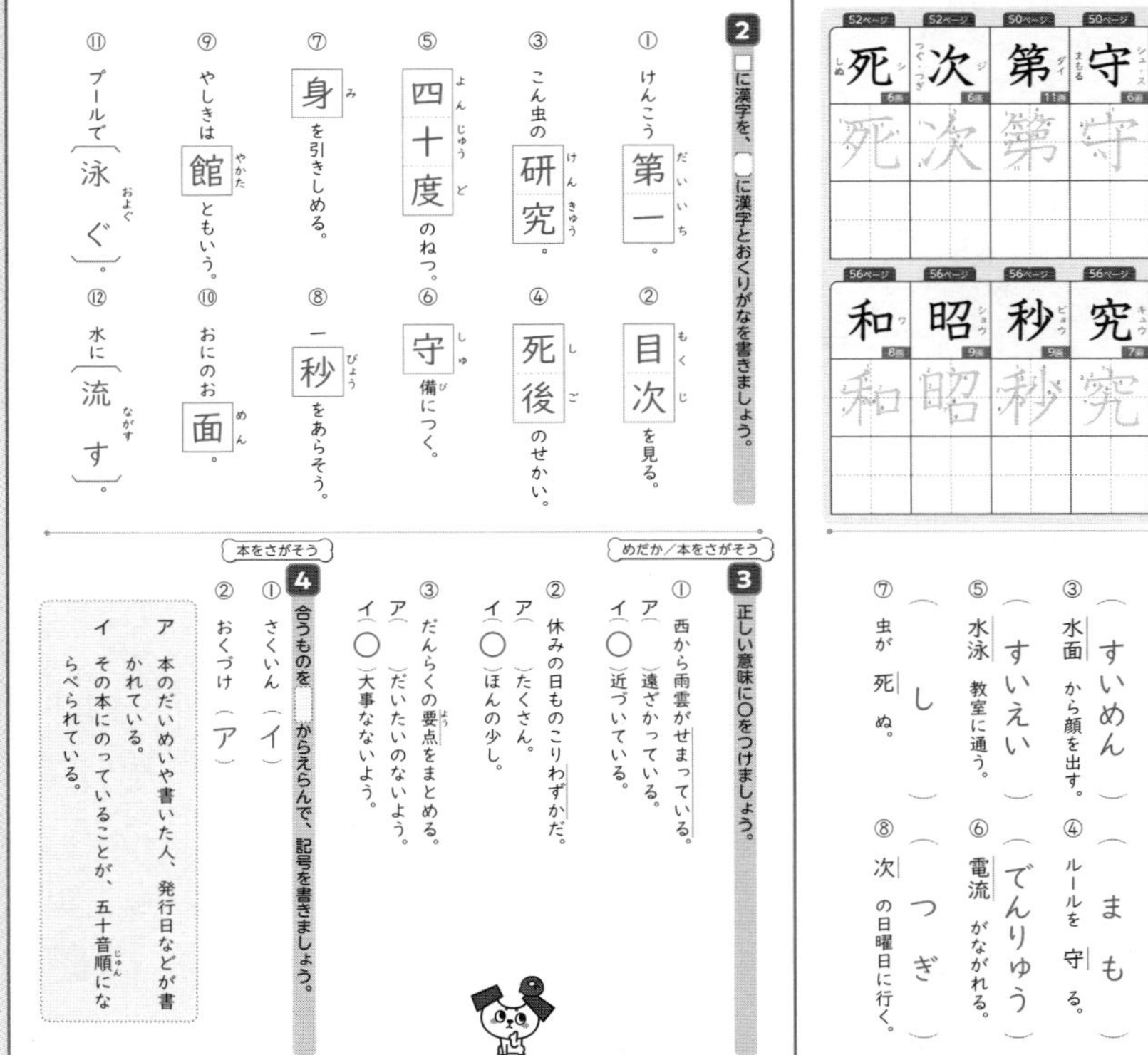

新しい漢字

面　泳　身　守　第　次　死

度　流　研　究　秒　昭　和

館

1 □に読みがなを書きましょう。

① 身長（しんちょう）をはかる。　② 昭和（しょうわ）の歌。

③ 水面（すいめん）から顔を出す。　④ ルールを守（まも）る。

⑤ 水泳（すいえい）教室に通う。　⑥ 電流（でんりゅう）がながれる。

⑦ 虫が死（し）ぬ。　⑧ 次（つぎ）の日曜日に行く。

2 □に漢字を、〔　〕に漢字とおくりがなを書きましょう。

① けんこう第一。　② 目次を見る。

③ こん虫の研究。　④ 死後のせかい。

⑤ 四十度のねつ。　⑥ 守備につく。

⑦ 身を引きしめる。　⑧ 一秒をあらそう。

⑨ やしきは館ともいう。　⑩ おにのお面。

⑪ プールで〔泳ぐ〕。　⑫ 水に〔流す〕。

3 正しい意味に○をつけましょう。

① 西から雨雲がせまっている。
ア（　）遠ざかっている。
イ（○）近づいている。

② 休みの日ものこりわずかだ。
ア（　）たくさん。
イ（○）ほんの少し。

③ だんらくの要点をまとめる。
ア（　）だいたいのないよう。
イ（○）大事なないよう。

4 合うものを□からえらんで、記号を書きましょう。

① さくいん（イ）
② おくづけ（ア）

ア　本のだいめいや書いた人、発行日などが書かれている。
イ　その本にのっていることが、五十音順にならべられている。

1 ②「昭」は「昭和」という言葉をおぼえればよいでしょう。「昭和」は「令和」の二つ前の元号です。

2 ①「けんこう第一」のように「○○第一」とは、○○を一番にゆう先するという意味です。「けんこう第一」や「あんぜん第一」のように使います。

⑤「度」は問題のように温度を表すほかに、物の角度を表すたんいとしても使われます。

⑪「泳ぐ」のおくりがなを「泳よぐ」と書かないように気をつけましょう。

⑫「水に流す」には、「これまでにあったいやなことを、なかったことにする」という意味もあります。「きのうのけんかを水に流す」というように使います。

4 ②「おくづけ」には、ほかにもその本を発行しているしゅっぱん社なども書かれています。

22〜23ページ

うめぼしのはたらき 〜 読書の広場① 本をさがそう

おうちのかたへ

説明文は論の順序を追って読むことが大切です。「第一に」「第二に」などの順序を表す言葉や、「次に」「そして」「それから」といった言葉に着目して読み取るとよいでしょう。

文しょうを読んで、答えましょう。　思考・判断・表現

春になると、小川や池の水面近くに、めだかがすがたをあらわします。めだかは、大変小さな魚です。体長は、大人になっても三、四センチメートルにしかなりません。

めだかは、のんびり楽しそうに泳いでいるようですが、いつも、たくさんのてきにねらわれています。「たがめ」や「げんごろう」、「やご」や「みずかまきり」などの、水の中にいるこん虫は、とくにこわいてきです。大きな魚や「ざりがに」にもおそわれます。

では、めだかは、そのようなてきから、どのようにして身を守っているのでしょうか。

第一に、めだかは、小川や池の水面近くでくらして、身を守ります。水面近くには、やごやみずかまきりなどの、てきがあまりいないからです。

第二に、めだかは、すいっ、すいっとすばやく泳いで、身を守ります。近づいてきたてきから、さっとにげることができるからです。

第三に、めだかは、小川や池のそこにもぐっていって、水をにごらせ、身を守ります。近づいてきたてきに見つからないようにかくれることができるからです。

第四に、めだかは、何十ぴきも集まって泳ぐことによって、身を守ります。てきを見つけためだかが、きけんがせまっていることを仲間に知らせると、みんなはいっせいにちらばり、てきが目うつりしている間に、にげることができるからです。

めだかは、こうして、てきから身を守っているだけではありません。めだかの体は、自然のきびしさにもたえられるようになっているのです。

夏の間、何日も雨がふらないと、小川や池の水がどんどん少なくなり、「ふな」や「こい」などは、次々に死んでしまいます。でも、めだかは、体が小さいので、わずかにのこされた水たまりでもだいじょうぶです。

また、小さな水たまりでは、水温がどんどん上がりますが、めだかは、四十度近くまでは、水温が上がってもたえられます。

杉浦 宏「めだか」より

1 「小川や池の水面近くに」とありますが、めだかが水面近くにいるのはなぜですか。一つに○をつけましょう。（10点）

ア（　）水面近くは、水がにごっていないから。
イ（○）水面近くには、てきがあまりいないから。
ウ（　）水面近くには、えさがたくさんあるから。

2 （まちがいちゅうい）「大変小さな魚です。」とありますが、めだかは体が小さいことでどのようなよいことがありますか。文しょうから書きぬきましょう。（15点）

（わずかにのこされた水たまり）でも生きられる。

3 （よく出る）「いつも、たくさんのてきにねらわれています。」とありますが、めだかにはどのような「てき」がいますか。三つにわけて文しょうから書きぬきましょう。（完答20点）

水の中にいるこん虫
大きな魚
ざりがに

※順番はちがっていてもよい。

4 「どのようにして身を守っているのでしょうか。」とありますが、めだかの身の守り方の一つとして正しいものはどれですか。一つに○をつけましょう。（10点）

ア（　）小川や池のそこの石の下にかくれる。
イ（○）すいっ、すいっとすばやく泳ぐ。
ウ（　）いつもちらばって泳ぐ。

5 「みんなはいっせいにちらばり」とありますが、なぜそのようにするのですか。一つに○をつけましょう。（10点）

ア（　）すばやく泳いで、てきからにげるため。
イ（　）てきに見つからないように、かくれるため。
ウ（○）てきが目うつりしている間ににげるため。

6 「小さな水たまりでは、水温がどんどん上がります」とありますが、それなのに、めだかはなぜ生きられるのですか。文しょうから書きぬきましょう。（15点）

四十度近くまでの水温にたえられるから。

7 （考えて書こう）めだかは、きびしい自然の中で生きていますが、自然のきびしさには、夏の間、何日も雨がふらないことのほかにどのようなことがありますか。考えて書きましょう。（20点）

れい　冬はとてもさむくて、水がこおったりすること。

---

1 「第一に」で始まるだんらくに、「小川や池の水面近く」という言葉がもう一度出てくることに注目しましょう。そのすぐあとに、「水面近くには、やごやみずかまきりなどの、てきがあまりいないから」と説明されています。

2 「夏の間」で始まるだん落に「めだかは、体が小さいので、わずかにのこされた水たまりでもだいじょうぶ」と「よいこと」が書かれています。

3 ——線と同じだん落に、どのような「てき」がいるのかがならべて書かれています。

4 めだかの身の守り方は「第一に」のだん落から、「第四に」のだん落までに書かれています。だんらくごとにていねいに読みましょう。

5 すぐあとに、「てきが目うつりしている間に、にげることができるからです」と書かれています。

6 ——線のすぐあとに、「めだかは、四十度近くまでは、水温が上がってもたえられます」とあることに注目しましょう。

7 「夏の間、何日も雨がふらない」のと同じように、きせつによって、めだかはどのようなことにたえなければならないのかを考えましょう。

れい2　春や秋には、たくさん雨がふって小川や池があふれること。

たしかめのテスト② 24~25ページ

うめぼしのはたらき ～ 読書の広場① 本をさがそう

1 読みがなを書きましょう。（一つ2点〔20点〕）

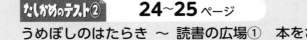

① 身近（みぢか）な人。 ② 次回（じかい）も楽しみだ。
③ 留守（す）番をする。 ④ 実力（じつりょく）のあるチーム。
⑤ 真理を究明（きゅうめい）する。 ⑥ 地面（じめん）をける。
⑦ 取り次（つ）ぎをする。 ⑧ きつねが化（ば）ける。
⑨ また今度（こんど）会おう。 ⑩ 古い館（やかた）がある。

2 漢字を書きましょう。（一つ3点〔18点〕）

① 水ぞく館。 ② 身長がのびる。
③ 死後のせかい。 ④ 強い水流。
⑤ 和食のお店。 ⑥ 化石をさがす。

3 漢字とおくりがなを書きましょう。（一つ4点〔12点〕）

① 川で泳ぐ。 ② りんごが実る。
③ サッカーの試合でゴールを守る。

4 それぞれの文に合うように、□におくりがなを書きましょう。（一つ4点〔16点〕）

① 流 トイレで水を流す。／夜空を星が流れる。
② 消 へやの明かりが消える。／らくがきを消す。

5 つぎの文に合うほうの言葉に○をつけましょう。（一つ4点〔8点〕）

① このかさは強い風にも（○）たえられる／（　）乗りこえる。
② おもしろくて（　）うわの空／（○）むちゅうになって遊ぶ。

6 意味の正しいほうに○をつけましょう。（一つ5点〔10点〕）

① 要点
ア（　）文しょうの中のないようの一まとまりのところ。
イ（○）文しょうやだんらくの中の大事なところ。
② とくちょう
ア（○）ほかの物とくらべてとくに目立つ点。
イ（　）ほかの生き物と共通した点。

7 ①～④のことを本で調べるとき、どこを見ればよいですか。□からえらんで、記号を書きましょう。（一つ4点〔16点〕）

① その本が作られたわけ。（ウ）
② ないようのまとまりが、何ページからはじまるか。（ア）
③ 本が発行された年。（エ）
④ ある言葉が何ページに出ているか。（イ）

ア 目次　イ さくいん　ウ 前書き・後書き　エ おくづけ

1 ①「身近」の読み方は、「ちか-い」という読みがへんかしているので「みぢか」と書きます。
⑦「取り次ぐ」とは、人と人のあいだにたって、ようけんなどを伝えることです。
⑩「やかた」とは、りっぱなつくりの大きな家のことです。

2 ③「死後」とは、死んだあとという意味です。反対の意味の言葉に、「生前」があります。
⑥「化石」とは、地中から出てくる大昔の生き物の死がいや、生きたあとのことです。

3 ①「泳」の右がわの「永」を、「氷」と書かないように気をつけましょう。

4 文全体を読んでふさわしい言葉を考え、おくりがなを書きましょう。

5 ②「うわの空」は、ほかのことに心がうばわれて、そのことに集中できない様子を表す言葉です。

7 それぞれ、本のどの部分にあるのか、どのような役目があるのかをおぼえておきましょう。

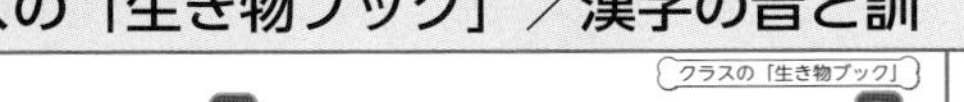

じゅんび 26~27ページ

クラスの「生き物ブック」／漢字の音と訓

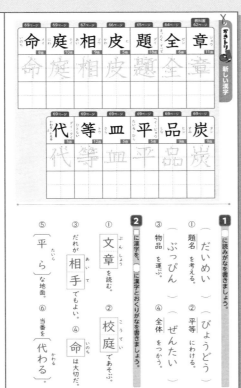

かきトリ！ 新しい漢字

章 全 題 皮 相 庭 命 炭 品 平 皿 等 代

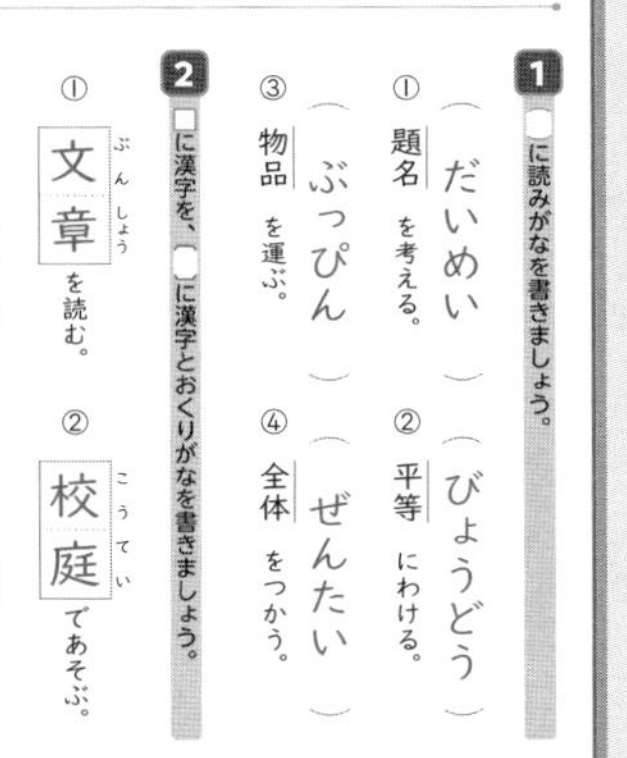

1 □に読みがなを書きましょう。

① 題名（だいめい）を考える。 ② 平等（びょうどう）にわける。
③ 物品（ぶっぴん）を運ぶ。 ④ 全体（ぜんたい）をつかう。

2 □に漢字を、〔 〕に漢字とおくりがなを書きましょう。

① 文章を読む。 ② 校庭であそぶ。
③ だれが相手でもよい。 ④ 命は大切だ。
⑤ 平らな地面。 ⑥ 当番を代わる。

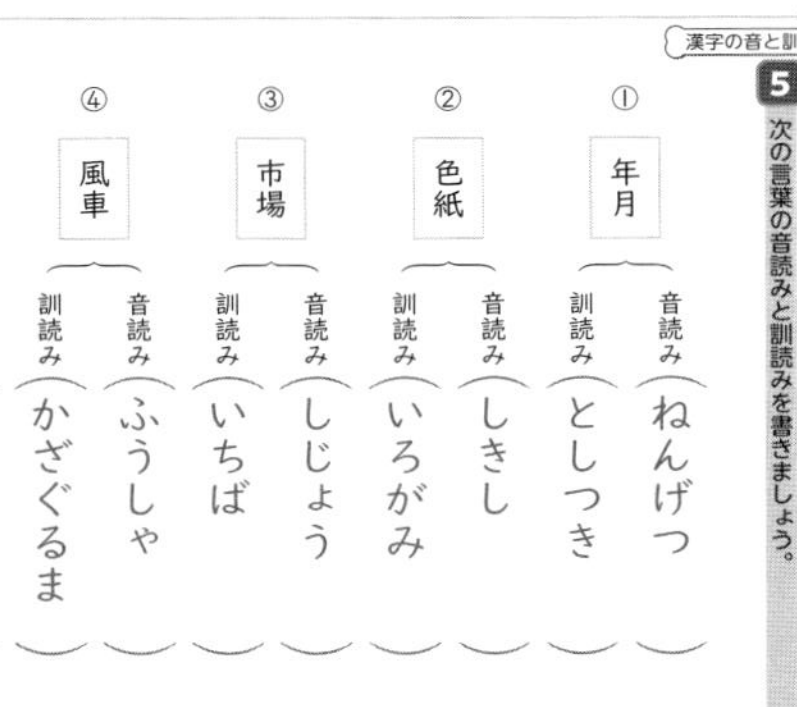

3 正しい意味に○をつけましょう。（クラスの「生き物ブック」）

① 本を、参考にする。
ア（○）手がかりにすること。
イ（　）ないようをうつすこと。
② ことばをあてて読む。
ア（　）予想すること。
イ（○）読み方を決めること。
③ 本を発行する。
ア（　）ないようがてき切か調べること。
イ（○）いんさつして、世に出すこと。

4 よこ書きの文の書き方について、正しいものには○を、まちがっているものには×をつけましょう。

①（○）よこ書きの文は、左から右に書く。
②（○）点は、「,」（コンマ）をつかってもよい。
③（×）文の終わりに「.」をつかわない。
④（○）見出しの数字は「1、2、3」をつかう。

5 次の言葉の音読みと訓読みを書きましょう。（漢字の音と訓）

① 年月　音読み（ねんげつ）　訓読み（としつき）
② 色紙　音読み（しきし）　訓読み（いろがみ）
③ 市場　音読み（しじょう）　訓読み（いちば）
④ 風車　音読み（ふうしゃ）　訓読み（かざぐるま）
⑤ 草原　音読み（そうげん）　訓読み（くさはら）

1 ②「平等」とは、かたよりがなくみな等しいという意味です。
③「物品」とは形のあるいろいろなもののことです。

2 ⑤「平」は読み方によっておくりがながちがいます。「たいら」と読む場合は「平ら」、「ひらたい」と読む場合は「平たい」となるので気をつけましょう。

3 ②「あてる」にはいろいろな意味があります。――線部の「あてる」は、「かりにあてはめる」という意味です。

4 ③横書きの文章も、文の終わりに「。」を使うので、あてはまりません。

5 ②「色紙」は音読みで「しきし」と読むと、絵などをかく分あつくて四角い紙という意味になり、訓読みで「いろがみ」と読むと色のついた紙という意味になります。
④「風車」は音読みで「ふうしゃ」と読むと、風で動く大きなそうちのことを意味し、訓読みで「かざぐるま」と読むと、風で動くおもちゃのことを意味することが多いです。

たしかめのテスト　28~29ページ

クラスの「生き物ブック」／漢字の広場②　漢字の音と訓

1 読みがなを書きましょう。　一つ3点(30点)

① 話し相手になる。（あいて）
② じょうずな文章。（ぶんしょう）
③ 品物をおくる。（しなもの）
④ 全く気にしない。（まった）
⑤ 小皿がわれる。（こざら）
⑥ やり方を相談する。（そう）
⑦ 皮ふのびょう気。（ひ）
⑧ 一等しょうになる。（いっとう）
⑨ 命には代えられない。（いのち）（か）

2 □に漢字を、（　）に漢字とおくりがなを書きましょう。　一つ3点(30点)

① 日本代表（だいひょう）
② 庭（にわ）をそうじする。
③ 人命（じんめい）きゅうじょ
④ みかんの皮（かわ）。
⑤ 全体（ぜんたい）を見る。
⑥ ピッチャー交代（こうたい）。
⑦ 木炭（もくたん）をもやす。
⑧ （平たい）ところ。
⑨ 重さが（等しい）。
⑩ （全て）かたづける。

3 ――線の漢字の読み方を、音はかたかなで、訓はひらがなで書きましょう。　完答一つ6点(12点)

① 平
- 平和を守る。（ヘイ）
- 平たいパン。（ひら）
- 平らな道。（たい）

② 代
- クラスの代表。（ダイ）
- 身代わりになる。（が）
- 千代紙をおる。（よ）

4 ――線の言葉を、漢字とおくりがなで書きましょう。　一つ6点(18点)

① 家にかえる。（帰る）
② ぶつかってはねかえる。（返る）
③ お祝いにかえる。（代える）

5 あとのメモを見ながら（　）に書き入れて、中野さんの「組み立て表」をかんせいさせましょう。　一つ5点(10点)

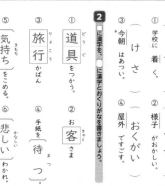

だいめい	いろいろな生き物のすみか　名前　中野　ゆみ
調べたきっかけ	公園でアリの行れつを見ていると、アリが、公園の木のそばのあなに入っていった。ほかの虫は、どんなところにすんでいるのか知りたいと思った。
調べたこと	①カブトムシのすみか　カブトムシは、昼は（木のねもと）の土の中にもぐってねている。夜は、木に登って木からしみ出たえきをすう。②ザリガニのすみか（田んぼや池）など、水のあさいところで、水のそこのどろにあなをほってすんでいる。
まとめ	生き方に合ったばしょにすんでいる。

〈中野さんのメモ〉

6／10（水）「アリのすみか」地面にあなをほってくらす。〈調べた本〉『アリのくらし』（〇〇社）5ページ

6／12（金）「カブトムシのすみか」・昼→木のねもとの土の中。・夜→木に登ってじゅえきをすう。〈調べた本〉『カブトムシの一生』（〇〇社）17ページ

6／15（月）「ザリガニのすみか」田んぼや池など、あさい水のそこのどろに、あなをほってすむ。〈調べた本〉『ザリガニ』（〇〇書店）3ページ

じゅんび　30~31ページ

紙ひこうき、きみへ

かきトリ　新しい漢字

着（チャク・き・つ）12画　客（キャク）9画　待（タイ・ま）9画　持（ジ・も）9画　具（グ）8画　取（シュ・と）8画

旅（リョ・たび）10画　様（ヨウ・さま）14画　悲（ヒ・かな）12画　部（ブ）11画　屋（オク・や）9画

1 □に読みがなを書きましょう。

① 学校に着く。（つ）
② 様子がおかしい。（ようす）
③ 今朝はあつい。（けさ）
④ 屋外ですごす。（おくがい）

2 □に漢字を、（　）に漢字とおくりがなを書きましょう。

① 道具（どうぐ）をつかう。
② お客（きゃく）さま
③ 旅行（りょこう）かばん
④ 手紙を（待つ）。
⑤ （気持ち）をこめる。
⑥ （悲しい）わかれ。

3 正しい意味に○をつけましょう。

① ひとりごとをつぶやく。
ア（○）小さな声で話すこと。
イ（　）人に話しかけること。

② 昼食をたいらげる。
ア（○）すべて食べてしまうこと。
イ（　）てきぱきとじゅんびすること。

③ ほがらかにわらう声がする。
ア（　）かわいい様子。
イ（○）明るい様子。

④ 一番にゴールしてとくいになる。
ア（　）調子に乗ってふざけること。
イ（○）自分の思いどおりになってまんぞくすること。

⑤ 雨の中を、すずしい顔をして歩く人がいる。
ア（○）知らん顔をする様子。
イ（　）さむそうな様子。

3分でワンポイント　キリリとミークのちがいを読みとろう。

★①～③の（　）に合う言葉を□の中からえらんで、記号を書きましょう。

ミークのリュックサック	①（イ）をするのにいるものがいろいろ入っている。→なくなってもよいものを入れてある。
キリリの古い旅行かばん	はさみで切り取り、思いうかんだ言葉を書いた②（ア）を、大切にしまう。→ミークのことを③（ウ）という思いをこめて入れた。

ア 小さな空　イ 旅　ウ わすれたくない

---

1 ⑧「一等しょう」とは、コンクールなどで一番になった人がもらうしょうのことです。

2 ②「庭」の「壬」は三本の横線のうち、真ん中が一番長くなります。書きまちがえないように気をつけましょう。
⑦「木炭」とは、木で作ったねんりょうのことです。
⑨おくりがなを「等い」としないようにしましょう。

3 ②「千代紙」とは、和風のがらがついた、四角い紙のことです。

4 同じ読みでもちがう意味の言葉に気をつけましょう。
①「帰る」とは、ほかの場所に行った人がもといた場所にもどるという意味です。
②「返る」とは、動いていたものがまたもとの場所にもどるという意味です。
③「代える」とは、あるもののかわりにべつのものをあてるという意味です。

5 あとのメモの言葉と「組み立て表」の言葉を見くらべて、あてはまる言葉をさがしましょう。

1 ②「様子」とは、外から見てわかる物事のじょうたいという意味です。
③「今朝」とは「今日の朝」という意味です。とくべつな読み方の言葉なので、おぼえましょう。

2 ③「旅」の右がわに気をつけましょう。
④⑤「待」と「持」をまちがえないように気をつけましょう。
⑥「悲しい」を「悲い」と書かないように気をつけましょう。

3 ⑤「すずしい顔」とは、自分にもかん係があるのに、知らん顔をする様子を表す言葉です。

3分でワンポイント

「紙ひこうき、きみへ（野中柊）」は、物語の登場人物やさまざまなものをくらべて読みましょう。
登場人物のかばんと、中に入っている持ち物や、行動・会話などのちがいに気をつけながら読みましょう。

練習 32~33ページ
紙ひこうき、きみへ

1 ――線の前に注目しましょう。「今日はきっと何かある。とくべつなことが！」とあります。

2 「これが大すきなのです。」の「これ」が何をさしているのかたしかめましょう。

3 ――線のあとの文章からさがしましょう。11行目に「青い紙ひこうき」とあります。

4 ――線の後の文章に注目しましょう。キリリはパンやビスケット、スープを作ってお客さんをもてなすじゅんびをしています。このことから、お客さんが来ることを楽しみにしていることがわかります。

5 ――線の前の文章からさがしましょう。手紙のないようが「　」の中に書かれています。

6 37行目で「ぼくは、みけりすのリーク。」とじこしょうかいしています。

7 「くすぐったい」には「てれくさい」という意味もあります。

じゅんび 34~35ページ
ローマ字／ローマ字とコンピューター／ひろがる読書のせかい

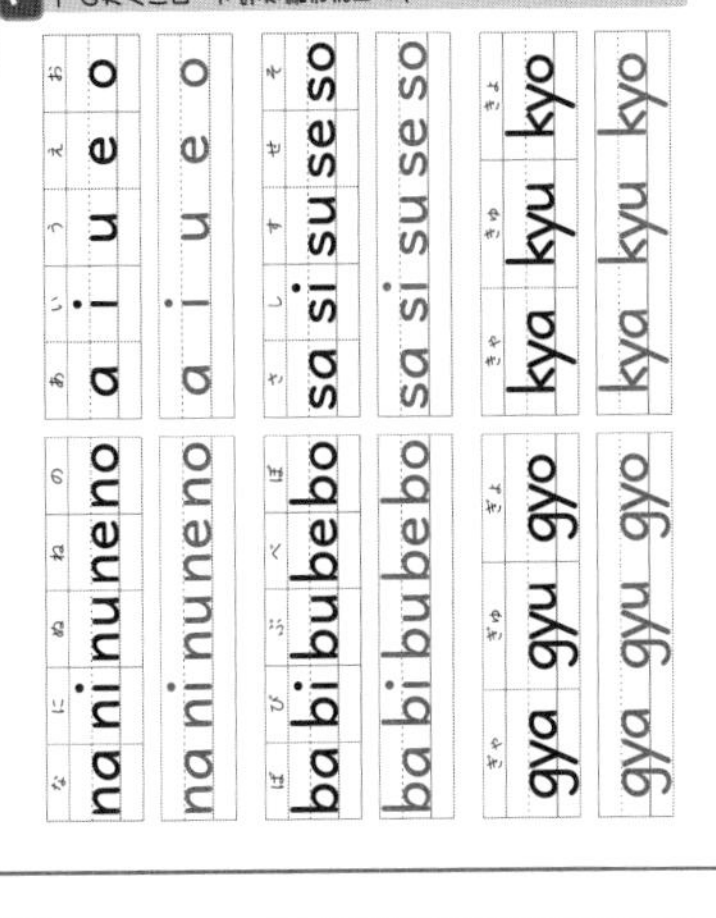

3 ③のばす音は、のばす部分に「^」を使って書き表します。

④「ん」のあとにa,i,u,e,o,yがつづく場合は、「'」を入れて書きます。

「'」を入れることで、〔ani（あに）〕と〔an'i（あんい）〕のように読み方を分けることができます。

⑤「とっとり」などのつまる音は〔Tottori〕のようにすぐあとにつづく文字を重ねて書いています。また、「とっとりけん」は地名なので、はじめの文字を大文字で書いています。

4 ②つまる音は、次の字を重ねて書きましょう。〔shippo〕と書いても正かいです。

④〔utyufuku〕や〔uchuhuku〕、〔uchufuku〕と書いても正かいです。

⑤「京都」は地名なので、はじめの文字を大文字で書きます。地名は大文字だけで書くこともあるので、〔KYÔTO〕でも正かいです。

5 ①コンピューターで「ん」と入力するときは、「NN」のようにNを重ねてうちます。

②発音は同じですが、「ず」と入力する場合は「ZU」、「づ」と入力する場合は「DU」とうちます。

たしかめのテスト① 36〜37ページ

紙ひこうき、きみへ 〜 読書の広場② ひろがる読書のせかい

おうちのかたへ

物語文では登場人物の言動だけでなく、服装、持ち物、道具、景色など、様々なもので、登場人物の性格や心情を表現しています。この文章では、「キリリ」と「ミーク」という登場人物の違いがどのように表現されているか注目しましょう。

文章を読んで、答えましょう。　思考・判断・表現

なんとまあ、空でした。

ミークは空を切り取ったのです。

びっくりして目を丸くしているキリリにむかって、にやっとわらうと、ミークはすばやくゆびさきで何かメッセージを書き、紙ひこうきを作ってとばしました。ちょうどふいてきた風にのって、それはまた空の色にとけこんで消えてしまいました。

「ありがとう。楽しかったよ。ずいぶん長く、ここにいたなあ。」

キリリが何も言えずにいると、ミークも、ちょっとの間、だまっていましたが、

「これ、きみにあげよう。」

キリリの手にはさみをにぎらせました。そして、リュックサックをせおって、つややかな黒いしっぽを右へ左へゆらしながら行ってしまいました。

キリリはひとりのこされて――。ときどき、いちばん高いえだに登り、空にむかって、うでをのばしました。手にはミークのはさみを持って。

ちきちきっ！　晴れわたった青空、かがやくぎん色の空、雨ふりの空、星々がこぼれおちてきそうな空。さまざまな空を切り取りました。ミークに会いたくてたまらなくなると、そうせずにはいられなかったのです。

そして、小さな空に、ふわりと雲みたいに思いうかんだ言葉を書いて、紙ひこうきにしてとばしました。

「ぼくは、ここにいます。」

「きみは、どこにいますか。」

そのくりかえしでした。ほかにも、いろいろなことを思ったのですが、うまく書けなかったのです。

紙ひこうきは、ミークのもとへとんでいったでしょうか。

もしかしたら、ミークはもうぼくのことをわすれたかしら？

ある日、そう考えたら、悲しくなって、キリリはその日その日の小さな空を紙ひこうきにするのはやめました。

ぼくはわすれない。わすれたくない。だから、切り取った空を大切にしまっておくことにしたのです。古い旅行かばんの中に。

野中柊「紙ひこうき、きみへ」より

---

1 「ミークは空を切り取ったのです。」とありますが、何をつかって空を切り取ったのですか。文章から三字で書きぬきましょう。　10点

はさみ

2 よく出る　「空の色にとけこんで消えてしまいました。」とありますが、何が消えてしまったのですか。文章から書きぬきましょう。　一つ10点(20点)

（メッセージ）が書かれた（紙ひこうき）。

3 「そうせずにはいられなかった」とありますが、何をせずにはいられなかったのですか。文章から六字で書きぬきましょう。　10点

さまざまな空　を切り取ること。

4 できたらスゴイ！　「ふわりと雲みたいに思いうかんだ言葉」とありますが、どのような言葉ですか。文章から二つ書きぬきましょう。　一つ10点(20点)

（「ぼくは、ここにいます。」）

（「きみは、どこにいますか。」）

※順番はちがっていてもよい。

5 「キリリはその日その日の小さな空を紙ひこうきにするのはやめました。」とありますが、小さな空をどうすることにしたのですか。文章から書きぬきましょう。　一つ10点(20点)

（（古い）旅行かばん）の中に

（（大切に）しまっておく）ことにした。

6 「ぼくはわすれない。わすれたくない。」とありますが、何をわすれたくないと考えているのですか。　20点

（れい　ミークのこと（をわすれたくない）。）

---

1 文章の後半を読むと、キリリはミークと同じことをしています。その時にミークからもらったはさみを使っていることから、読み取りましょう。

2 ――線部の直前に「それは」とあります。「それ」がさすものを前の文章からさがしましょう。

3 「そうせずにはいられなかった。」の「そう」がさすないようを、――線より前の文章からさがしましょう。

4 26行目と27行目の「　」の中に、ミークが空に書いたないようが書かれています。

5 ――線の後の文章に、キリリが小さな空をどうしているかが書かれています。ぬき出して答えましょう。

6 32行目に「もしかしたら、ミークはもうぼくのことをわすれたかしら？」とあります。この直後にキリリが「ぼくはわすれない。わすれたくない」と思っていることから、キリリがわすれたくないのはミークのことであるとわかります。ミークのことをわすれたくないということが書かれていれば正かいです。

たしかめのテスト② 38~39ページ

紙ひこうき、きみへ ～ 読書の広場② ひろがる読書のせかい

1 読みがなを書きましょう。 一つ2点(20点)

① 着物（きもの）を買う。 ② 来客（らいきゃく）がある。 ③ 期待（たい）がかかる。 ④ おみやげを持参（じ）する。 ⑤ 新しい文具（ぶんぐ）。 ⑥ 二点を先取（せんしゅ）する。 ⑦ 長旅（ながたび）から帰った。 ⑧ 悲鳴（ひめい）をあげる。 ⑨ すみやすい家屋（かおく）。 ⑩ 学校に着（つ）く。

2 漢字を書きましょう。 一つ2点(12点)

① 今朝の天気。 ② 多様な生物。 ③ 全部食べよう。 ④ 花屋に出かける。 ⑤ 着地する。 ⑥ 海外旅行

3 漢字とおくりがなを書きましょう。 一つ2点(8点)

① 本の持ち主。 ② 身に着ける。 ③ みなが悲しむ。 ④ ペンを取る。

4 次のローマ字の言葉をひらがなで書きましょう。 一つ2点(10点)

① noraneko（のらねこ） ② sôko（そうこ） ③ gyûnyû（ぎゅうにゅう） ④ zen'in（ぜんいん） ⑤ kitte（きって）

5 次の言葉を、文字の大きさにもちゅう意して、ローマ字で書きましょう。 一つ3点(15点)

① さくら sakura ② でんわ denwa ③ しゅうごう syûgô ④ てっきん tekkin ⑤ 東京 Tôkyô

6 ローマ字には二通りの書き表し方がある文字があります。次の文字をべつの書き方で書きましょう。 一つ3点(15点)

① し si shi ② ち ti chi ③ ふ hu fu ④ じゅ zyu ju ⑤ つ tu tsu

7 コンピューターでローマ字入力された文を、漢字と、ひらがな、かたかなで書きましょう。 一つ5点(20点)

【ローマ字入力】
KINOU HA ATUKATTA NODE, RINGO NO ZYU-SU WO NOMIMASITA。

【へんかんされた文】
きのうは 暑かったので、りんごの ジュースを 飲みました。

じゅんび 40~41ページ

「りす公園」はどこにある？／取材したことをほうこく文に

かきトリ 新しい漢字

遊 駅 曲 仕 写 真 礼 安 商 員 区 申

1 □に読みがなを書きましょう。

① 遊園地（ゆうえんち）に行く。 ② 父は会社員（かいしゃいん）だ。 ③ 八百屋（やおや）に行く。 ④ 商売（しょうばい）をする。

2 □に漢字を、□に漢字とおくりがなを書きましょう。

① 写真をとる。 ② 駅に集まる。 ③ お礼を言う。 ④ 安全な方法。 ⑤ 道を曲がる。 ⑥ 手伝いを申し出る。

3 正しい意味に○をつけましょう。

① 交差点に立つ。
ア（○）二つ以上の道が交わるところ。
イ（ ）一本道がつづいているところ。

② 言葉づかいに気をつける。
ア（○）話すときや書くときの言葉のつかい方。
イ（ ）言葉をつかうときの表情や思い。

③ きょかをとってからつかう。
ア（ ）なにかをしてあやまること。
イ（○）ある行動をゆるすこと。

④ 虫のとくちょうを調べる。
ア（ ）ほかとくらべて、とくに目立っている点。
イ（○）ほかとくらべて、そのものだけに見られる点。

⑤ 発表をぶんたんする。
ア（ ）なまけてやるべきことをおしつけること。
イ（○）やるべきことをわけあうこと。

4 □に合う言葉を□からえらんで書きましょう。

ほうこく文を書くときは、まとまりがわかりやすくなるように（見出し）をつける。取材したときに言ったことや、（聞いた）ことも書く。ことがらをみじかい文で書きならべる（かじょう書き）をつかうと、ないようがわかりやすい。

[だんらく　会話文　かじょう書き　見出し　聞いた]

5 インタビューのすすめ方で、正しいものには○を、まちがっているものには×をつけましょう。

①（×）あいさつはしないで聞きはじめる。
②（○）はっきりと聞き取りやすい声で話す。
③（×）写真はとりたい時にとってよい。
④（○）さいごにお礼の言葉を言う。
⑤（×）友達と話す言葉で話す。

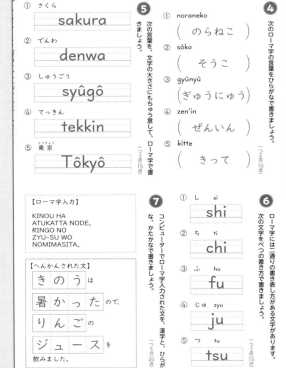

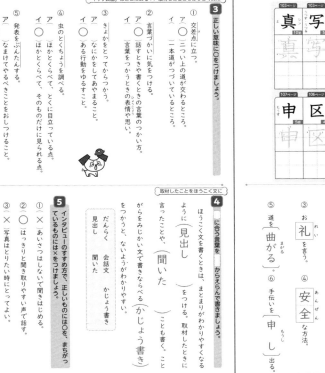

1 ④「持参」とは、物やお金を持って行くという意味です。
⑨「家屋」とは、人がすむためのたてものという意味です。

2 ②「多様」とはしゅるいのちがうものがいろいろとある様子をさします。

4 ②③はのばす音に注意しましょう。
⑤字を重ねているので、つまる音です。

5 ②「n」のあとにつづく文字に気をつけましょう。
③〔shûgô〕と書いても正かいです。のばす音は、のばすしるしを使って書きましょう。
④つまる音は、字を重ねます。
⑤「東京」は地名なので、初めの文字を大文字で書きます。〔TÔKYÔ〕と書いても正かいです。

7 コンピューターのローマ字入力は、ローマ字での書き方とはちがうことがあります。また、「ZYU」と「JU」のようにいくつかのうち方がある音もあります。実さいに入力してたしかめてみましょう。

---

1 ③「八百屋」とは、野さいを売る店のことです。とくべつな読み方の言葉なのでおぼえましょう。

2 ⑤「由」と「曲」をまちがえないように気をつけましょう。
⑥「申す」とは「言う」のていねいな言い方です。「甲」と書かないように、たての線は上につき出しましょう。

3 ①「言葉づかい」は「ことばずかい」と同じ読み方ですが、「つかう」がへんかした形なので「づかい」と書きます。

4 ①あいさつをしてからはじめた方がよいので、まちがっています。
③写真をとるときは、勝手にとらないで、相手に許可をとってからにした方がよいので、まちがっています。
⑤インタビューをするときは、ていねいな言葉づかいで話した方がよいので、まちがっています。

5 ほうこく文を書くときに注意した方がよいことをたしかめましょう。

たしかめのテスト① 44~45ページ
取材したことをほうこく文に ～ 漢字の広場③　送りがな

1 文章を読んで、答えましょう。　思考・判断・表現

高橋さんは、駅前のみやげもの店へ見学に行きました。


【高橋さんのほうこく文】

店長の中山さんに、おみやげをたくさん売るためのくふうをたずねました。くふうは、店に入る前からわたしたちに見えているそうです。

おもに、次のようなくふうがあるということでした。
・地元のとくさん品ののぼりを立てる。
・おすすめの商品を、店の外から見えるガラスケースにかざる。
・店内では、目に入りやすい高さに、買ってほしい商品をならべる。 ※
わたしたちが気づかずに見ているところに、商品を売るためのくふうがたくさんあることがわかりました。

(1) ほかの人から聞いたことを表す書き方がされている部分を、文章から四字と八字で書きぬきましょう。　一つ5点(10点)
そうです
ということでした

(2) ※の部分のような書き方を何といいますか。書きましょう。　10点
（かじょう書き）

(3) この文章で、いちばんつたえたいことが書かれている文をさがし、はじめの五字を書きぬきましょう。　10点
わたしたち

(4) 「わたしたちが気づかずに見ているところ」とありますが、どのようなところですか。考えて書きましょう。　20点
［れい］商品がならべてあるところ。

2 ①～④の□に合うものを□から一つずつえらんで記号を書き入れ、ふうとうをかんせいさせましょう。　一つ5点(20点)

【表】
189-0004　東村山市西町五三―二　中川青果店　中川　孝一　①　切手

【うら】
東村山市川上三丁目―一　川上小学校　小田　すず　②　③　④

①（ウ）　②（エ）　③（イ）　④（カ）

ア あて　イ 九月二十三日　ウ 様　エ （何も書かない）　オ 行　カ 189-0051

3 次の手紙を読んで、答えましょう。

秋風のさわやかなきせつとなりました。中川様は、お元気でしょうか。

わたしは、先日お店を見学させていただいた、川上小学校の小田すずです。お店では、きせつの野菜やくだものを売り場の前の方にならべたり、ねだんを大きく書いてはりだしたりするなどのくふうがあることを知りました。これから、お店に行くのが楽しみになりました。

おいそがしい中、見学をさせていただき、ありがとうございました。これからもお仕事をがんばってください。

九月二十日　　川上小学校　小田すず
中川青果店　中川 孝一様

(1) きせつの言葉をつかってあいさつをしている文を、書きぬきましょう。　15点
（秋風のさわやかなきせつとなりました。）

(2) むすびのあいさつはどこからどこまでですか。はじめとおわりの五字ずつを書きぬきましょう。（句読点をふくむ）　完答15点
おいそがし ～ ください。

じゅんび 42~43ページ
自分の気持ちを手紙に／送りがな

1 □に読みがなを書きましょう。

① 苦（にが）いお茶。　② コーヒーを飲（の）む。
③ 外は暗（くら）い。　④ 日が当たる場所（ばしょ）。
⑤ 暑（あつ）い日がつづく。　⑥ 明日（あす）の天気。
⑦ ボールを打（う）つ。　⑧ 手紙を送（おく）る。
⑨ けがを負（お）う。　⑩ 西洋（せいよう）のたてもの。

2 □に漢字を、（　）に漢字と送りがなを書きましょう。

① 洋服を買う。　② 住所を書く。
③ 体育のじゅぎょう。　④ 薬をもらう。
⑤ とうふを一丁買う。　⑥（苦しい）たたかい。
⑦ 外国に（住む）。　⑧ 植物を（育てる）。
⑨ 子どもが（育つ）。　⑩ ひなを（育む）。

3 □に合うものを□から一つずつえらんで記号を書き入れ、手紙をかんせいさせましょう。

はじめのあいさつ
①（オ）
②（エ）
③（ウ）
④（ア）
⑤（イ）

手紙を書くときは、どんな順番で書くのかおぼえよう。

ア 自分の名前　イ 相手の名前
ウ 日付　エ むすびのあいさつ
オ 本文（つたえたいこと）

1 ⑤「明日」はとくべつな読み方の言葉です。おぼえましょう。
⑧「負う」には「けがを負う」のように身にひきうけるという意味のほかに、「重いにもつを負う」のように何かをせおうという意味もあります。

2 ①「洋服」とはズボンやシャツなど、昔、西洋から伝わってきた服のことです。反対に、着物のように昔から日本にある服のことを「和服」といいます。
⑤とうふを数えるときは「丁」を使います。
⑧⑨⑩「育」は送りがなによって読み方がちがいます。「育てる」の場合は「そだてる」と読み、「育む」の場合は「はぐくむ」と読み、「育つ」の場合は「そだつ」と読みます。

3 ①手紙を書く時の順番をおぼえましょう。

1 (1)取材のほうこく文は、「～そうです」「～ということでした」というような書き方を使って、自分の考えと取材してわかったことを区別して書きましょう。
(3)高橋さんの考えがのべられている部分をさがしましょう。
(4)「※」の部分に注目しましょう。のぼりやガラスケース、店内の商品のならべ方など、通りかかった人をひきつけるくふうが書かれています。

2 ふうとうの書き方をたしかめましょう。

3 (1)手紙の「はじめのあいさつ」は、きせつの言葉を使って書きましょう。
(2)手紙のさいごには「むすびのあいさつ」が入ります。

おうちのかたへ

報告文やレポートなど、調べたことをまとめる文章は、事実と考えを区別して書くことが重要です。取材の報告文では取材してわかったことと、取材して考えたことや感じたことを区別して書くようにしましょう。

たしかめのテスト② 46~47ページ
取材したことをほうこく文に ～ 漢字の広場③ 送りがな

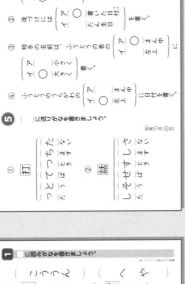

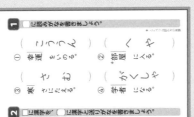

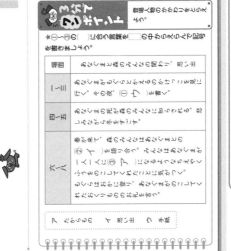

1 ③「暑中みまい」とは、暑い時期に知り合いなどに送るきせつのあいさつのことです。手紙やはがきを送ることもあれば、家をたずねることもあります。

⑩「仕える」とは、目上の人のためにはたらくという意味です。「使える」とまちがえないように気をつけましょう。

2 ②「飲食店」とは、カフェやレストランのように食べ物や飲み物が食べられる店のことです。

⑨いろいろな漢字が「うつす」という読み方にあてはまります。「写す」は、文章や絵などをもとのものを見ながら書き写すときや、写真をとるときに使います。

3 「しなければならないことがたくさんあるそうです」のないようを、かじょう書きにしましょう。

4 手紙を書くときのルールをたしかめましょう。

5 送りがなのちがいに気をつけて答えましょう。答えがわからないときは、漢字を使っていろいろな文章を作ってみましょう。

じゅんび 48~49ページ
わすれられないおくりもの

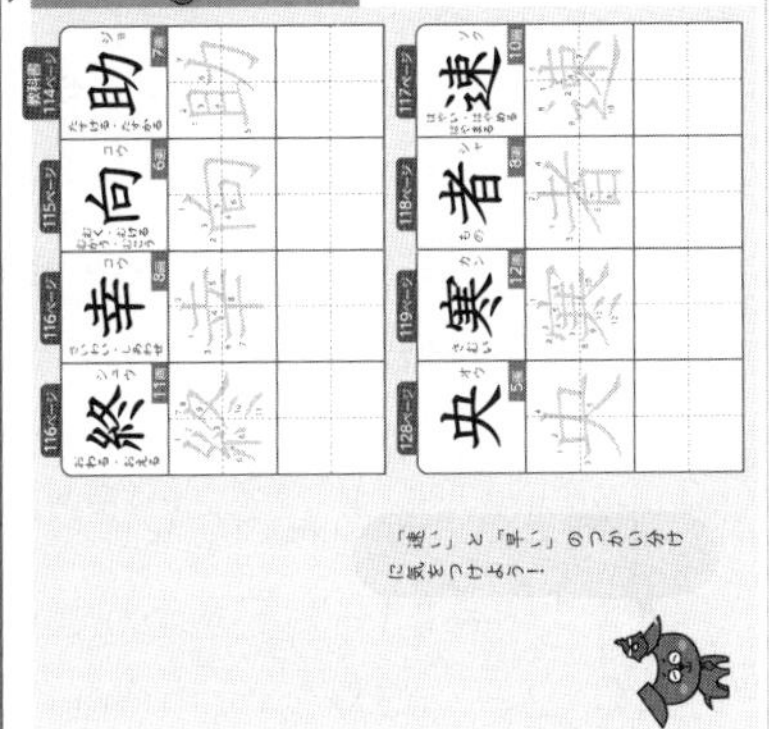

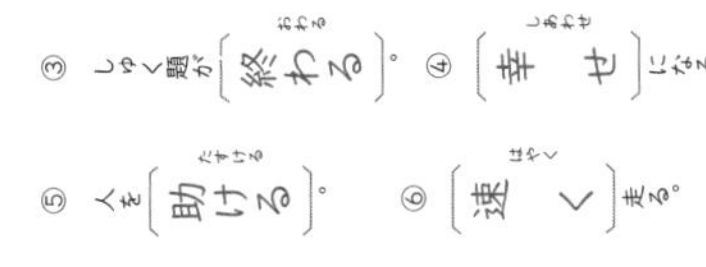

2 ③「終わる」を「終る」と書かないように気をつけましょう。

⑥「速く走る」のように速度が速い場合は「速い」を、「早起きする」のように時間が早い場合は「早い」を使います。

3 ②「やりきれない」、③「とほうにくれる」、④「くよくよする」は、どれも気持ちを表す言葉です。

3分でワンポイント

「わすれられないおくりもの（スーザン＝バーレイ文／小川仁央やく）」では、それぞれの場面のでき事と登場人物のかかわりをたしかめましょう。

あなぐまの死を悲しんでいた冬から、春が来てあなぐまのおくりものに気づき、悲しみがやわらいでいく、森のみんなの心の動きを読み取ります。

題名の「わすれられないおくりもの」が、どのように物語のないようとつながっているのかを考えましょう。

練習　50〜51ページ

わすれられないおくりもの

◆ 文章を読んで、答えましょう。

あなぐまは、かしこくて、いつもみんなにたよりにされています。こまっている友達は、だれでも、きっと助けてあげるのです。それに、大変年をとっていて、知らないことはないというぐらい、もの知りでした。あなぐまは、自分の年だと、死ぬのがそう遠くはないことも、知っていました。

あなぐまは、死ぬことをおそれてはいません。死んで体がなくなっても、心はのこることを知っていたからです。だから、前のように体がいうことをきかなくなっても、くよくよしたりしませんでした。ただ、あとにのこしていく友達のことが気がかりで、自分がいつか長いトンネルの向こうに行ってしまっても、あまり悲しまないようにと、言っていました。

ある日のこと、あなぐまは、もぐらとかえるのかけっこを見に、おかに登りました。その日は、とくに年をとったような気がしました。あと一度だけでも、みんなといっしょに走れたらと思いましたが、あなぐまの足では、もう無理なことです。それでも、友達の楽しそうな様子をながめているうちに、自分も幸せな気もちになりました。

夜になって、あなぐまは家に帰ってきました。月におやすみを言って、カーテンをしめました。それから、地下の部屋にゆっくり下りていきました。そこでは、だんろがもえています。

夕ごはんを終えて、つくえに向かい、手紙を書きました。ゆりいすをだんろのそばに引きよせて、しずかにゆらしているうちに、あなぐまは、ぐっすりねいってしまいました。そして、ふしぎな、でも、すばらしいゆめを見たのです。

おどろいたことに、あなぐまは走っているのです。目の前には、どこまでもつづく長いトンネル。足はしっかりとして力強く、もう、つえもいりません。体はすばやく動くし、トンネルを行けば行くほど、どんどん速く走れます。とうとう、ふっと地面からうき上がったような気がしました。まるで、体が、なくなってしまったようなのです。あなぐまは、すっかり自由になったと感じました。

スーザン＝バーレイ 文／小川仁央 やく「わすれられないおくりもの」より

❶ 「死ぬことをおそれてはいません。」とありますが、なぜですか。文章から書きぬきましょう。

（死んで体がなくなっても、心はのこることを知っていたから(です。)）

❷ 「長いトンネルの向こうに行ってしまっても」とありますが、どういう意味ですか。わかりやすく書かれている部分を、文章から書きぬきましょう。

（死んで体がなくなっても）

ヒント　このだんらくのはじめの方にちゅうもくしよう。

❸ 「その日は、とくに年をとったような気がしました。」とありますが、あなぐまは、なぜそのような気がしたのですか。一つに○をつけましょう。

ア（　）友達とたくさん走ってつかれたから。
イ（　）おかの上まで登ることができなかったから。
ウ（○）自分はもうかけっこができないと感じたから。

❹ 「友達の楽しそうな様子」とありますが、これは、どこで、だれが、何をしている様子を言っているのですか。文章から書きぬきましょう。

［おか］で［もぐらとかえる］が、［かけっこ］をしている様子。

❺ 「ふしぎな、でも、すばらしいゆめ」とありますが、どのようなことがすばらしかったのですか。一つに○をつけましょう。

ア（○）足がしっかりして力強くすばやく走れたこと。
イ（　）長いトンネルがどこまでもつづいていたこと。
ウ（　）自分の体がすっかりなくなってしまったこと。

❻ この文章で、あなぐまがゆめを見た日の様子が書かれているのは、どこからですか。はじめの五字を文章から書きぬきましょう。

［ある日のこ］

ヒント　三番めのだんらくから場面がかわっていることにちゅういしよう。

❶ すぐあとの文が「〜からです」と理由を説明する形になっています。

❷ すぐ前に「あとにのこしていく友達のことが気がかり」とあること、あとに「悲しまないように」とあることに注目しましょう。「長いトンネルの向こうに行く」とは、あなぐまが死んでしまうことであるとわかります。

❸ あなぐまが、家に帰って手紙を書いているところに注目しましょう。あなぐまには、自分の体がおとろえて、命が間もなく終わるだろうという予感があったことがわかります。

❹ あなぐまが、何を見るためにおかに登ったのかを考えましょう。

❺ あなぐまが、おかで「あと一度だけでも、みんなといっしょに走れたら」とねがっていたことに注目しましょう。あなぐまの足では、もう走るのは無理なことでしたが、このゆめの中では、走ることができたのです。

❻ 文章の前半は、あなぐまのしょうかいが中心です。後半には、あなぐまの命が終わる一日の出来事が書かれています。

じゅんび　52〜53ページ

俳句に親しむ／きせつの言葉を集めよう

かきトリ　新しい漢字

陽（ヨウ）12画 131ページ	氷（ヒョウ・こおり）5画 132ページ	有（ユウ・ある）6画 133ページ	植（ショク・うえる・うわる）12画 136ページ	緑（リョク・みどり）14画 137ページ
祭（サイ・まつる・まつり）11画 137ページ	湯（トウ・ゆ）12画 137ページ	豆（トウ・ズ・まめ）7画 137ページ	式（シキ）6画 137ページ	

1 □に読みがなを書きましょう。

① 新緑（しんりょく）のきせつ。　② 動植物（どうしょくぶつ）

2 □に漢字を書きましょう。

① ゆうめい［有名］になる。　② けっこん［式］に行く。
③ ゆず［湯］に入る。　④ ぶんかさい［文化祭］に行く。

きせつの言葉を集めよう

3 次のきせつを表す言葉（季語）を、□から二つずつえらんで、記号を書きましょう。

春（イ　カ）　夏（ア　キ）
秋（ウ　オ）　冬（エ　ク）

ア 風鈴　イ つくし　ウ 新米
エ こたつ　オ コスモス　カ 春一番
キ 夕立　ク 白鳥

俳句に親しむ

4 俳句と文章を読んで、答えましょう。

（春）

雪とけて村いっぱいの子どもかな　小林一茶

北国の長くさむい冬が終わり、雪がとけて春が来ました。子どもたちが、いっせいに外に出てきて遊んでいます。

菜の花や月は東に日は西に　与謝蕪村

春の野原には、一面に菜の花がさいています。太陽は、西にしずみかけています。そして、月はもう、東の空に顔を出しています。

「俳句に親しむ」より

(1) 「雪とけて」の俳句について答えましょう。

① この俳句から、きせつを表す言葉を書きぬきましょう。

（雪とけて）

② この俳句からは、作者のどのような様子が感じられますか。一つに○をつけましょう。

ア（○）ようやくやって来た春をよろこぶ様子。
イ（　）多くの子どもに出会っておどろく様子。
ウ（　）しずかにすごせた冬をなつかしむ様子。

(2) 「菜の花や」の俳句について答えましょう。

① この俳句によまれているのは、一日のうちのいつごろの様子ですか。一つに○をつけましょう。

ア（　）早朝　イ（　）昼間　ウ（○）夕方

② この俳句には、対になっている言葉が二組あります。それぞれ漢字一字ずつで書きぬきましょう。

［月］と［日］　［東］と［西］　※順番はちがっていてもよい。

(3) 二つの俳句のきせつと同じ、春を感じる言葉を三つえらんで、○をつけましょう。

ア（○）さくら　イ（　）あめんぼ
ウ（　）入道雲　エ（○）流氷
オ（○）ひなまつり　カ（　）うちわ

3 「新米」とはその年にしゅうかくされたお米のことです。お米がしゅうかくされるのは秋なので、秋を表します。「白鳥」は、冬に飛んでくる鳥なので、冬を表します。

4 (1)① 「雪」だけだと、冬のきせつを表す言葉になってしまうので気をつけましょう。「雪とけて」、つまり、雪がとけるきせつになったということです。

② 作者が、雪がとけて、「村いっぱいの子ども」がよろこんで遊びに出ているのを見て、春が来たと感じていることを読み取ります。

(2)① かいせつ文に「太陽は、西にしずみかけています。」「月はもう、東の空に顔を出しています。」と書かれています。

② 「対」は、二つで一組になるものを言います。

(3) 「流氷」は、海水がこおったかたまりがとけ出して、われて、海面を流れていくものです。春のおとずれを表しています。

たしかめのテスト①

わすれられないおくりもの ～ 言葉の文化② きせつの言葉を集めよう

54～55ページ

おうちのかたへ

「わすれられないおくりもの」のように、物語はその内容と題名が深くつながっているものが多くあります。この物語になぜこの題名がつけられたのか、考えながら読み進めましょう。
また、ほかにはどんな物語の題名のつけ方があるか考えてみるのもよいでしょう。

文章を読んで、答えましょう。　思考・判断・表現

春が来て、外に出られるようになると、みんな、たがいに行き来しては、あなぐまの思い出を語り合いました。

もぐらは、はさみをつかうのが上手です。一まいの紙から、手をつないだもぐらが、切りぬけます。切りぬき方は、あなぐまが教えてくれたものでした。はじめのうち、なかなか、紙のもぐらはつながらず、ばらばらになってしまいました。でも、しまいに、しっかりと手をつないだもぐらのくさりが、切りぬけたのです。その時のうれしさは、今でも、わすれられない思い出です。

かえるはスケートがとくいです。スケートを、はじめてあなぐまに習った時のことを話しました。あなぐまは、かえるが一人でりっぱにすべれるようになるまで、ずっとやさしく、そばについていてくれたのです。

きつねは、子どものころあなぐまに教えてもらうまで、ネクタイがむすべなかったことを思い出しました。

「はばの広いほうを左に、せまいほうを右にして首にかけてごらん。それから、広いほうを右手でつかんで、せまいほうのまわりにくるりと、わを作る。わの後ろから前に、広いほうを通して、むすび目を、きゅっとしめるんだ。」

きつねは今、どんなむすび方だってできますし、自分で考え出したむすび方もあるんです。そして、いつも、とてもすてきにネクタイをむすんでいます。

うさぎのおくさんの料理上手は、村中に知れわたっていました。でも、さいしょに料理を教えてくれたのは、あなぐまでした。ずっと前、あなぐまは、うさぎにしょうがパンのやき方を教えてくれたのです。うさぎのおくさんは、はじめて料理を教えてもらった時のことを思い出すと、今でも、やきたてのしょうがパンのかおりが、ただよってくるようだと言いました。

みんなだれにも、なにかしら、あなぐまの思い出がありました。あなぐまは、一人一人に、わかれたあとでもたからものとなるような、ちえやくふうをのこしてくれたのです。みんなは、それで、たがいに助け合うこともできました。

スーザン＝バーレイ文／小川仁央やく「わすれられないおくりもの」より

よく出る

1 「みんな」とありますが、だれが出てきましたか。すべて書きぬきましょう。　完答15点

（もぐら）（かえる）
（きつね）（うさぎ（のおくさん））
※順番はちがっていてもよい。

2 「スケートがとくいです。」とありますが、この「とくい」と同じ意味の二字の言葉を文章から書きぬきましょう。　15点

上手

3 「村中に知れわたっていました。」とありますが、どのような意味ですか。一つに○をつけましょう。　15点

ア（　）村中のみんなに知らせてまわったということ。
イ（○）村中のみんながよく知っていたということ。
ウ（　）村中のだれにも知られていなかったということ。

4 「今でも、やきたてのしょうがパンのかおりが、ただよってくるようだ」とありますが、それはなぜですか。一つに○をつけましょう。　15点

ア（○）あなぐまから、さいしょに教えてもらったのが、しょうがパンのやき方だったから。
イ（　）あなぐまから、教えてもらったのは、しょうがパンのやき方だけだったから。
ウ（　）あなぐまのことを思い出すたびに、今でも、しょうがパンをやいているから。

すきなら スラリ

5 「あなぐまの思い出」とありますが、どのようなことがみんなの思い出になっているのですか。あてはまる言葉を文章から書きぬきましょう。　完答20点

あなぐまが、みんなにとって［たからもの］となるような、［ちえやくふう］を教えてくれたこと。

考えて書こう

6 「たがいに助け合うこともできました。」とありますが、みんなは、どのようにしてたがいに助け合ったのだと思いますか。あなぐまが、みんなにしてくれたことをさんこうにして、考えて書きましょう。　20点

〔れい〕あなぐまが教えてくれたちえやくふうを、ほかの人がこまっているときに役に立てるようにした。

1 あなぐまの思い出を語っているのはだれかを読み取りましょう。2だんらく、3だんらく、4だんらく、6だんらくのはじめに、それぞれ書かれています。

2 ここでの「とく意」は、「スケートが上手にすべれる」という意味で使われています。

3 「知れわたる」とは、たくさんの人に知られるという意味なので、イがあてはまります。

4 すぐ前に、「はじめて料理を教えてもらった時のことを思い出すと」とあることに注目しましょう。

5 すぐあとに「あなぐまは、一人一人に、わかれたあとでもたからものとなるような、ちえやくふうをのこしてくれた」とあります。そうした「ちえやくふう」を教わったことが、みんなの思い出になっています。

6 あなぐまがみんなに「ちえやくふう」を教えてくれたことをお手本にして、森のみんながどのように行動していったかを自由に考えて書きましょう。

〔れい2〕あなぐまから教えてもらったちえやくふうを、ほかの人にも教え合うことで助け合った。

たしかめのテスト② 56~57ページ
わすれられないおくりもの ～ 言葉の文化② きせつの言葉を集めよう

❶ ①「幸」は送りがなによって読み方が変わります。「幸い」と書かれている場合は「さいわい」と読み、「幸せ」と書かれている場合は「しあわせ」と読みます。

❷ ④「氷」の左上の点をわすれないように気をつけましょう。

❸ ①「名月」や「夜もすがら」という言葉から、夜の様子をよんだ俳句であることがわかります。

③「名月」とは秋を表す言葉です。「さくら」は春、「入道雲」は夏、「豆まき」は冬を表すので、ふさわしくありません。

❹「たねまき」は春に畑にたねをまくことなので、春の季語です。

「文化の日」は十一月三日の祝日なので、秋の季語です。

「だいこん」は冬がしゅんの野さいなので、冬の季語です。

「すごろく」は新年にする遊びの一つなので、新年の季語です。

❺ 俳句をよんで感じたことが書けていれば正かいです。

れい2 かえるをしずかに見ていることがわかるので、作者はやさしい目でかえるを見ていると思う。

じゅんび 58~59ページ
世界の人につたわるように／くらしと絵文字

❶ ②「立つ」は「たつ」と読みますが、「役立つ」の場合は「役」がつくことで読み方がへん化して、「やくだつ」と読みます。

❷ ②「界」の下の部分の形に気をつけましょう。

③「指名」とは、名ざしでだれかを指定するという意味です。

⑤「出港」とは、船が港から出発するという意味です。船が港に入ってくる場合は「入港」といいます。

❹ 文章の主語と目てきとなる言葉が入れかわると、じゅつ語がどのように変わるのか、考えましょう。

3分でワンポイント

だんらくのまとまりごとに、どのようなことが書かれているのかをたしかめましょう。

「くらしと絵文字（太田 幸夫）」では、絵文字の特長を三つあげています。それぞれどのような特長があるのかまとめましょう。

練習　60~61ページ

くらしと絵文字

◆ 文章を読んで、答えましょう。

絵文字はむかしからつかわれてきました。たとえば、お茶屋さんやかぎ屋さんは、木にほった茶つぼやかぎを、店先につるしました。道しるべには、方向をしめす指印がほりこまれました。絵文字は、時代をこえて多くの人々のくらしに役立ってきたのです。

げんざい、わたしたちの毎日のくらしの中には、たくさんの絵文字がつかわれています。車の運転席にすわると、ヘッドライトやワイパーの絵文字が目に入ります。どうろや、駅・空港などおおぜいの人々が集まる場所でも、電話やトイレなどのいろいろな絵文字を見ることができます。せんたくやアイロンかけの仕方など、いるいの取りあつかい方も絵文字によってわかります。

このように、たくさんの絵文字がつかわれているのは、なぜでしょうか。絵文字の特長から考えてみましょう。

絵文字の第一の特長は、その絵を見たしゅんかんに、その意味がわかることです。

㋒の絵文字は、テレビなどの天気よほうで、よく見るものです。わたしたちは、これを見たしゅんかんに、それぞれの地方の天気よほうを知ることができます。㋓の絵文字は、こわれやすい品物を送る箱にはってあるものです。「こわれやすい物なので、取りあつかいに注意してください。」という意味がわかりますね。

＊㋐の絵文字、㋓の絵文字はしょうりゃくします。

太田　幸夫「くらしと絵文字」より

❶「絵文字はむかしからつかわれてきました。」とありますが、どのようなところで、どのようにつかわれてきたのですか。文章から書きぬきましょう。

お茶屋さんやかぎ屋さんは、
（木にほった茶つぼやかぎ）
を、店先につるした。
道しるべには、
（方向をしめす指印）
がほりこまれた。

❷「げんざい、わたしたちの毎日のくらしの中には、たくさんの絵文字がつかわれています。」とありますが、次のようなところでは、どのような絵文字がつかわれていますか。文章から書きぬきましょう。

車の運転席
（ヘッドライトやワイパー）
どうろ・駅・空港
（電話やトイレ）
いるい
（せんたくやアイロンかけの仕方）

ヒント　それぞれの前後の部分に注意しよう。

❸「このように、たくさんの絵文字がつかわれているのは、なぜでしょうか。」とありますが、その理由を文章の言葉をつかって書きましょう。

（れい　絵文字は、その絵を見たしゅんかんに、その意味がわかるから。）

❹「こわれやすい品物を送る箱にはってある」とありますが、どのようなことをつたえているのですか。文章から書きぬきましょう。

（こわれやすい物なので、取りあつかいに注意してください。）

ヒント　あとの一文に注目しよう。

❶「お茶屋さんやかぎ屋さんは、～を、店先につるした」「道しるべには、～がほりこまれた」となります。「～」の部分をさがしましょう。

❷同じだんらくにつづけて書かれています。「車の運転席」「どうろ・駅・空港」「いるい」にどのような絵文字が使われているのかをたしかめましょう。

❸この問いかけに対して、「絵文字の特長」が説明されていることに注目しましょう。「特長」は「すぐれている点、よい点」という意味です。

❹すぐあとに「……という意味がわかりますね」と書かれていることに注目しましょう。この絵文字の表しているないようが説明されています。

たしかめのテスト①

62〜63ページ

世界の人につたわるように　くらしと絵文字

おうちのかたへ

説明文は段落ごとに内容をとらえ、前後の段落の関係に注意することが必要です。

続く段落で具体例を述べたり、理由を述べたりしていることがあります。

文章を読んで、答えましょう。　　思考・判断・表現

　絵文字の第三の特長は、その意味が言葉や年れいなどのちがいをこえてわかる、ということです。

　デパートや映画館などで、㋥のような絵文字を見たことがあるでしょう。この絵文字は、日本全国から集まった三千点をこえるデザインの中から、けむりの中での見え方の実験などを行って、えらばれたものです。この絵文字は、こくさい会議でも、いちばんよいとされました。「じしんや火事のときは、ここからにげなさい。」ということが、外国の人々にも、おさない子どもたちにもすぐわかります。言葉や年れいなどのちがう人でも、絵文字をつかえば、つたえたいことが同じようにわかるのです。

　絵文字の特長をこのように考えてくると、わたしたちのくらしの中で、絵文字がたくさんつかわれている理由がはっきりしてきます。

　これからのわたしたちのくらしは、外国との交流をぬきにしてはなり立ちません。おおぜいの人が海外を旅行したり、日本に来たりします。これまで以上にたくさんの品物やじょうほうも、世界中を行きかいます。絵文字は、さまざまな場面で、大切な役わりをはたすことになります。

　最近では、身のまわりのきかいに、上手で正しいつかい方を、絵文字でわかりやすくしめしているものがふえています。また、工場などのきけんな場所では、絵文字で安全や注意をよびかけるようになってきています。さらに、同じ意味には共通の絵文字のデザインをつかおうという、こくさい協力の動きも進んでいるのです。

※㋥の絵文字はしょうりゃくします。

太田　幸夫「くらしと絵文字」より

❶ 「言葉や年れいなどのちがいをこえてわかる」とありますが、具体的に、どのような人たちにわかるのですか。文章中の言葉を使って書きましょう。　15点

（れい 外国の人々や、おさない子どもたち。）

よく出る ❷ 「㋥のような絵文字」とありますが、これはどのようなことを表していますか。文章から書きぬきましょう。　15点

（じしんや火事のときは、ここからにげなさい。）

❸ 「こくさい会議でも、いちばんよいとされました。」とありますが、これはどのようなことを表していますか。一つに○をつけましょう。　10点

ア（　）こくさい会議の会場でよく使われたということ。
イ（　）日本でいちばんよいとみとめられたということ。
ウ（◯）世界の国から、よいとみとめられたということ。

❹ 「絵文字の特長」とありますが、それはどのようなことですか。文章の言葉を使って書きましょう。　15点

（れい 言葉や年れいなどのちがう人でも、絵文字を使えば、つたえたいことが同じようにわかること。）

❺ 「外国との交流」とありますが、これはどのようなことですか。あてはまるものには○、あてはまらないものには×をつけましょう。　完答15点

ア（◯）おおぜいの日本人が海外を旅行するようになる。
イ（◯）おおぜいの外国人が日本に来るようになる。
ウ（◯）品物やじょうほうが世界中を行きかう。
エ（×）絵文字が言葉よりも大切な役わりをはたす。

❻ 「最近では」とありますが、最近のことは、このだんらくにいくつ書かれていますか。漢数字で答えましょう。　10点

（三）つ

考えを書こう ❼ 「同じ意味には共通の絵文字のデザインをつかおう」とありますが、なぜ、そのようにするのがよいのですか。考えて書きましょう。　20点

〔れい 世界中の人が、言葉がちがっても、意味をりかいすることができるから。〕

---

❷❸ 「㋥のような絵文字」のすぐあとに「この絵文字は、……」と説明されています。「じしんや火事のときは、ここからにげなさい」ということが「外国の人々にも、おさない子どもたちにも」すぐわかるため、よいとされたのです。「こくさい」とは、「世界の国々にかん係していること」という意味です。

❹ 「絵文字の特長をこのように考えてくると」とあることに注目しましょう。絵文字の特長はこれより前に書かれていることがわかります。

❺ ア・イ・ウは同じだんらくにつづけて書かれていることと合っていますが、エの「絵文字が言葉よりも大切な役わりをはたす」ということは、文章には書かれていません。

❻ 「また」「さらに」という、ならべてのべている言葉に注目しましょう。

❼ 「すぐあとに「こくさい協力の動き」とあることに注目しましょう。世界中で同じ絵文字を使うと、どのようなよい点があるのかを考えて書いてあれば正かいとします。

れい2 言葉がちがう国にいても、絵文字で意味をりかいすることができるから。

たしかめのテスト② 64〜65ページ
世界の人につたわるように／くらしと絵文字

❶ ②「都」とは、「首都」という意味です。
⑩「入院」とは、けがや病気をなおすために病院に入るという意味です。けがや病気がなおって病院から出ることは「たい院」と言います。

❷ ③「市役所」とは、市長などの市ではたらく人がいるところのことです。「区」ではたらく人がいるところは「区役所」と書きます。
④「都合」とは、何かをするときのほかの物事とのかん係という意味です。「都合がよい」「都合がわるい」というように使います。

❸ 書きかえる前の文章の意味を、主語とじゅつ語に気をつけながら、よくかくにんしましょう。

❹ ①れい2 びじゅつ館のパンフレットを買う。
②れい2 空港でひこうきのしゃしんをとる。
③れい2 ほけん室で休む。
④れい2 父とスーパーに行く。

❺ それぞれの文章の主語とじゅつ語をとらえましょう。
①「生活には」「たくさんの」は「電気が 使われている」というないようをくわしくする言葉なので主語とじゅつ語ではありません。

じゅんび 66〜67ページ
わたしたちの絵文字／気持ちをつたえる話し方・聞き方／へんとつくり

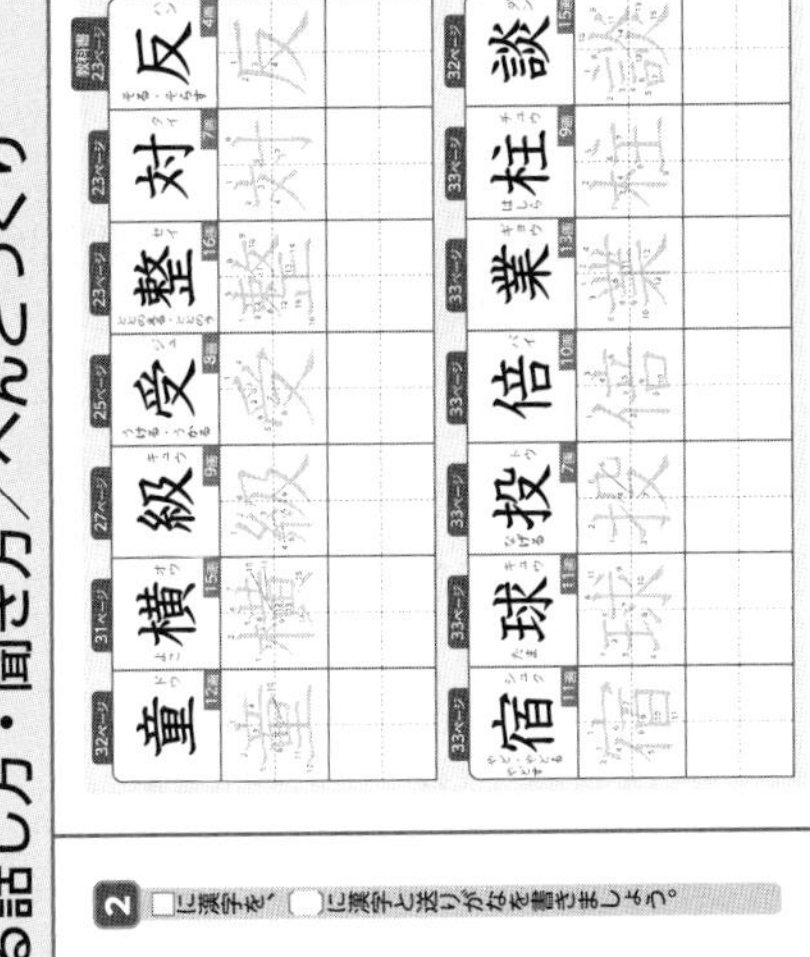
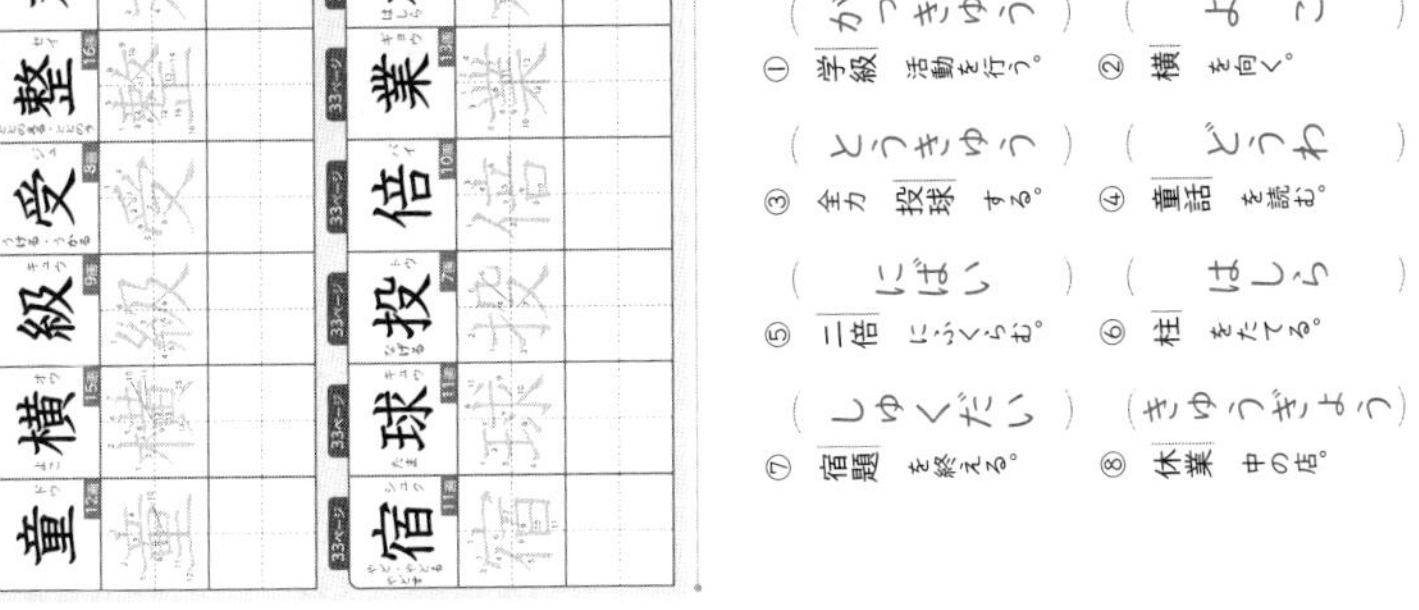

❶ ③「球」の訓読みは「たま」です。「投球」は「球を投げる」という意味です。
⑧「休業」とは、仕事や商売を休むことです。

❷ ⑧「放る」とは、投げるという意味です。「放」にはいろいろな送りがながあるので、書くときに気をつけましょう。
⑨「整える」を「整る」と書かないように気をつけましょう。

❹ この「つくり」や「へん」の名前は、部首の名前になります。
「言」（ごんべん）がある漢字は、言葉にかかわりのある意味を持っています。このように、へんは漢字の意味にかん係することもあります。

たしかめのテスト　68~69ページ
わたしたちの絵文字 ～ 漢字の広場④　へんとつくり

1 読みがなを書きましょう。（一つ2点〈20点〉）

① したくが整う。（ととの）
② サッカーの合宿。（がっしゅく）
③ 後ろに反る。（そ）
④ 受賞する。（じゅ）
⑤ 彼女は同級生だ。（どうきゅうせい）
⑥ 童心にかえる。（どうしん）
⑦ 会談をおこなう。（かいだん）
⑧ 三倍にふやす。（さんばい）
⑨ 鳥を放す。（はな）
⑩ 球をなげる。（たま）

2 □に漢字を、（　）に漢字と送りがなを書きましょう。（一つ3点〈30点〉）

① 柱を立てる。
② 工業地たい
③ 勉強にはげむ。
④ 道を横ぎる。
⑤ 投手になる。
⑥ 児童書を読む。
⑦ 学校の放送
⑧ 宿題をする。
⑨ 大学に（受かる）。
⑩ 体を（反らす）。

3 話し合いをするときの役わりについて、（　）にあてはまる言葉を□からえらんで、記号を書きましょう。（一つ2点〈8点〉）

司会
・話し合うないようをかくにんする。
・出た意見を①（ウ）したり、まとめたりする。

記録
・みんなの意見の②（ア）な部分を記録する。

発言者
・自分の意見を③（エ）話して伝える。
・みんなの意見を聞いて、理由といっしょに、④（イ）か反対かを言う。

ア 大切　イ さんせい　ウ 整理　エ わかりやすく　オ 進め

4 友達が話しやすい聞き方に○を、話しにくい聞き方に×をつけましょう。（一つ2点〈10点〉）

ア（×）話し手を見ず、下や横を向いて聞く。
イ（○）話し手の目を見て、うなずきながら聞く。
ウ（×）ほおづえをつきながら、話し手の目を見て聞く。
エ（×）話をとちゅうでさえぎって、自分の話をしはじめる。
オ（○）体の向きを話し手の方に向けて聞く。

5 次のカードを二まい組み合わせてできる漢字を二つ書きましょう。（一つ6点〈12点〉）

イ　且　力　木

（休）（助）
※順番はちがっていてもよい。

6 次の□に共通してあてはまる「へん」や「つくり」を□からえらんで、その名前を書きましょう。（一つ5点〈20点〉）

① □交　□喬　□主（きへん）
② □丁　□寺　□殳（てへん）
③ □十　□売　□周（ごんべん）
④ 彦□　豆□　是□（おおがい）

言　頁　木　扌

1 ②「合宿」とは、何人かの人が練習や勉強のために、一つの家や部屋にとまることです。

⑥「童心」とは、子どものような心という意味です。

⑦「会談」とは、会って話し合うことという意味です。

⑨「放す」とは、動物などを自由にさせるという意味です。

2 ②「業」の横線の数に気をつけて書きましょう。

⑩「反らす」とは反対の方向に弓なりに曲げるという意味です。

3 話し合うときの役わりで大事なことをたしかめましょう。

4 ア友だちの話を聞くときは、話し手の方を見ながら聞いた方がよいので、×になります。

ウほおづえをついていると、話を聞いていないように見えてしまうので、×になります。

6 「へん」は漢字の左、「つくり」は右にあります。

①「校・橋・柱」となります。
②「打・持・投」となります。
③「計・読・調」となります。
④「顔・頭・題」となります。

じゅんび　70~71ページ
モチモチの木

1 □に読みがなを書きましょう。

① 坂道をのぼる。（さかみち）
② 油絵を習う。（あぶらえ）
③ 歯医者に行く。（はいしゃ）
④ 体を起こす。（お）

2 □に漢字を、（　）に漢字と送りがなを書きましょう。

① ぞうの長い鼻
② 神様にいのる。
③ うでから血が出る。
④ 他の人に聞く。
⑤ よごれを（落とす）。
⑥ おにを（追う）。

3 正しい意味に○をつけましょう。

① ころびそうになり、きもをひやす。
ア（　）意外なことにあって、わくわくする。
イ（○）あぶないめにあって、ひやっとする。

② 手紙の返事をさいそくする。
ア（○）早くするようにいそがせること。
イ（　）ていねいに行うよう求めること。

③ 重たいにもつに歯を食いしばる。
ア（　）よゆうを持ってやりすごす。
イ（○）一生けんめいにがまんする。

④ 山のふもとの家に住む。
ア（○）山の下のほう。
イ（　）山の上のほう。

3分でワンポイント　豆太のへんかを読み取ろう。

★①～③の（　）に合う豆太の気持ちを□の中からえらんで、記号を書きましょう。

場面	気持ち	豆太の様子
1	①イ	五つにもなって、夜中に一人でせっちんにも行けない。
2		昼間はモチモチの木にいばったりするが、夜は一人ではしょんべんもできない。
3		モチモチの木に灯がともるのを見たいが、一人で見に出るのはぶるぶるだ。
4	③ア ← ②ウ	真夜中に、じさまが体を丸めてうなっている。外はこわかったけれど、じさまが死んでしまうほうが、もっとこわかったから、ふもとの医者様へなきなき走った。
5	うれしい	元気になったじさまが、豆太を「勇気のある子どもだったんだ」と言った。

ア ひっし　イ おくびょう　ウ びっくり

1 ②「油絵」とは、油絵具を使って、布などにかいた絵のことです。

③「歯医者」は「歯科医」ともいいます。

2 ⑥「追う」とは、先に進むものを追いかけるという意味です。

3分でワンポイント

「モチモチの木（斎藤 隆介）」は、五つの場面に分かれています。1・2・3では、豆太のおくびょうなすがたがえがかれています。

そして4で、そんなおくびょうな豆太が、じさまのために、勇気を出して医者様をよびに行くすがたがえがかれています。

それぞれの場面での豆太の行動や会話から、どのようなせいかくか読み取りましょう。

練習① 72〜73ページ

モチモチの木

文章を読んで、答えましょう。

全く、豆太ほどおくびょうなやつはいない。もう五つにもなったんだから、夜中に一人でせっちんぐらいに行けたっていい。

ところが、豆太は、せっちんは表にあるし、表には大きなモチモチの木がつっ立っていて、空いっぱいのかみの毛をバサバサとふるって、両手を「わあっ！」と上げるからって、夜中には、じさまについてってもらわないと、一人じゃしょうべんもできないのだ。

じさまは、ぐっすりねむっている真夜中に、豆太が、「じさまあ。」って、どんなに小さい声で言っても、「しょんべんか。」と、すぐ目をさましてくれる。いっしょにねている一まいしかないふとんを、ぬらされちまうよりいいからなあ。

それに、とうげのりょうし小屋に、自分とたった二人でくらしている豆太がかわいそうで、かわいかったからだろう。

けれど、豆太のおとうだって、くまと組みうちして、頭をぶっさかれて死んだほどのきも助だったし、じさまだって六十四の今、まだ青じしを追っかけて、きもをひやすような岩から岩へのとびうつりだって、みごとにやってのける。

それなのに、どうして豆太だけが、こんなにおくびょうなんだろうか――。

斎藤 隆介「モチモチの木」より

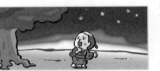

❶「豆太ほどおくびょうなやつはいない。」について、答えましょう。

① なぜ「おくびょう」だといえるのですか。文章から書きぬきましょう。

五つにもなったのに、［夜中］に［一人］で［せっちん］にも行けないから。

② 「おくびょう」とは反対の意味で使われている言葉を、文章から三字で書きぬきましょう。

［きも助］

❷「空いっぱいのかみの毛をバサバサとふるって、両手を『わあっ！』と上げる」とありますが、何のどのような様子をたとえていますか。一つに○をつけましょう。

ア（　）お化けがおどかしている様子。
イ（　）大きなくまがおそってくる様子。
ウ（○）木のえだが風にゆれている様子。

ヒント 前に何のことが書いてあるか注目しよう。

❸「すぐ目をさましてくれる。」とありますが、なぜじさまはそうしてくれるのですか。一つに○をつけましょう。

ア（　）一まいしかないふとんを豆太にぬらされてしまっては、はらが立つから。
イ（○）かわいい豆太が大きなモチモチの木をこわがっているのが、かわいそうだから。
ウ（　）豆太は自分とたった二人でくらしているので、いやでも起きるしかないから。

ヒント あとの二つの文と「じさま」の気持ちに注意しよう。

❹「それなのに、どうして豆太だけが」とありますが、だれの、どんなこととくらべているのですか。文章から書きぬきましょう。

豆太の［おとう］や［じさま］が［りょうし］として、あぶないことでもおそれずにする、勇気のある男であること。

練習② 74〜75ページ

モチモチの木

文章を読んで、答えましょう。

モチモチの木ってのはな、豆太がつけた名前だ。小屋のすぐ前に立っている、でっかいでっかい木だ。

秋になると、茶色い、ぴかぴか光った実をいっぱいふり落としてくれる。その実をじさまが木うすでついて、石うすでひいて、こなにする。こなにしたやつをもちにこね上げて、ふかして食べると、ほっぺたが落っこちるほどうまいんだ。

「やい、木い、モチモチの木い！実い、落とせえ！」

なんて、昼間は木の下に立って、かた足で足ぶみして、いばってさいそくしたりするくせに、夜になると、豆太は、もうだめなんだ。木がおこって、両手で、「お化けえ！」って、上からおどかすんだ。夜のモチモチの木は、そっちを見ただけで、もうしょんべんなんか出なくなっちまう。

じさまが、しゃがんだひざの中に豆太をかかえて、

「ああ、いい夜だ。星に手がとどきそうだ。おく山じゃあ、しかやくまめらが、鼻ぢょうちん出して、ねっこけてやがるべ。それ、しいいっ。」

って言ってくれなきゃ、とっても出やしない。しないでねると、あしたの朝、とこの中がこうずいになっちまうもんだから、じさまは、かならずそうしてくれるんだ。五つになって「しい」なんて、みっともないやなあ。

でも、豆太は、そうしなくっちゃだめなんだ。

斎藤 隆介「モチモチの木」より

❶「豆太がつけた名前だ。」とありますが、なぜこの名前をつけたのですか。一つに○をつけましょう。

ア（　）小屋の前に立っているでっかい木だから。
イ（　）ぴかぴか光った茶色い実をつけるから。
ウ（○）実をこなにして、もちをつくれるから。

❷「食べると、ほっぺたが落っこちるほどうまいんだ。」とありますが、食べるには、どのようにしますか。作業の順番になるように、番号を数字で書きましょう。

ア（2）石うすでひいてこなにする。
イ（4）ふかす。
ウ（1）実を木うすでつく。
エ（3）もちにこねあげる。

❸「いばってさいそくしたりする」とありますが、豆太はどのような気持ちからそうするのですか。一つに○をつけましょう。

ア（　）強いところを見せて、じさまを少しでも安心させたいという気持ち。
イ（○）木にいっぱい実を落とさせて、うまいもちをたくさん食べたいという気持ち。
ウ（　）夜中はこわくて何もできないから、せめて昼間だけでもいばりたいという気持ち。

ヒント 豆太がモチモチの木の実をどう思っているかに注目しよう。

❹「木がおこって、……おどかすんだ。」とありますが、このひょうげんについて合うもの一つに○をつけましょう。

ア（○）木を人間のようにたとえて書いている。
イ（　）木のこわさをお化けにたとえている。
ウ（　）木がおこっていることを強調している。

❺「じさまは、かならずそうしてくれる」とありますが、なぜそうしてくれるのですか。文章から書きぬきましょう。

豆太が［しょんべん］をしないでねると、［とこの中がこうずい］になってしまうから。

ヒント 理由は本文中に「〜から」という形で書かれているよ。

❻「みっともないやなあ。」とありますが、どのような意味ですか。一つに○をつけましょう。

ア（　）思い通りにならなくてはらが立つなあ。
イ（　）きたならしくて見たくないなあ。
ウ（○）かっこわるくてはずかしいなあ。

---

❶ ①――線に続けて、豆太がどれくらいおく病なのかを説明するないようとして、「もう五つにもなったんだから、夜中に一人でせっちんぐらいに行けたっていい」のに、「夜中には、じさまについてってもらわないと、一人じゃしょうべんもできない」ということが書かれています。

②おくびょうな豆太と反対のせいかくだったのは「おとう」です。おとうについて書かれたところに注目しましょう。

❷ これは、モチモチの木について言っていることです。

❸ ――線のすぐあとに、「いっしょにねている一まいしかないふとんを、ぬらされちまうよりいい」と書かれていますが、「ぬらされてしまっては、はらが立つ」ということは書かれていないので注意しましょう。続けて書かれている、「自分とたった二人でくらしている豆太がかわいそうで、かわいかったからだろう」という部分から、「じさま」の気持ちを読み取りましょう。

❹「それなのに」の前に書かれている部分から、「豆太のおとう」と「じさま」の勇かんさを読み取りましょう。

❶「モチモチ」という言葉は、じさまの作ってくれる「もち」からきています。

❷ 同じだんらくの7行目から11行目に書かれている、もちの作り方の順番に数字を書きましょう。

❸ 豆太はなぜ、モチモチの木の実に落ちてきてほしいのかを考えましょう。

❹「おこる」「おどかす」は、人間の行動です。木が、おこったりおどかしたりしていると、木を人間にたとえて表げんしています。

❺ ――線のすぐ前に「……になっちまうもんだから」と理由を表す言葉が書かれています。この前から理由をさがすと、「とこの中がこうずいになっちまうもんだから」とあります。これは豆太がおねしょをしてしまうということです。

❻ 豆太のおくびょうな様子についての言葉であることから考えましょう。

じゅんび 76~77ページ
「おすすめ図書カード」を作ろう／こそあど言葉

かきトリ 新しい漢字
係　農　湖　美

1 □に読みがなを書きましょう。

① そうじの係（かかり）になる。　② 農家（のうか）の話を聞く。
③ 湖（みずうみ）はきれいだ。　④ 美（うつく）しいかざり。
⑤ 新しい時計（とけい）。　⑥ 絵文字の意味（いみ）。

2 □に漢字を、□に漢字と送りがなを書きましょう。

① 美じゅつ品を見る。　② びわ湖は大きい。
③ 農業にかかわる。　④ 関係者
⑤ 図書館に行く。　⑥ 兄は医者だ。
⑦ 目次を調べる。　⑧ 感想をつたえる。
⑨ はりが北を指す。

おすすめ「図書カード」を作ろう

3 正しい意味に○をつけましょう。

① マンガをすいせんする。
ア（○）自分がよいと思うものを人にすすめること。
イ（　）自分のいいところを他の人にしょうかいしてもらうこと。

② 親に友だちをしょうかいする。
ア（　）知られていないものをだれかにおしえること。
イ（○）人の関係をとりもつこと。

4 「おすすめ図書カード」のおすすめポイントに書くとよいことを、□からえらんで文にあてはめましょう。

・おもしろいと思った（①ア）や言葉。
・心にのこった（②エ）の行動や言葉。
・会話や行動からわかる登場人物の（③イ）。
・（④ウ）のはじまりと終わりで、登場人物はかわったのか、かわらなかったのか。

ア 場面　イ せいかく　ウ 物語　エ 人物

5 □に合う言葉を、□から一つずつえらんで記号を書き入れ、「おすすめ図書カード」をかんせいさせましょう。

おすすめ図書カード
（① オ）中川 あおい
この本をおすすめします。
（② ア）『赤毛のアン』
（③ エ）モンゴメリ
（④ イ）南図書館
（⑤ ウ）
この物語の主人公・アンは、とても前向きで、みりょくてきな女の子です。…………

ア 本の題名　イ おいてある場所　ウ 感想　エ 書いた人　オ すいせん者

こそあど言葉

6 次の会話文の□に合う言葉を、□から一つずつえらんで、記号を書きましょう。

「（①イ）においたはずなのに、ぼくの本は（②エ）へいったんだろう。」
「（③ア）本なら、（④ウ）の部屋で見たよ。」

ア その　イ ここ　ウ あっち　エ どこ

じゅんび 78~79ページ
はっとしたことを詩に／ことわざ・慣用句

かきトリ 新しい漢字
詩　短　昔　筆　急　根

1 □に読みがなを書きましょう。

① 筆記（ひっき）用具　② 詩（し）を読む。
③ 昔（むかし）の電話。　④ 急行（きゅうこう）に乗る。

2 □に漢字を、□に漢字と送りがなを書きましょう。

① 短期間の休み。　② 筆で書く。
③ 根気のいる作業。　④ 昔話をする。
⑤ そでが短い。

はっとしたことを詩に

3 正しいつかい方に○をつけましょう。

① ア（　）大きな岩がころころ落ちてきた。
イ（○）おむすびがころころ転がった。
② ア（○）川にドボンととびこんだ。
イ（　）地面にドボンと着地した。

4 詩を書くのに大切なことについて、□に合う言葉を□からえらんで、記号を書きましょう。

・おどろきや感動などの（①ア）の動きがわかるように書く。
・書きたいものを、他のものに（②エ）。
・同じ言葉を（③オ）たり、言葉の組み合わせ方によって（④ウ）をよくしたりする。
・思わず読みたくなるような（⑤イ）をつける。

ア 心　イ 題名　ウ リズム
エ たとえる　オ くり返し

ことわざ・慣用句

5 次の文の――部に、慣用句がつかわれているほうに○をつけましょう。

① ア（　）てんじょうに手がとどくようになった。
イ（○）あと少し勉強すれば九十点に手がとどく。
② ア（○）姉は竹をわったようなせいかくです。
イ（　）その入れ物は竹をわったような形だ。
③ ア（○）死んだ犬のことを思うとむねがいたむ。
イ（　）つめたい空気をすうと、むねがいたむ。

6 次のことわざや慣用句の、正しい意味に○をつけましょう。

① 急がば回れ
ア（○）急ぐ時ほど回り道をした方が安全だ。
イ（　）急がない時は、回り道をしてもよい。
② 石の上にも三年
ア（○）つらいことも、じっとがまんしていれば、いつかはよいけっかが得られる。
イ（　）同じところでずっと待っているだけでは、よいけっかは得られない。
③ むねがおどる
ア（　）こわい目にあって、ひやひやする。
イ（○）うれしいことがあって、わくわくする。
④ 水をさす
ア（○）じゃまをして、うまくいかなくする。
イ（　）手助けして、うまくいくようにする。
⑤ 頭をひねる
ア（　）いろいろ考えて決める。
イ（○）いろいろ考えてくふうする。

1 ③「湖」とは、りくにかこまれた大きな水たまりのことです。池やぬまよりも大きなものを湖といいます。

2 ①「美」の横線の数に気をつけましょう。

②「びわ湖」は、滋賀県にある日本で一番大きな湖です。「びわ湖」のように「○○湖」と書く場合は、「みずうみ」ではなく「こ」と読むことが多いです。

4 本のどんなところをおすすめするとよいか、考えましょう。

5 カードに書かれているないようを見ながら、それぞれ何が書かれているのかを考えて、（　）をうめていきましょう。

6 話している人からのきょりを考えて「こそあど言葉」を入れましょう。近いじゅんに「こー」「そー」「あー」となります。

①話し手から近いときは「ここ」を使います。

②場所がわからないというときには「どこ」を使います。

④話し手と聞き手のどちらからも遠い場合は「あっち」を使います。

3 ①「ころころ」は、小さなものや丸いものが転がる様子を表します。

②「どぼん」は、何かが水にとびこむ様子を表します。

5 ①「手がとどく」は、目的をとげる力があるという意味の慣用句です。アの「てんじょうに手がとどくようになった」は、実さいに手がてんじょうにつくようになった、という意味ですから、慣用句ではありません。

②「竹をわったよう」は、さっぱりしたせいかくをたとえた慣用句です。イの「竹をわったような形」は、本当に竹をわったときの形を言っているので、慣用句ではありません。

③「むねがいたむ」は、悲しくつらい思いをしている様子を表します。イの「つめたい空気をすうと、むねがいたむ。」は、本当に体にいたみを感じているという意味なので、慣用句ではありません。

6 古くから使われていることわざや慣用句には、現代の言葉づかいとはちがう言葉づかいが入っているものが多くあります。おぼえまちがえないように気をつけましょう。

80〜81ページ

モチモチの木 〜 言葉の文化③ ことわざ・慣用句

おうちのかたへ
物語の文章で、問題になりやすいのは、人物の心情の移り変わりです。登場人物の行動や発言、その理由を、順番に整理しながら読み進めるとよいでしょう。

文章を読んで、答えましょう。　思考・判断・表現

そのモチモチの木に、今夜は灯がともるばんなんだそうだ。じさまが言った。

「しもつきの二十日のうしみつにゃあ、モチモチの木に灯がともる。起きてて見てみろ、そりゃあきれいだ。おらも、子どものころに見たことがある。死んだおまえのおとうも見たそうだ。山の神様のお祭りなんだ。それは、一人の子どもしか見ることはできねえ。それも勇気のある子どもだけだ。」

「……それじゃあ、おらは、とってもだめだ……。」

豆太は、ちっちゃい声で、なきそうに言った。だって、じさまも、おとうも見たんなら、自分も見たかったけど、こんな冬の真夜中に、モチモチの木を、それもたった一人で見に出るなんて、とんでもねえ話だ。ぶるぶるだ。

木のえだえだの細かいところにまで、みんな灯がともって、木が明るくぼうっとかがやいて、まるでそれは、ゆめみてえにきれいなんだそうだが、そして豆太は、「昼間だったら、見てえなあ……。」と、そっと思ったんだが、ぶるぶる、夜なんて考えただけでも、おしっこをもらしちまいそうだ……。

豆太は、はじめっからあきらめて、ふとんにもぐりこむと、じさまのたばこくさいむねん中に鼻をおしつけて、よいの口からねてしまった。

斎藤隆介「モチモチの木」より

1 よく出る 「モチモチの木に灯がともる。」について、答えましょう。　15点
① モチモチの木に灯がともるのは、何があるからですか。文章から書きぬきましょう。
山の神様のお祭り
② モチモチの木に灯がともっているのを見ることができるのはどんな人ですか。文章から書きぬきましょう。　完答15点
勇気のある一人の子ども

2 「それじゃあ、おらは、とってもだめだ」とありますが、この「とっても」と同じ意味で使われているのはどれですか。一つに○をつけましょう。　10点
ア（○）明日までになんてとっても間に合わないよ。

イ（　）今夜はお月様がとってもきれいだ。

ウ（　）あなたにとってもわるい話じゃないよ。

3 「とんでもねえ話だ。」とありますが、豆太のどんな気持ちを表していますか。一つに○をつけましょう。　10点
ア（　）いけないことだと思っている。

イ（　）しんじられないと思っている。

ウ（○）こわくてとてもできないと思っている。

4 よく出る 「ぶるぶる」という言葉が二か所ありますが、これは豆太のどんな様子ですか。一つに○をつけましょう。　10点
ア（　）寒くてこごえている様子。

イ（○）こわくてふるえている様子。

ウ（　）とてもおこっている様子。

5 「昼間だったら、見てえなあ」とありますが、なぜ昼間なら見たいのですか。書きましょう。　20点
れい 昼間なら、モチモチの木がこわくないから。

6 「よいの口からねてしまった。」とありますが、豆太はどんな気持ちになって、ねてしまったのだと思いますか。考えて書きましょう。「よいの口」は、日がくれてまだまもないときのことです。　20点
れい 自分はおくびょうなので、起きていても山の神様のお祭りを見ることはできないと、あきらめる気持ち。

1 同じ「じさま」の言葉の中で、この出来事について、「山の神様のお祭り」「一人の子どもしか見ることはできねえ。それも勇気のある子どもだけだ」と説明しています。

2 「とってもだめだ」の「とっても」は、「ぜったいに、とうてい」という意味で使われています。

3 何が「とんでもねえ話」なのかを考えましょう。すぐ前に「こんな冬の真夜中に、モチモチの木を、それもたった一人で見に出るなんて」とあります。豆太が夜のモチモチの木についてどう思っているのかを考えましょう。

4 「ぶるぶる」とは、体がふるえる様子を表す言葉です。――線の前後の文章から、豆太は夜のモチモチの木がこわくてふるえていることがわかります。

5 32行目に「夜なんて考えただけでも、おしっこをもらしちまいそうだ……。」とあることから、豆太は、夜のモチモチの木をこわがっていることがわかります。

6 「よいの口」は、夜のまだ早い時間のことです。「山の神様のお祭り」がある晩なのに、なぜ豆太は早くにねてしまったのかを考えましょう。すぐ前に「はじめっからあきらめて」とあるのもヒントにして書きましょう。
れい2 じさまやおとうとはちがっておくびょうな自分では、起きていてもモチモチの木の灯を見ることはできないと、あきらめた気持ち。

たしかめのテスト② 82~83ページ
モチモチの木 ~ 言葉の文化③ ことわざ・慣用句

1 読みがなを書きましょう。（一つ2点(20点)）

① (しゅっけつ) 出血する。 ② (きりつ) 起立する。
③ (いそ) 急いで帰る。 ④ (たにん) 赤の他人。
⑤ (はな) 目と鼻の先。 ⑥ (ね) 木の根。
⑦ (せきゆ) 石油ストーブ ⑧ (いがく) 医学の道を進む。
⑨ (らくせき) 落石に注意。 ⑩ (しんわ) 日本の神話。

2 □に漢字を、( )に漢字と送りがなを書きましょう。（一つ2点(20点)）

① [白][銀]の世界。 ② [両][方]の手。
③ 悪人の[追][放]。 ④ 物が[落]ちる。
⑤ [神][社]に行く。 ⑥ [歯][科]医院
⑦ [時][計]を買う。 ⑧ 六時に[起]きる。
⑨ (短い)糸。 ⑩ (美しい)港。

3 「おすすめ図書カード」について、あてはまらないもの一つに×をつけましょう。（4点）

ア( )カードを作る人は、その本のいちばんおすすめしたい場面をすすめる。
イ(×)登場人物については、カードにとくに書かなくてもよい。
ウ( )本を読んだ人は、よかったところや気に入ったところを伝える。

4 表の空いているところに、あてはまる「こそあど言葉」を書きましょう。（一つ2点(20点)）

これ	①(それ)	あれ	どれ
こちら	②(そちら)	あちら	③(どちら)
ここ	そこ	④(あそこ)	⑤(どこ)
⑥(この)	⑦(その)	あの	どの
⑧(こう)	そう	⑨(ああ)	⑩(どう)

5 心が動いたことを詩に書くとき、( )にあてはまる言葉を□から選んで書きましょう。（一つ2点(6点)）

(題名)をくふうし、書きたいものを何かにたとえたり、(同じ言葉)をくり返したりする。言葉の(リズム)に気をつけ、心の動きがつたわるように書く。

リズム　同じ言葉　題名

6 次のことわざとにた意味のことわざを、□から一つずつえらんで、記号を書きましょう。（一つ4点(20点)）

① ねこにこばん (エ)
② ちょうちんにつりがね (ア)
③ のれんにうでおし (ウ)
④ なきっつらにはち (オ)
⑤ 転ばぬ先のつえ (イ)

ア 月とすっぽん　イ 石橋をたたいてわたる
ウ ぬかにくぎ　エ ぶたにしんじゅ
オ 弱り目にたたり目

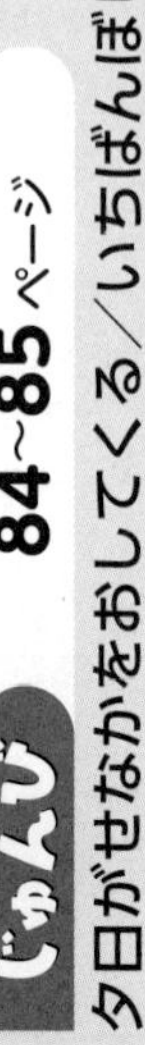

じゅんび 84~85ページ
夕日がせなかをおしてくる／いちばんぼし

1 詩を読んで、答えましょう。

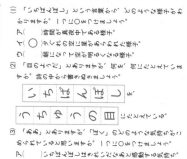

いちばんぼし　まど・みちお

いちばんぼしが　でた
うちゅうの
目のようだ

ああ
うちゅうが
ぼくを　みている

(1) 「いちばんぼし」という言葉から、どのような様子がわかりますか。一つに○をつけましょう。
ア( )時間が真夜中である様子。
イ(○)夕ぐれの空に星があらわれた様子。
ウ( )朝になって空が明るくなる様子。

(2) 「目のようだ」とありますが、何を、何にたとえていますか。詩の中から書きぬきましょう。
[いちばんぼし]を、[うちゅうの目]にたとえている。

(3) 「ああ」とありますが、「ぼく」のどのような気持ちがこめられていると思いますか。一つに○をつけましょう。
ア( )いちばんぼしはきれいだなあと感動する気持ち。
イ( )うちゅうを見ていると悲しくなるという気持ち。
ウ(○)うちゅうに見られていると気づいたおどろきの気持ち。

いつもは「ぼく」がほしを見ていることから考えよう。

2 詩を読んで、答えましょう。

夕日がせなかをおしてくる　阪田 寛夫

夕日がせなかをおしてくる
まっかなうででおしてくる
歩くぼくらのうしろから
でっかい声でよびかける
さよなら　さよなら
さよなら　きみたち
ばんごはんがまってるぞ
あしたの朝ねすごすな

夕日がせなかをおしてくる
そんなにおすなあわてるな
ぐるりふりむき太陽に
ぼくらも負けずどなるんだ
さよなら　さよなら
さよなら　太陽
ばんごはんがまってるぞ
あしたの朝ねすごすな

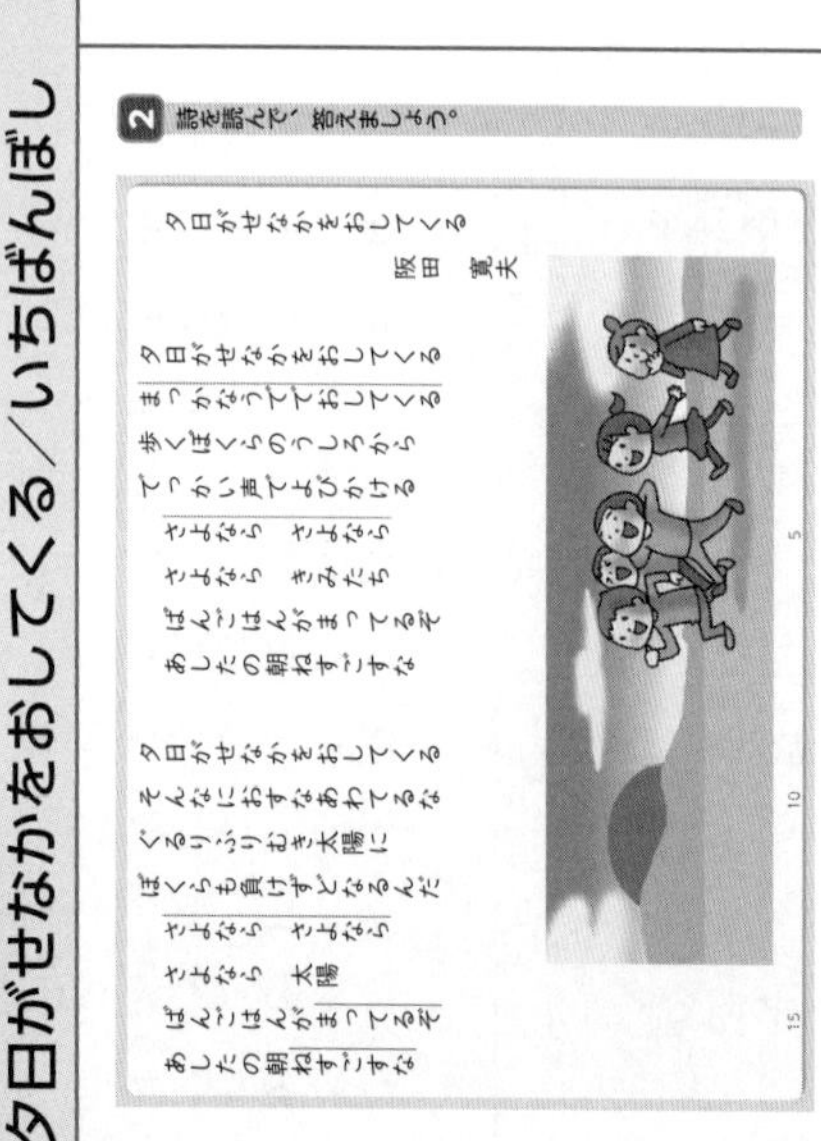

(1) この詩は、いつの時間の出来事ですか。一つに○をつけましょう。
ア( )朝方　イ( )昼間　ウ(○)夕方

(2) 「まっかなうででおしてくる」とは、どんな様子を表していますか。一つに○をつけましょう。
ア( )夕日が太いうででおしてくる様子。
イ(○)まっかな夕日の光がてらしている様子。
ウ( )赤い夕日がしずんでいく様子。

(3) この詩に書かれている様子として合っているものはどれですか。一つに○をつけましょう。
ア(○)遊びを終えて、家に帰る子どもたちの様子。
イ( )いつまでも友達と遊ぶ子どもたちの様子。
ウ( )家の中で友達と遊ぶ子どもたちの様子。

(4) 二つの「さよなら　さよなら」は、だれの言葉ですか。
・第一連(夕日)・第二連(ぼくら)

(5) 第二連の「まってるぞ」「ねすごすな」から、だれのどのような気持ちがわかりますか。
(れい ぼくら)が(夕日に親しみ)を持っている気持ち。

---

❶ ⑤「目と鼻の先」とは、二つのものの間がとても近いことのたとえです。

❹ 物を指す場合、人を指す場合、場所を指す場合など、何を指すかによって、用いる「こそあど言葉」はちがいます。使い分けられるように練習しましょう。

❺ 詩を書くときに、どのようなくふうをするとよいか考えて、( )をうめていきましょう。

❻ ①貴重な物でも、持つ人によっては何の役にも立たないということです。
②つり合わないもののたとえです。
③手ごたえのないことのたとえです。
④不運にまた不運が重なることです。「つら」は顔のことです。
⑤用心の上にも用心する様子のたとえです。

1 (1)「いちばんぼし」とは、夕ぐれの空に一番はじめに出る星のことです。
(2)「いちばんぼしが でた」ことに対して、「うちゅうの／目のようだ」といっています。
(3)「ああ」のあとの、「うちゅうが／ぼくを みている」という言葉から考えましょう。この「ああ」は、「ああ、そうなんだ、うちゅう（いちばんぼし）がぼくを見ているんだ」と発見したおどろき、よろこびの言葉です。

2 (2)「まっかなうで」は夕日のまっかな光のたとえです。
(3)夕日にてらされているのですから外で遊んでいたことが読み取れます。また、「さよなら」「ばんごはんがまってる」からは、家に帰るとばんごはんができているころだと想ぞうしながら、友達とわかれるところだということがわかります。
(4)第一連では、「ぼくらのうしろから」「よびかける」とあるので、夕日が「ぼくら」にさよならとよびかけたのだとわかります。第二連では、「ぼくらも負けずどなるんだ」とあります。
(5)「さよなら　太陽」「ばんごはんがまってるぞ」「あしたの朝ねすごすな」から、「ぼくら」の「夕日（太陽）」に対する気持ちを考えます。「夕日（太陽）に親しみ」のほかに「夕日（太陽）にあいじょう」なども正かいです。

じゅんび　86~87ページ
ちいきの行事

じゅんび　88~89ページ
文の組み立て／漢字の組み立て

1 ①「七夕」は特別に「たなばた」と読みます。七月七日のお祭りのことです。

②「今年」は特別に「ことし」と読みます。今げんざいの年という意味です。

3 ②「フェスタ」とは祭りという意味で、外国語から日本語になった言葉です。

③「のうりょう」は、「のうりょうぼんおどり」のように、夏によく使われる言葉です。

4 (1)発表計画表と発表のないようから、あてはまることを読み取りましょう。Aが「空っ風たこあげ大会」という名前について発表しています。

(2)［発表計画表］の「話すないよう」と「話す人」のらんをたしかめましょう。

(3)発表を聞くときは、聞いたないようの大事なところをメモに取りながら聞くので、イは×になります。

インタビューの動画を流すと、インタビューした人の思いが伝えやすいので、ウは×になります。

1 ③「めい宮」とは、出口がわからなくてまようようにつくられたたて物のことです。

4 じゅつ語の形に注目して文の形を見分けましょう。

①「なかった」は「ない」にあたります。

②「まく」は「どうする」にあたります。

③「ぼうしだった」は「なんだ」にあたります。

④「美しい」は「どんなだ」にあたります。

5 ①文を組み立てると「妹が花に水をやる。」となります。

②文を組み立てると「母が父のズボンにアイロンをかける。」となります。

6 「れい」は「きへん」と組み合わせると「林・校」になります。

①「くさかんむり」と組み合わせると、「草・薬」となります。

②「こころ」と組み合わせると、「意・思」となります。

③「しんにょう」と組み合わせると、「道・返」となります。

たしかめのテスト　90~91ページ

ちいきの行事 ～ 漢字の広場⑤　漢字の組み立て

1 読みがなを書きましょう。　一つ2点(20点)

① 海につき出た 半島。(はんとう)　② 長い 行列。(ぎょうれつ)
③ きそくを 定める。(さだ)　④ 七夕 祭り(たなばた)
⑤ ペンを 使用 する。(しよう)　⑥ 案の 定。(じょう)
⑦ 今年 の運動会。(ことし)　⑧ 汽笛 を鳴らす。(きてき)
⑨ ゲームを 開始 する。(かいし)　⑩ 当番を 決 める。(き)

2 □に漢字を、( )に漢字と送りがなを書きましょう。　一つ3点(30点)

① 日記帳　② 気温が 安定 する。
③ 遠くに見える 島。　④ 竹の 笛 をふく。
⑤ 日時の 決定。　⑥ 王様の 宮 でん。
⑦ ゆうびん 局　⑧ 色えんぴつを 使う。
⑨ はんだんを (委ねる)。　⑩ 練習を (始める)。

3 調べたことを発表するときに大切なことについて、( )に合う言葉を□から一つずつえらんで、記号を書きましょう。　一つ2点(10点)

・聞く人がわかりやすいように、話の①(ウ)を考えておく。
・話さないように合わせて写真などの②(オ)を見せる。
・調べたことからわかったことと、感想は③(エ)話す。
・話すときの④(ア)や言葉⑤(カ)に気をつける。

ア 速さ　イ えがお　ウ じゅんじょ　エ 分けて　オ しりょう　カ づかい

4 次の部分の名前を( )にひらがなで書き、その部分をもつ漢字を二つずつ書きましょう。　完答一つ5点(15点)

① 宀 (うかんむり)　れい 寒　家
② 辶 (しんにょう)　れい 近　道
③ 心 (こころ)　れい 思　意

5 ( )に合う言葉を□からえらんで、記号を書きましょう。　一つ1点(15点)

れい 今日の(ウ) 天気は(ア) 晴れだ。(イ)
① 外では(ウ) 雪が(ア) ふっている。(イ)
② 弟は(ア) 友達と(ウ) 公園へ(ウ) 出かけた。(イ)
③ ボールを(ウ) 打つ(ウ) すがたが(ア) かっこいい。(イ)
④ 屋根の(ウ) 上に(ウ) ねこが(ア) いる。(イ)

ア 主語　イ じゅつ語　ウ しゅうしょく語

6 次の漢字の部分に共通して組み合わせると、べつの漢字になる部分の名前を、ひらがなで書きましょう。　一つ5点(10点)

① 化・古・早 (くさかんむり)
② 車・占・ム (まだれ)

1 ⑧「汽笛」とは、きかん車や船などの、じょう気で動くきかいに取りつけられた、じょう気で音を出す笛のことです。

2 ⑥「宮でん」とは、王様が住むたて物のことです。

3 調べたことを発表するときに、どのようなことに気をつければよいかたしかめましょう。

4 「れい」の漢字以外にもさがしてみましょう。

① れい2 安・宿・宮　など
② れい2 遠・週・通　など
③ れい2 感・急・悲　など

6 ①「くさかんむり」と組み合わせると、「花・苦・草」となります。
②「まだれ」と組み合わせると、「庫・店・広」となります。

おうちのかたへ

文を理解するうえで、文の構造をとらえることはとても大切です。
まず、主語と述語をおさえましょう。修飾語はどの言葉を修飾しているのかわかりにくいものもあります。練習が必要です。

じゅんび　92~93ページ

川をつなぐちえ／十二支と月のよび名

1 □に読みがなを書きましょう。

① 羊 の毛をかる。(ひつじ)　② まな 板 をあらう。(いた)
③ 九州 の温せん地。(きゅうしゅう)　④ まっすぐな 鉄路。(てつろ)

2 □に漢字を書きましょう。

① 荷物 を運ぶ。　② さいたま 県
③ 黒板 を消す。　④ 期待 にこたえる。
⑤ 二階 の部屋。　⑥ 羊毛 のセーター。

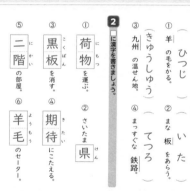

3分でワンポイント　川をつなぐためのちえについて整理しよう。

★①～③の( )に合う言葉を□の中からえらんで記号を書きましょう。

	船をいどうさせる方法
一の関	芝川に入った船を①(イ)が引っぱって、一の関を通る。一の関で見沼代用水から流れてきた水をせき止めて、②(ア)を高くする。
二の関	②が二の関と同じ高さになったら①が引っぱって二の関を通る。二の関のかべをとじ見沼代用水から流れてきた水をせき止めて②を高くする。
まとめ	③(ウ)のようにひくいところから高いところへ重い荷物をつんだ船をいどうさせる。

ア 水面　イ 人　ウ エレベーター

3 教科書97ページを見ながら、月のべつの名前の読み方を、□にひらがなで書きましょう。

	べつの名前	読み方
一月	睦月	むつき
二月	如月	①(きさらぎ)
三月	弥生	②(やよい)
四月	卯月	うづき
五月	皐月	③(さつき)
六月	水無月	④(みなづき)
七月	文月	ふづき・ふみづき
八月	葉月	⑤(はづき)
九月	長月	ながつき
十月	神無月	かんなづき・かみなづき
十一月	霜月	しもつき
十二月	師走	⑥(しわす)

1 ④「鉄路」とは、鉄道の線路のことです。

2 ⑥「羊毛」とは、羊の毛のことです。糸や布に加工され、おもに服のざいりょうとして使われます。

3 日本には昔から、漢数字を使った表し方とはべつの「月のよび名」がありました。日本語の豊かさがわかります。
あまり聞きなれない言い方ですが、三月の「やよい」や十二月の「しわす」は、耳にしたこともあるでしょう。教科書97ページでたしかめましょう。

3分でワンポイント

「川をつなぐちえ」の中で見沼通船堀で船が川をわたる方法について、それぞれのだん落でどのように説明されているかをたしかめましょう。この文章では、図や写真を使い、川をわたる方法をだんらくごとに分けてじゅんに説明しています。

練習 94~95ページ

川をつなぐちえ

文章を読んで、答えましょう。

人々は、川と川を「水路」でつなぎ、船で行けるところを広げてきました。トラックも電車もなかったころ、一度に多くの荷物を遠くまで運ぶことができるのは、船だけでした。船が通る川は、今の道路や線路のような役わりをはたしてきたのです。

しかし、高いところを流れる川と、ひくいところを流れる川を水路でつなぐと大変です。重い荷物をつんだ船を、多くの人が時間をかけてこいだり、引っぱったりしなければならないからです。

では、こうした水路を通るために、人々は、どのようなちえを用いてきたのでしょうか。

埼玉県さいたま市にある「見沼通船堀」は、今からおよそ三百年前につくられた全長千メートルほどの水路です（図1）。芝川と、その東西を流れる見沼代用水との間をつないでいます。

ところが、まん中を流れる芝川のほうが、見沼代用水より三メートルぐらいひくいところを流れています。

そこで、当時の人々が考えたのが、この課題を、いくつかに分けてかいけつする方法でした。

＊図1はしょうりゃくします。

「川をつなぐちえ」より

❶「今の道路や線路のような役わり」とありますが、どのような役わりですか。文章から十五字で書きぬきましょう。

一度に多くの荷物を遠くまで運ぶ役わり。

❷「大変です。」とありますが、なぜですか。文章から書きぬきましょう。

重い荷物をつんだ船を、人が時間をかけてこいだり、引っぱったりしなければならないから。

ヒント ——線の後に注目しよう。

❸「こうした水路」とありますが、どのような水路ですか。文章から書きぬきましょう。

高いところを流れる川と、ひくいところを流れる川をつないだ水路。

❹「見沼通船堀」はどこにありますか。文章から書きぬきましょう。

さいたま市にあり、芝川と、見沼代用水をつないでいる。

❺ 見沼代用水はどこを流れていますか。一つに○をつけましょう。

ア（　）芝川をはさんで南北を流れている。
イ（◯）芝川から三メートルくらい高いところを流れている。
ウ（　）芝川と見沼通船堀をむすんで流れている。

❻「当時」とありますが、いつのことですか。文章から十字で書きぬきましょう。

今からおよそ三百年前

❶ ——線は水路の役わりについてのべています。——線の前のだん落をたしかめると、「トラックも電車もなかったころ、……」につづいて書かれています。

❷ ——線の後に注目しましょう。「……からです。」という形で理由が書かれています。

❸「こうした」のようなこそあど言葉のないようは、その部分よりも前に書かれています。——線よりも前をたしかめると、7行目から9行目にかけて「こうした」のないようが書かれています。

❹ 18行目に「見沼通船堀」のある場所が書かれています。

❺ 20行目に「芝川と、その東西を流れる見沼代用水との間をつないでいます。」とあるので、アの「南北を流れている」はあてはまりません。

芝川と見沼代用水を「見沼通船堀」がつないでいるので、ウはあてはまりません。

❻「当時」とは、かこのその時、そのころという意味です。

18行目に『見沼通船堀』は、今からおよそ三百年前につくられた」とあるので、この「当時」は「今からおよそ三百年」であることがわかります。

たしかめのテスト①　96〜97ページ

川をつなぐちえ
言葉の文化④　十二支と月のよび名

おうちのかたへ

図や写真を使用した説明文では、文章と図や写真との結び付きに注意して読み取りましょう。

どのようなことを説明するために図や写真が使われているのか、ということに着目しながら読み取るようにしましょう。

文章を読んで、答えましょう。　思考・判断・表現

一つの「関(せき)」に水がたまるには、五十分ぐらいかかります。一そうの船が水路をつうかするには、二時間ほどかかったといわれています。

「見沼通船堀(みぬまつうせんぼり)」によって、多くの船が江戸(えど)（今の東京(とうきょう)）と行き来できるようになったそうです。

このように、高さのちがう川をつなぐ水路は、いくつかにくぎって、まるでエレベーターのように、ひくいところから少しずつ高いところへ船をいどうさせることで、重い荷物をつんだ船でも通ることがかのうになったのです。

パナマ運河(が)──二つの海をつなぐちえ

この「見沼通船堀」と同じちえは、もっと大きな水路にも用いられています。

一九一四年にかんせいしたパナマ運河は、太平洋(たいへいよう)と大西洋(たいせいよう)をつなぐ大きな運河です。海面から二十六メートル高い運河（七階だてのビルと同じくらいの高さ）まで、同じ仕組みで船を上げています。

パナマ運河ができる前は、船は太平洋と大西洋の間を行き来するのに、図3の矢印(じるし)㋐のように遠回りをしなければなりませんでした。しかし、パナマ運河ができたことにより、矢印㋑のように近道をして、二つの海の間をいどうできるようになりました。

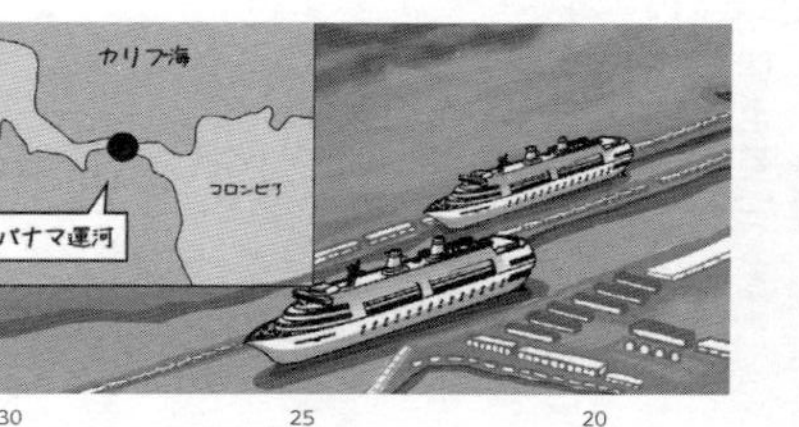

＊図3はしょうりゃくします。

「川をつなぐちえ」より

1 「見沼通船堀」とはどのような仕組みですか。文章から書きぬきましょう。　一つ5点（10点）

水路をいくつかに［くぎって］、ひくいところから少しずつ［高いところ］へ船をいどうさせる仕組み。

2 よく出る 「多くの船が江戸（今の東京）と行き来できるようになった」とありますが、船が行き来するのは何のためですか。文章から二字で書きぬきましょう。　5点

［荷物］を運ぶため。

3 「高さのちがう川をつなぐ水路」とありますが、このような水路として文章中にあげられているものを、二つ書きぬきましょう。　一つ10点（20点）

［見沼通船堀］
［パナマ運河］
※順(じゅん)番はちがっていてもよい。

4 「船をいどうさせる」とありますが、「船のいどう」を何にたとえていますか。文章から六字で書きぬきましょう。　10点

［エレベーター］

5 「もっと大きな水路」とは何のことですか。文章から書きぬきましょう。　一つ10点（40点）

これは、［一九一四年］にかんせいした、［パナマ運河］のことで［太平洋と大西洋］をつないでいる。
これのおかげで、二つの海の間を［近道］をしていどうできるようになった。

6 考えて書こう 「見沼通船堀」やパナマ運河に用いられている「ちえ」について、どう思いますか。考えて書きましょう。　15点

（れい）三百年も前の人のちえが、今のわたしたちの生活をべんりにしているのにおどろいた。

---

2 13行目に、「重い荷物をつんだ船でも通ることがかのうになったのです。」とあることから、「見沼通船堀(みぬまつうせんぼり)」は荷物を運ぶ船を行き来させるためにあったことがわかります。

3 25行目に、パナマ運河(が)は「海面から二十六メートル高い運河（七階だてのビルと同じくらいの高さ）まで」船をいどうさせていると書かれていることから、一つは「パナマ運河」であることがわかります。
そして、19行目に「見沼通船堀」と「パナマ運河」は同じとあるのでもう一つは「見沼通船堀」であることがわかります。

4 「見沼通船堀」について、10行目で「まるでエレベーターのように」と書いています。

5 ──線の後の22行目から29行目で、「もっと大きな水路」についてくわしく説明(せつ)されています。あてはまる言葉をぬき出しましょう。

6 「見沼通船堀」の仕組みは、今から三百年も前の人たちによって考え出されました。また、同じ仕組みは今の「パナマ運河」でも使われています。
この二つのことから考えて書くとよいでしょう。
（れい2）三百年も前からある「ちえ」が、今のパナマ運河でも使われており、今の世界のいどうもべんりにしていることがすごいと思った。

1 ③「本州」とは、日本で一番大きな島のことです。東京都や大阪府なども本州にあります。

⑦「家路」は「自分の家に帰る道」です。「家路につく」というように使います。

2 ③「全長」とは、物の全体の長さという意味です。

4 ②「どんどん」はいきおいよく進む様子です。

③「だんだん」は少しずつ進む様子です。

④今月と来月をくらべています。

5 「まず」は「はじめに」という意味なので①にきます。「さらに」は「そのうえに」という意味ですから、「次に」のあとにきます。

6 十二支の動物を表す漢字には、ふだん使われない字もあります。わからない場合は、教科書96ページをたしかめましょう。

---

2 ③「ぶどう酒」とは、ぶどうでつくられたお酒のことです。

④「族」と「旅」をまちがえないように気をつけましょう。

3 ②「ほっとする」とは、安心して息をはき出す様子を表します。

4 ①「天地」「左右」は、反対の意味になる漢字の組み合わせです。

②「岩石」「道路」は、にた意味の漢字の組み合わせです。

③「青空」は「青い空」、「美人」は「美しい人」と、それぞれ上の漢字が下の漢字をくわしくしています。

5 5行目の「なった」はていねいな形ではないので、「なりました」というていねいな形に直します。

6行目の「きた」も「きました」という形に直します。

8行目の「行く」も「行きます」という形に直します。

たしかめのテスト② 98~99ページ 川をつなぐちえ ～ 言葉の文化④ 十二支と月のよび名

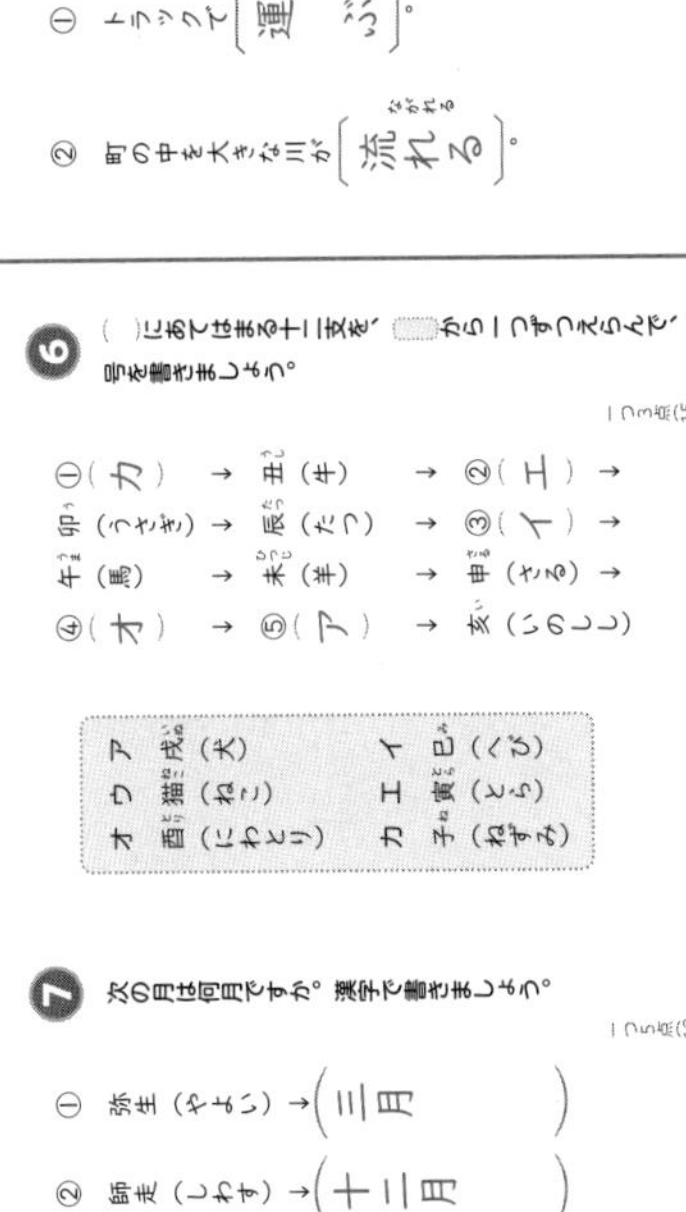

じゅんび 100~101ページ 強く心にのこっていることを／二つの漢字の組み合わせ

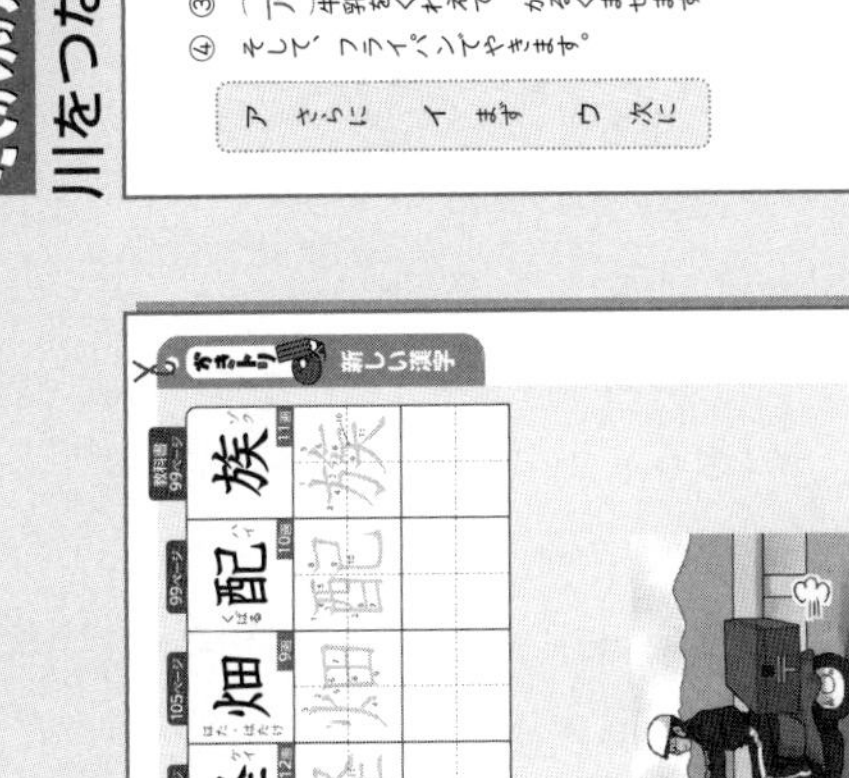

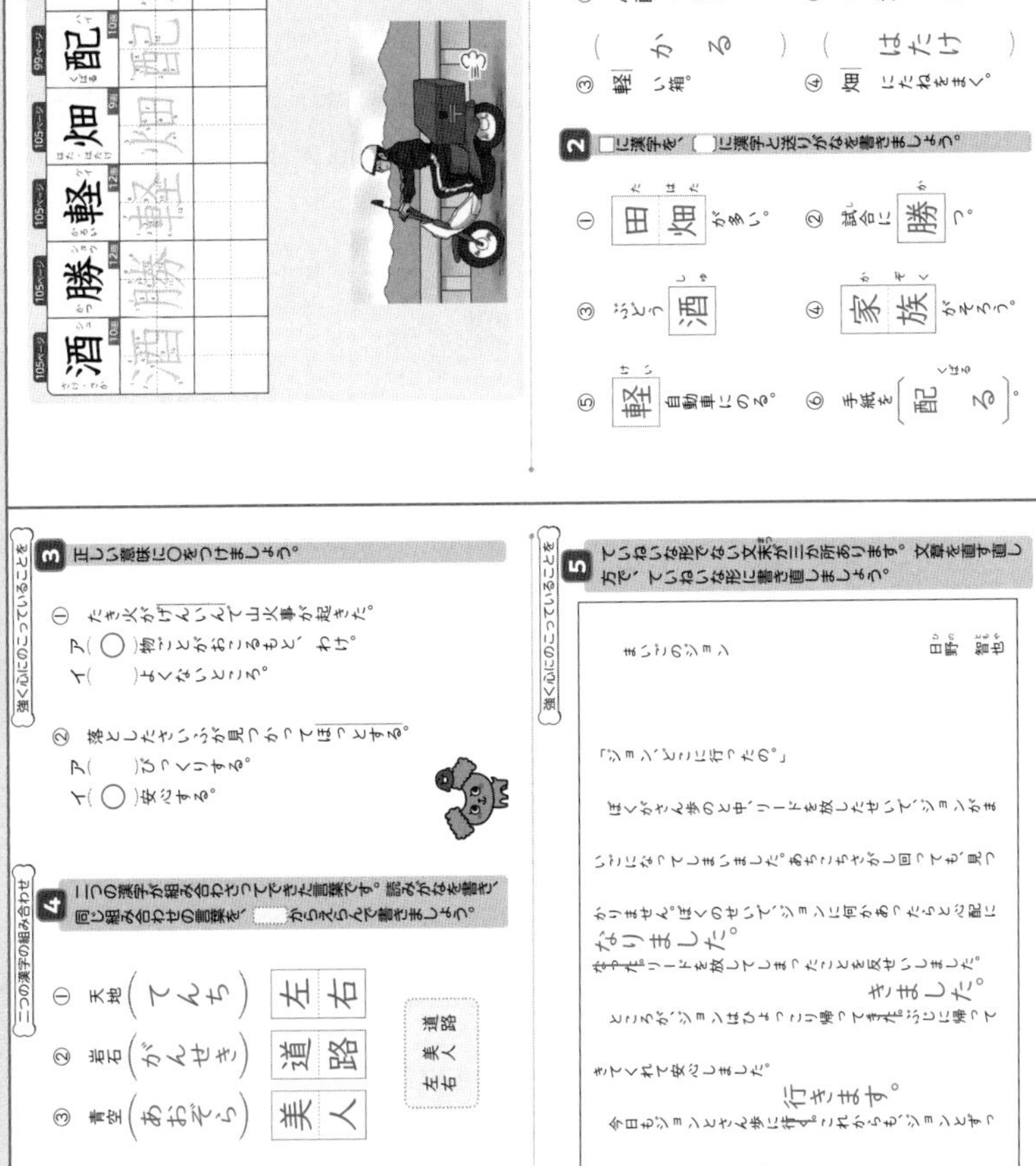

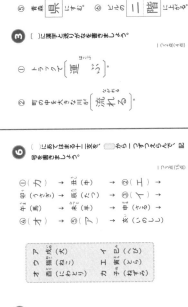

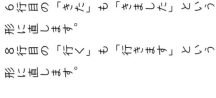

たしかめのテスト 102~103ページ
強く心にのこっていることを ～ 漢字の広場⑥ 二つの漢字の組み合わせ

じゅんび 104~105ページ
おにたのぼうし

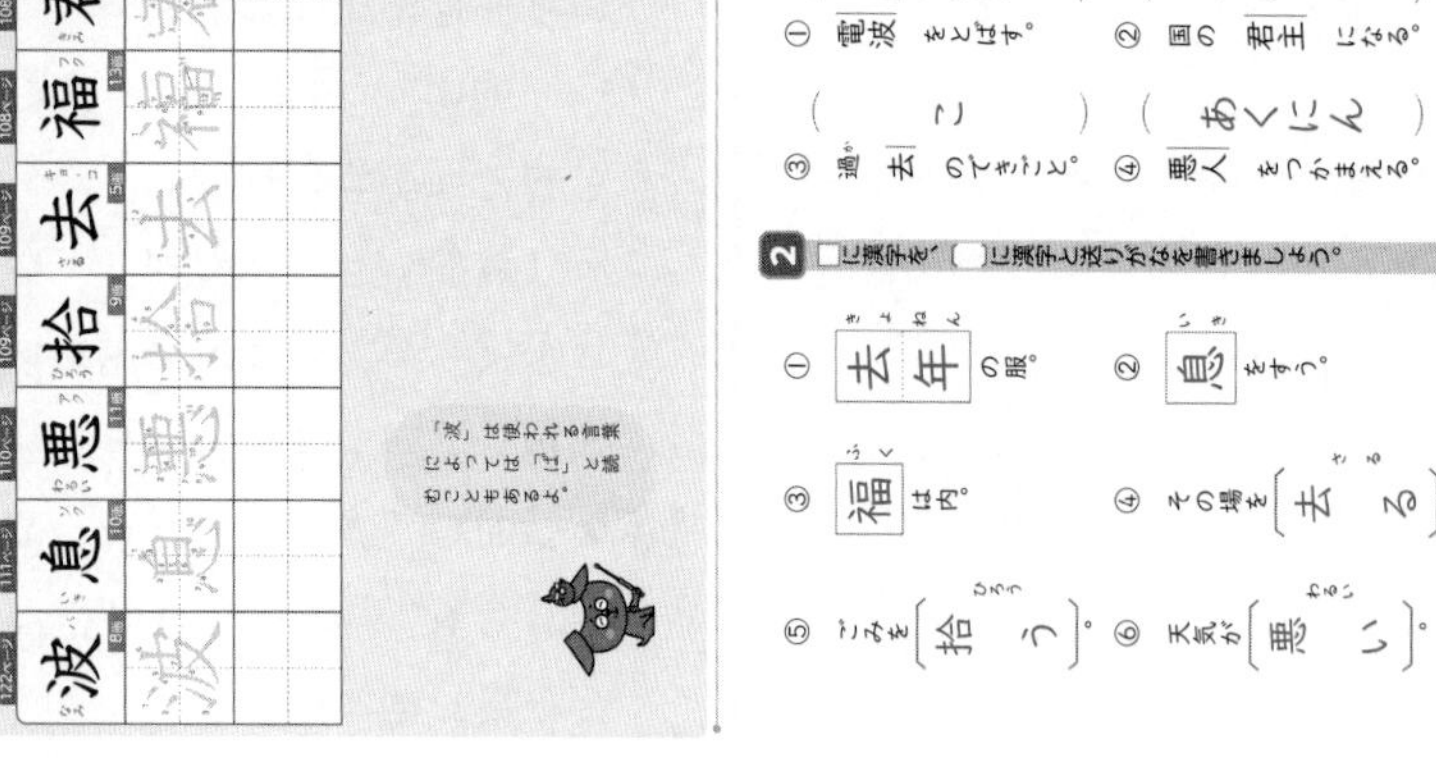

1 (1)カメ太が見つかったあとの15行目に、「死んでなくてよかった。」とあります。カメ太が死んでしまったかもしれないということが書かれていれば正かいです。

(3)「かいがあった」は、「そうしただけの意味やけっかがあった」という意味です。

(4)カメ太を心配する「ぼく」の様子や、そのあとのカメ太の心の中を想ぞうしているないようは書かれていますが、「カメ太との会話」は書かれていません。

2 ①「洋酒」とは、西洋の作り方で作ったお酒のことです。

4 ③「話」は「はなし」と読みますが、「昔」という言葉と重なると「むかしばなし」と読みます。

5 ①「中央」となります。どちらの漢字も真ん中という意味があります。

②「家屋」となります。どちらの漢字も人の住むたて物という意味があります。

③「談話」となります。どちらの漢字も話すという意味があります。

④「発着」となります。「発」にはでかけるという意味があり、「着」にはつくという意味があります。

⑤「苦楽」となります。「苦しい」と「楽しい」で反対の意味の漢字です。

1 ②「君主」とは、血すじでなることができる、国をおさめる地位のことです。

2 ④「去る」とは、その場所からはなれるという意味です。

3 ②「くちびるをかむ」は、くやしさやいかりをこらえる様子です。

3分でワンポイント

「おにたのぼうし（あまんきみこ）」では、それぞれの場面でのおにたの行動や言葉から、おにたがどのような気持ちだったかを読み取りましょう。

それぞれの場面でおにたの気持ちがどのようにかわっていったのか、なぜおにたがそのような気持ちになったのかをとらえましょう。

練習　106~107ページ

おにたのぼうし

文章を読んで、答えましょう。


節分の夜のことです。

まこと君が、元気に豆まきを始めました。

　ぱら　ぱら　ぱら　ぱら
まこと君は、いりたての豆を、力いっぱい投げました。

「福はあ内。おにはあ外。」

茶の間も、客間も、子ども部屋も、台所も、げんかんも、手あらいも、ていねいにまきました。そこで、まこと君は、

「そうだ、物置小屋にも、まかなくっちゃ。」

と言いました。

その物置小屋のてんじょうに、去年の春から、小さな黒おにの子どもが住んでいました。「おにた」という名前でした。


おにたは、気のいいおにでした。きのうも、まこと君に、なくしたビー玉を、こっそり拾ってきてやりました。この前は、にわか雨の時、ほし物を、茶の間に投げこんでおきました。お父さんのくつを、ぴかぴかに光らせておいたこともあります。

でも、だれも、おにたがしたとは気がつきません。はずかしがり屋のおにたは、見えないように、とても用心していたからです。

豆まきの音を聞きながら、おにたは思いました。

「人間っておかしいな。おには悪いって、決めているんだから。おににも、いろいろあるのにな。」

そして、古い麦わらぼうしをかぶりました。角かくしのぼうしです。

こうして、カサッとも音をたてないで、おにたは、物置小屋を出ていきました。

あまん きみこ「おにたのぼうし」より

❶「おにた」は、何の子どもですか。文章から書きぬきましょう。
黒おに

❷「おにた」は、どこに住んでいますか。文章から書きぬきましょう。
まこと君の家の、物置小屋のてんじょう

❸「おにた」は、どんなせいかく（人がら）の子どもですか。文章から二つ書きぬきましょう。
（気のいいおに）

（はずかしがり屋）
※順番はちがっていてもよい。

❹「ぱら　ぱら　ぱら　ぱら」とありますが、何の様子を表しているのですか。一つに○をつけましょう。
ア（　）豆をいっているときの音。

イ（○）豆まきで、豆をまく音。

ウ（　）にわか雨がふりだしたときの音。

❺「だれも、おにたがしたとは気がつきません。」とありますが、なぜですか。文章から書きぬきましょう。
（はずかしがり屋のおにたは、見えないように、とても用心していたから。）

❻「おににも、いろいろあるのにな。」とありますが、どういう意味ですか。一つに○をつけましょう。
ア（○）悪いおにもいるが、いいおにもいるということ。

イ（　）赤おにや青おにや黒おにがいるということ。

ウ（　）麦わらぼうしをかぶったおにもいるということ。

ヒント　すぐ前の言葉に注目しよう。

❼「おにたは、物置小屋を出ていきました。」とありますが、だれが、どんなことをしたからですか。文章から書きぬきましょう。
まこと君が豆まきをしたから。
ヒント　おにたは何を聞いたから出ていったのかを書こう。

❶❷ まこと君が豆まきをしている家の「その物置小屋のてんじょうに、去年の春から、小さな黒おにの子どもが住んでいました」とあります。

❸「おにたは、気のいいおにでした」「はずかしがり屋のおにた」と、せいかくのわかる言葉が二つ書かれています。
「気のいい」とは、せいかくがいいという意味です。

❹ ――線のすぐあとに、「まこと君は、いりたての豆を、力いっぱい投げました。」とあります。

❺ ――線のすぐあとに「〜から」と理由を表す言葉が書かれています。

❻❼「おにた」が豆まきの音を聞き、「人間っておかしいな。おには悪いって、決めているんだから。おににも、いろいろあるのにな。」と思いながら出ていったことに注目しましょう。

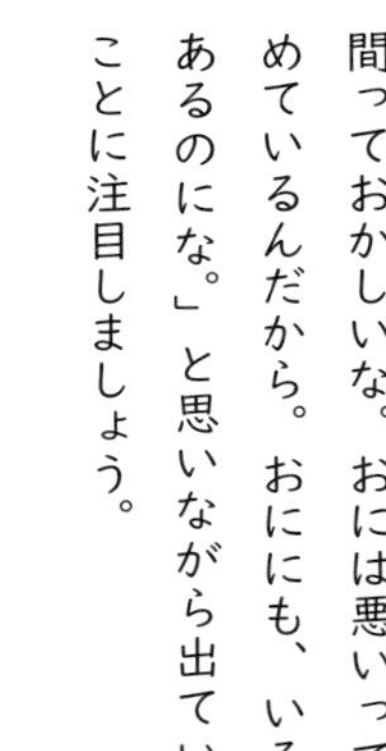

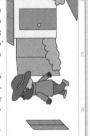

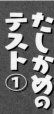

たしかめのテスト①

おにたのぼうし

おうちのかたへ

作品全体を通して、強く心に残った出来事の情景描写を選んでみましょう。

作品に対する自分の考えを深められると、発展的な「文章で答える問題」も簡単に正解できるようになります。

文章を読んで、答えましょう。 思考・判断・表現

それからしばらくして、入り口をトントンとたたく音がします。

「今ごろ、だれかしら？」

女の子が出ていくと、雪まみれの麦わらぼうしを深くかぶった男の子が立っていました。そして、ふきんをかけたおぼんのような物をさし出したのです。

「節分だから、ごちそうがあまったんだ。」

おにたは、一生けんめい、さっき女の子が言ったとおりに言いました。

女の子はびっくりして、もじもじしました。

「あたしにくれるの？」

そっとふきんを取ると、温かそうな赤ごはんと、うぐいす色のに豆が、湯気をたてています。

女の子の顔が、ぱっと赤くなりました。そして、にこっとわらいました。

女の子がはしを持ったまま、ふっと何か考えこんでいます。

「どうしたの？」

おにたが心配になってきくと、

「もう、みんな、豆まきすんだかな、と思ったの。」

と答えました。

「あたしも、豆まき、したいなあ。」

「なんだって？」

おにたはとび上がりました。

「だって、おにが来れば、きっと、お母さんの病気が悪くなるわ。」

おにたは、手をだらんと下げて、ふるふるっと、悲しそうに身ぶるいして言いました。

「おにだって、いろいろあるのに。おにだって……。」

氷がとけたように、急におにたがいなくなりました。あとには、あの麦わらぼうしだけが、ぽつんとのこっています。

「へんねえ。」

女の子は、立ち上がって、あちこちさがしました。そして、

「このぼうし、わすれたわ。」

それを、ひょいと持ち上げました。

「まあ、黒い豆！　まだあったかい……。」

あまん きみこ「おにたのぼうし」より

よく出る

1 「男の子が立っていました。」とありますが、「男の子」とはだれのことですか。文章から書きぬきましょう。 15点

おにた

できたらスゴイ！

2 「女の子はびっくりして、もじもじしました。」とありますが、なぜですか。一つに○をつけましょう。 15点

ア（○）知らない男の子が、ふきんをかけたおぼんをさし出したから。

イ（　）男の子が雪まみれの麦わらぼうしをかぶっていたから。

ウ（　）おぼんの上には温かそうな赤ごはんと、に豆がのっていたから。

3 「女の子の顔が、ぱっと赤くなりました。」とありますが、このとき女の子はどんな気持ちでしたか。一つに○をつけましょう。 15点

ア（　）男の子からもらうのは、てれくさい。

イ（　）食べるのがもったいない。

ウ（○）おいしそうなごちそうで、うれしい。

4 「はしを持ったまま、ふっと何か考えこんでいます。」とありますが、何を考えこんでいたのですか。文章中から書きぬきましょう。 15点

（もう、みんな、豆まきはすんだかな）

できたらスゴイ！

5 「おにだって……。」とありますが、おにたはつづけて何と言いたかったのですか。書きましょう。 20点

（れい 悪いおにばかりじゃなく、やさしいおにもいるのに。）

考えを書こう

6 「急におにたがいなくなりました。」とありますが、おにたはどうなったと思いますか。このあとの女の子の言葉もヒントにして、考えて書きましょう。 20点

（れい 豆まきがしたい女の子のために、黒い豆になって消えてしまった。）

---

1 20行目で「おにたが心配になってきくと、」とあります。この文章はおにたと女の子のやり取りが書かれているので、「男の子」はおにたであることがわかります。

2 「おにた」が何をさし出したか考えましょう。ふきんを取ったのは、——線のさらにあとであることにも注意しましょう。

——線の時点では、女の子はおぼんの中身を知りません。

3 すぐあとで「にこっと」わらったことから女の子の気持ちを考えましょう。

赤ごはんとに豆によろこんでいることがわかります。

4 このあとの女の子の言葉に注目して書きぬきましょう。

5 「おにた」は、おにを悪者だと決めつけて、豆まきをされることが悲しいのです。

れい2 いろいろなおにがいて、悪さをしないおにもいるのに。

6 「おにた」がのこした麦わらぼうしの中には、「黒い豆」があったのです。豆まきをしたい女の子のために、「おにた」が何をしたのかを考えて書きましょう。

れい2 おにが悪さをすると思われて悲しくなり、豆になって消えてしまった。

たしかめのテスト② 110~111ページ
おにたのぼうし

❶ 読みがなを書きましょう。 一つ2点(20点)

① 休息(きゅうそく)をとる。 ② データを消去(しょうきょ)する。
③ 住(す)まいをさがす。 ④ 天使と悪(あく)ま。
⑤ 幸福(こうふく)をねがう。 ⑥ 台風がすぎ去(さ)る。
⑦ 電波(でんぱ)がとどく。 ⑧ 温(あたた)かいごはん。
⑨ 勝負(しょうぶ)の世界。 ⑩ 君(きみ)という人。

❷ 漢字を書きましょう。 一つ3点(15点)

① 階(かい)だんを上がる。 ② 子ども部屋(べや)
③ 住所(じゅうしょ)を書く。 ④ 波(なみ)の音。
⑤ ため息(いき)をつく。

❸ 漢字と送りがなを書きましょう。 一つ5点(20点)

① ボールを(拾う)。 ② 具合が(悪い)。
③ 豆まきを(始める)。 ④ 目を(開ける)。

❹ 次の( )に合う言葉を、□からえらんで書きましょう。 一つ3点(21点)

① 野原に(ぽつんと)一本の木が立っている。
② 赤ちゃんが(にこっと)わらった。
③ 力をぬき、うでを(だらんと)下げる。
④ ひみつを(そっと)打ち明ける。
⑤ 大きな石を(ひょいと)持ち上げる。
⑥ 目を(うっすらと)あける。
⑦ ポケットに(すぽっと)入るサイズのノート。

にこっと　すぽっと　うっすらと　ぽつんと
ふっと　ひょいと　そっと　だらんと

❺ ――線の言葉の意味を□からえらんで、記号を書きましょう。 一つ3点(15点)

① でこぼこした道を歩く。(ア)
② 兄は気のいい人だ。(オ)
③ 落とし物をあちこちさがし回る。(ウ)
④ いたみをけんめいにこらえる。(エ)
⑤ せなかがむずむずする。(イ)

ア 表面が平らではない。
イ 虫がはうようなかゆい感じがする。
ウ いろいろな方向や場所。
エ 力のかぎり。せいいっぱい。
オ 人がよくてやさしい。

❻ 次の様子を表す言葉を下からえらんで、――でむすびましょう。 一つ3点(9点)

① 入り口のドアをたたく様子。 ― トントン
② 女の子がはずかしがる様子。 ― もじもじ
③ みがいたガラスが光る様子。 ― ぴかぴか

たしかめのテスト 112ページ
これまで　これから

❶ 正しい意味に○をつけましょう。 一つ10点(20点)

① 味見をすると首をかしげて、しおを足した。
ア( )何かを思いついて、うなずく。
イ(○)なっとくがいかず、首をかたむける。
② 転んでいたくても、なみだをこらえる。
ア(○)なみだが出ないようにがまんする。
イ( )なみだがいっぱい出るようにする。

❷ ( )に合う言葉を、□から一つずつえらんで書きましょう。 一つ10点(30点)

① やき魚が消えたので、真っ先にねこのタマを(うたがった)。
② あの子にほめられて、少し(てれた)。
③ ゲームに負けた弟は、とても(くやしがった)。

てれた　くやしがった　うたがった

❸ ( )に合う言葉を、□から一つずつえらんで、記号を書きましょう。 一つ10点(50点)

① 休みの日はそうじをしたり、おてつだいをし(エ)する。
② 銀色の車はかっこいい。でも金色の車のほうが、(オ)かっこいいと思う。
③ せのひくい兄(イ)、弟はとてもせが高い。
④ オリンピックには今まで、めずらしいきょうぎがあった。(ウ)、魚つりやたこあげだ。
⑤ うちの妹(ア)なきむしの女の子はいないだろう。

ア ほど　イ に対して　ウ たとえば
エ たり　オ もっと

いろいろな言葉を学んだね。じっさいに使ってみよう。

---

❶ ①「休息」とは、心と体を休めることです。
③「住まい」とは、人が住む場所のことです。

❷ ②「へや」という読みで「部屋」と書きます。また「子ども」という言葉と重なると、読み方がかわり「こどもべや」と読みます。

❹ ①「ぽつんと」は、物や人が一つ(一人)だけある様子を表します。
②「にこっと」は、人がえがおになる様子を表します。
③「だらんと」は、力がぬけている様子を表します。
④「そっと」は、人に気づかれないように何かをする様子を表します。
⑤「ひょいと」は、身軽に何かをする様子を表します。
⑥「うっすらと」は、少しだけという意味です。
⑦「すぽっと」は、物の中に全て入る様子を表します。

❶ ②「こらえる」とは、がまんするという意味です。

❷ ( )の前にくる文章のないようから、考えましょう。

❸ ①「たり」は「～たり、～たり」というように物事をならべて書くときに使います。
③「～に対して」は、～と反対のことをあとの文章につづけるときに使います。
④「たとえば」は、文章のないようの具体的なれいを書くときに使います。

1 ①「由」には「ユ」「ユウ」の二つの音読みがあるので、注意しましょう。

3 音読みは、漢字が中国からつたえられた当時の発音に近い読み方で、教科書などではかたかなでしめされています。訓読みは、漢字の意味に合った日本語をあてた読み方で、ひらがなでしめされています。

③「岸」の訓読みには、おくりがなはありません。

4 ①ウのように、漢字そのものから調べるときは、漢字辞典を使います。

②国語辞典では、言葉は「あいうえお」順（五十音順）にならんでいます。

(2)同じ文字からはじまるので、二文字目でくらべます。かたかなでも同じように考えます。「アイドル」「あくま」「あんこ」の順です。

(3)「ギ」は「キ」のあとにあります。「ポーズ」は「ポウズ」と考えます。「ギター」「ビスケット」「ポーズ」の順になります。

5 説明する文章を書くときには、書く内容の中心をはっきりさせて、本や図かんなどで調べます。つたえたいことに合わせた資料をえらび、だんらくのかん係を考え、自分の考えがつたわるように書いていきましょう。

6 (3)「あごをひくな」と言ったのは、太がこわがって、体に力を入れてしまっているからです。「人の体は海でうくようにできておる」というのは、だからしずまない、だいじょうぶだと安心させるための言葉です。このときの米田老人の言葉は、さい後の「全部、力をぬけ」と言うための説明になっています。

(4)――部の前からもわかるように、思わず力を入れてしまうようなよけいなことを、何も考えていない様子を「木切れ」にたとえています。

(5)「静かだ」と言っていますが、――部の前後に「きこえた」「きこえる」とあることからも、何も音がきこえないというわけではありません。太の心にいろいろな考えがわかなくて、静かなのです。

(6)「ゆったりと」した気分、「満ち足りた」気分、おちついて「静か」な気持ち、などと書くことができていれば正かいです。

れい2 静かで、満ち足りた気分になった。

おうちのかたへ

場面を読み解く問題は、場面の様子や人物の言動に気をつけて、描写から登場人物の気持ちをとらえることが大切です。

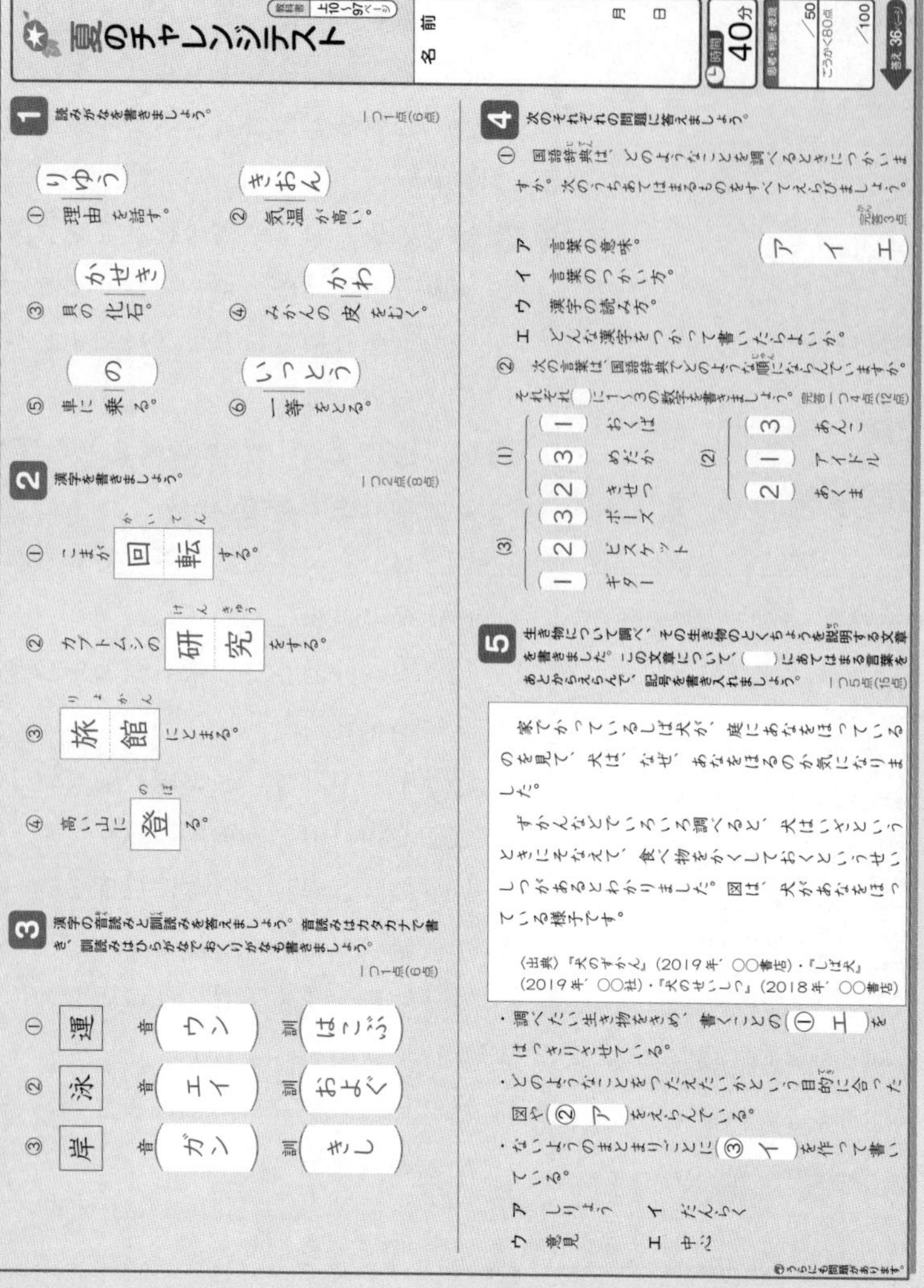
夏のチャレンジテスト

名前　月　日

時間 40分

1 読みがなを書きましょう。
① 理由（りゆう）を話す。　② 気温（きおん）が高い。
③ 貝の化石（かせき）。　④ みかんの皮（かわ）をむく。
⑤ 車に乗（の）る。　⑥ 一等（いっとう）をとる。

2 漢字を書きましょう。
① こまが回転する。
② カブトムシの研究をする。
③ 旅館にとまる。
④ 高い山に登る。

3 漢字の音読みと訓読みを答えましょう。
① 運　音 ウン　訓 はこぶ
② 泳　音 エイ　訓 およぐ
③ 岸　音 ガン　訓 きし

4 次のそれぞれの問題に答えましょう。
① ア イ エ
ア 言葉の意味。
イ 言葉のつかい方。
ウ 漢字の読み方。
エ どんな漢字をつかって書いたらよいか。
②
(1) 1 おくば　3 めだか　2 きせつ
(2) 3 あんこ　1 アイドル　2 あくま
(3) 3 ポーズ　2 ビスケット　1 ギター

5
・調べたい生き物をきめ、書くことの中心（① エ）をはっきりさせている。
・図や（② ア）をえらんでいる。
・ないようのまとまりごとに（③ イ）を作って書いている。
ア しりょう　イ だんらく
ウ 意見　エ 中心

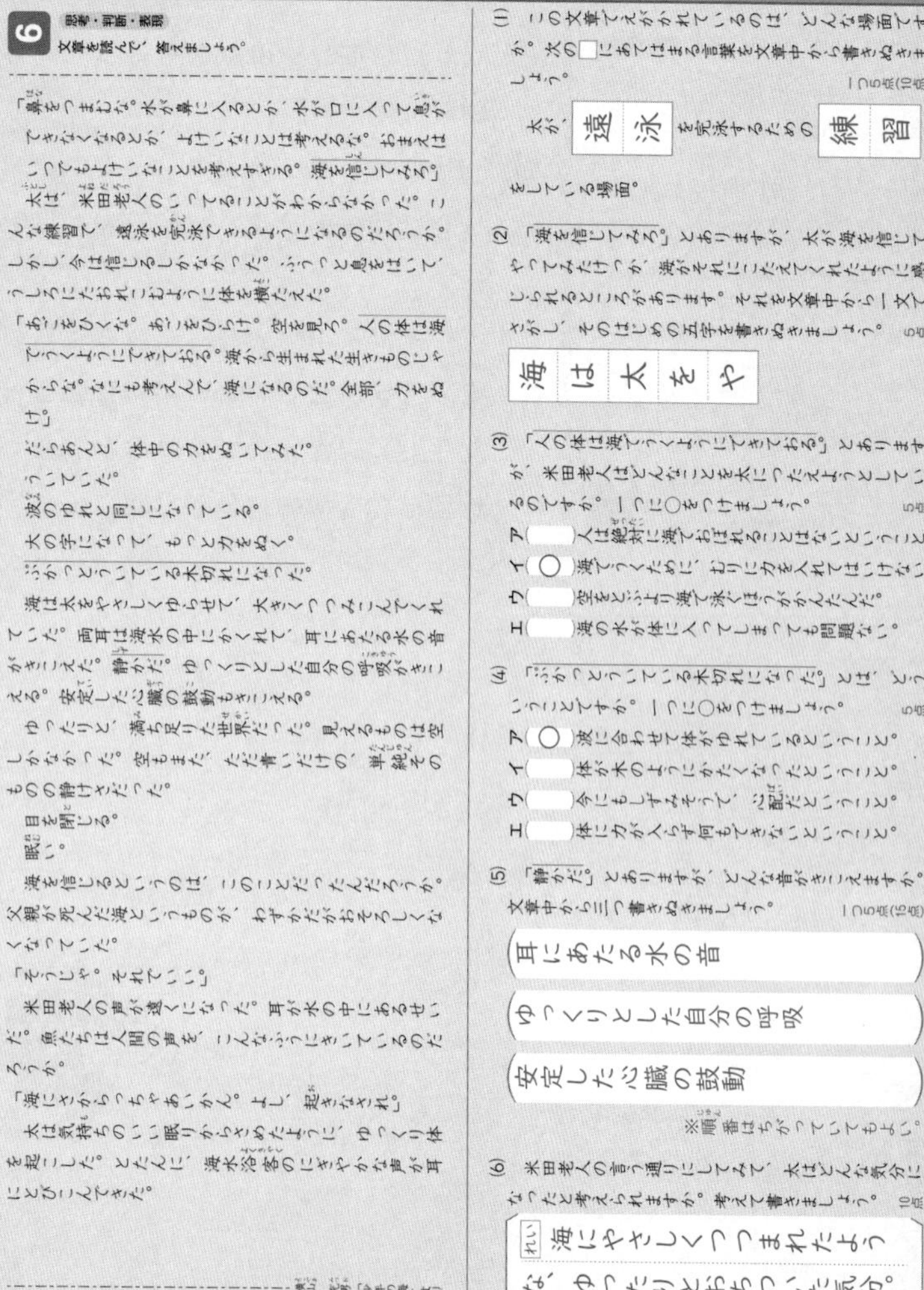
6 文章を読んで、答えましょう。

(1) 太が、遠泳を完泳するための練習をしている場面。
(2) 海は太をや
(3) イ
(4) ア
(5) 耳にあたる水の音
ゆっくりとした自分の呼吸
安定した心臓の鼓動
(6) れい 海にやさしくつつまれたような、ゆったりとおちついた気分。

1 ①「幸」の訓読みには「しあわ（せ）」「さいわ（い）」があります。

3 ①漢字を左と右に分けた、右側の部分は「つくり」といいます。「おおがい」は「顔」や「頭」のように、人の頭にかん係する漢字に使われることがあります。

②漢字を左と右に分けた、左側の部分は「へん」といいます。

4 何かを指ししめすはたらきの言葉を「こそあど言葉」といいます。話し手に近いものは「こ〜」、聞き手に近いものは「そ〜」、話し手からも聞き手からも遠いものは「あ〜」、指ししめすものがはっきりしないものは「ど〜」の形の言葉を使います。

6 ②前に「ならべたり」とあるので、「説明したり」と、「〜たり〜たり」の形にします。

③感しゃの言葉を書きましょう。

7 (1)①文章中に出てくる動物を順にたしかめましょう。

②四つめのだんらくに、「ところが……よくにたところがある……」と書かれています。

(2)——部は、前の文「このようにして……区別しにくいくらいです。」を指しています。ここからあてはまる言葉をさがしましょう。

(3)五、六つめのだんらくの、「まずはじめは……。そして……。つづいて……。」という順じょをしめす言葉に注意しましょう。

(4)思いを表す言葉をさがすと「ふしぎ」とあり、これが筆者の感想です。

(5)文章全体から、たまごの中で羽毛のはえたひなにまで成長してうまれるのは、「ニワトリがうまれるとすぐ歩きだす」からだ、ということがわかります。ニワトリがすぐ歩きだすのは、その動物がたまごからうまれたあとに、すぐにできなければならないことです。これをおさえたうえで、たまごの中でどうなるかについて書きましょう。

おうちのかたへ

説明文を読み解く問題では、説明（論）の流れをとらえることが重要です。

順序を表す言葉や接続詞に着目するようにして、出来事の因果関係をとらえましょう。

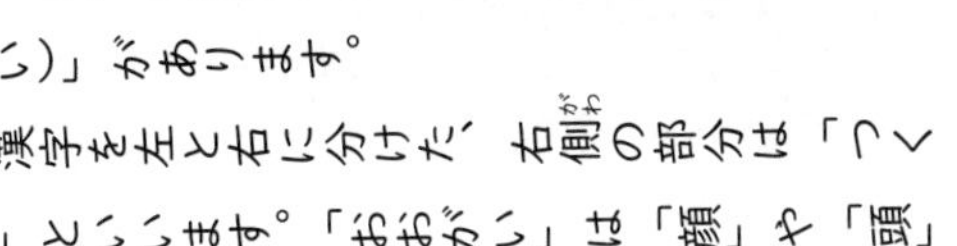

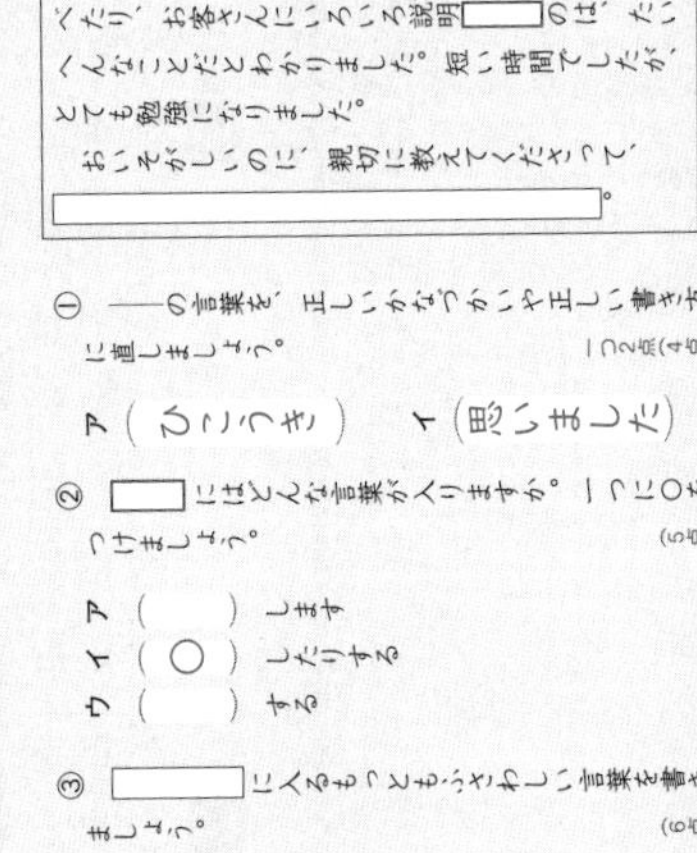

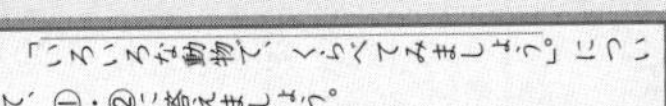

春のチャレンジテスト

教科書 下70〜124ページ

名前　　月　日

時間 40分　思考・判断・表現 ／50　ごうかく80点 ／100　答え 38ページ

1 読みがなを書きましょう。　一つ1点(6点)

① 畑（はたけ）をたがやす。
② 家路（いえじ）につく。
③ 幸福（こうふく）な生活。
④ 大きな波（なみ）がくる。
⑤ 去年（きょねん）の話。
⑥ 二階（にかい）に住んでいる。

2 漢字を書きましょう。　一つ2点(8点)

① 一日の［予定］を立てる。
② ［勝者］を［決］める。
③ 荷物を［配送］する。

3 次の漢字の▢部の名前を書きましょう。　一つ3点(6点)

① 第（たけかんむり）
② 悪（こころ）

4 次の意味を表す漢字二字の言葉を書きましょう。　一つ2点(6点)

① 白い→馬　［白馬］
② 竹でつくった→笛　［竹笛］
③ 北からふく→風　［北風］

5 次のそれぞれの問題に答えましょう。

① 次の文のしゅうしょく語をすべて書きましょう。　完答(5点)

子どもたちが　花だんに　花を　植えた。

（花だんに　花を）

※順番はちがっていてもよい。

② 次の文の（　）に「が・に・を」のどれかを書き入れましょう。　一つ1点(4点)

ア　ポスト（に）手紙（を）入れる。
イ　おじいさん（が）バス（に）のる。

6 木村さんは、強く心にのこっていることをつたえる文を書きました。これを読んで、あとの問題に答えましょう。　一つ5点(15点)

冬休みに、近所のおばあさんが、かいらん板を持ってきました。家にはわたししかいなかったので、わたしがかいらん板を受け取りました。

おばあさんは、家で何をして遊んでいるのか、と聞きました。わたしは、本を読んだり、テレビゲームをしたりしていると答えると、あやとりという遊びを教えてくれました。あやとりは、一本のひもをわにして、指にかけて形を作る遊びです。指の下にひもを通したり、ねじったりすると、はしごの形もできた。おもしろくて、いろいろな形を教えてもらいました。

わたしは、たった一本のひもで、こんなに楽しく遊べることにおどろきました。あやとりは昔からある遊びですが、やったことがありませんでした。昔からある遊びはほかにもあります。さがしてやってみたいと思いました。みなさんも、さがして楽しんでみませんか。

① ——部を、この文に合う形に直しましょう。
（れい はしごの形もできました。）

② 木村さんがつたえようとしたのはどんなことですか。
（れい あやとりという昔からの遊びを教えてもらったこと。）

③ 木村さんは、このできごとからどのようなことを思いましたか。書きましょう。
（れい 昔からの遊びをやってみたいと思った。）

●うらにも問題があります。

7 思考・判断・表現　文章を読んで、答えましょう。

のろのろひつじは、せかせかひつじと遊びに行った森をかいてみようと思い、葉っぱを一まいずつかくことから始めました。

キッチンから、のろりのろり、もどってきたのろのろひつじは、びっくりして声をあげました。

「何をしているの？」

「かいてみたんだ、葉っぱを。」

「どうして？」

「画用紙を見ていたら、かきたくなったんだ。でも、うまくかけないよ。」

のろのろひつじは、がっかりしました。せっかく一まいずつ、大事にかいているとちゅうだったのに。どうして、勝手に、かき足したのだろう。今にもなきそうになりながら、のろのろひつじは、のろりのろりと、絵をながめました。

せかせかひつじは、悪いことをしてしまった、と思いました。勝手にかきくわえるなんて、本当に、ひどいことをした、と思いました。

「ごめんね、ごめんね。」

せかせかひつじは、そう言って、あやまりました。

のろのろひつじは、なみだをこらえながら、絵を見つめました。せかせかひつじの葉っぱは、本当に下手だなあ、ひどいなあ、と思いました。けれど、見ているうちに、あることに気がつきました。あれ、森が、かんせいしている。

そうなのです。森は、かんせいしていました。せかせかひつじの葉っぱは、下手だけれど、それでも、画用紙の上の森は、できあがっています。緑色にかがやいているのです。そう思ってみると、のろのろひつじの心は、すっきりして、少し明るくなりました。

「これを、かざろう。」

「かざるの？　おこってないの？」

木でできたがくを、小屋から出してくると、のろのろひつじは絵を入れました。古いがくですが、入れてみると、さっきよりもりっぱに見えます。せかせかひつじも手つだって、それを、部屋の時計のそばにかけました。

「思ったよりもいいね。」

と、のろのろひつじが言いました。せかせかひつじは、うれしくなって、うなずきました。

「見ていると、きつつきの音がよみがえるよ。木いちごの味も、思い出すよ。」

「また行こう、あの森に。」

(1) 「びっくりして声をあげました。」とありますが、のろのろひつじは、なぜびっくりして声をあげたのですか。一つに○をつけましょう。　7点

ア（　）せかせかひつじが、大事にしていた自分の絵をぐちゃぐちゃにしたから。
イ（○）せかせかひつじが、自分の絵に葉っぱを勝手にかき足していたから。
ウ（　）せかせかひつじが、とても下手な葉っぱをかいてしまったから。
エ（　）せかせかひつじが、自分の意見をきいてくれなかったから。

(2) 「のろりのろりと」という言葉には、のろのろひつじの、どのような気持ちがあらわれていますか。一つに○をつけましょう。　7点

ア（　）もうどうでもいいという、投げやりな気持ち。
イ（　）はらが立って、どうしようもない気持ち。
ウ（○）とてもがっかりして、悲しい気持ち。
エ（　）思いがけないことを、おもしろがる気持ち。

(3) 「あやまりました。」とありますが、せかせかひつじはなぜあやまったのですか。一つに○をつけましょう。　7点

ア（○）本当に、悪いことをしたと思ったから。
イ（　）のろのろひつじが、ないてしまったから。
ウ（　）自分が上手にかくことができなかったから。
エ（　）おこっている理由がわからなかったから。

(4) 「あること」とは、何ですか。書きましょう。　7点
（れい 画用紙の上の森がかんせいしていること。）

(5) 「思ったよりもいいね。」とありますが、なぜそう思ったのですか。一つに○をつけましょう。　7点

ア（　）かんせいしたならそれでいいと考えたから。
イ（○）古いがくに入れたらりっぱになったから。
ウ（　）下手な葉っぱが緑色できれいだったから。
エ（　）時計のそばがぴったり合っていたから。

(6) のろのろひつじは、かざった絵をながめて、どのように思いましたか。「下手」「森」という言葉を使って書きましょう。　15点
（れい せかせかひつじの葉っぱは下手だと思ったけれど、できあがった絵は緑色にかがやいていて、また あの森に行きたいと思った。）

1 ②「路」の音読みには「ロ」（「道路」など）があります。

2 ②「決」のつくりを「央」としないように気をつけましょう。

3 漢字を上と下に分けた上の部分を「かんむり」、下の部分を「あし」といいます。

5 ①「しゅうしょく語」は、主語やじゅつ語のほかに、ないようをくわしくするためにくわえられる言葉です。問題の文では、「子どもたちが」が主語、「植えた」がじゅつ語で、のこった二つがしゅうしょく語です。

②「が」がつくと主語に、「を」や「に」がつくとしゅうしょく語になります。

6 ①全体の文章が「です・ます」なので、この形に合わせて直します。

②あやとりという昔からの遊びを教えてもらって、それが楽しかったということを、つたえたかったのです。

③あやとりという遊びを知り、このような昔からの遊びをさがしてやってみたい、と書いています。

7 (3)せかせかひつじは、「悪いことをしてしまった」「勝手にかきくわえるなんて、本当に、ひどいことをした」と思っているので、あやまったのです。

(4)「あることに気がつきました」のすぐあとに、「あれ、森が、かんせいしている」とあります。これはのろのろひつじの心の中の言葉です。

(6)この絵は、せかせかひつじの葉っぱがかき足されてかんせいしました。のろのろひつじは葉っぱを「本当に下手だなあ」と思ったのですが、森がかんせいされていることに気づき緑色にかがやいていると感じました。かざってみると森の様子がよみがえり、「また行こう、あの森に」という気持ちになったのです。のろのろひつじの気持ちのうつりかわりが書かれていれば正かいです。

れい2 せかせかひつじの葉っぱは下手だと思ったけど、かき足されることで森の絵がかんせいし、森に行きたくなった。

おうちのかたへ

物語文の読解は、登場人物の心情の変化をとらえることが重要です。心情の変化は、必ず出題されると考えてよいでしょう。登場人物の行動や言葉、また、心情を表す言葉から読み取ります。

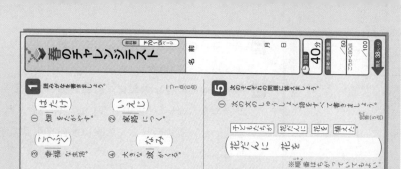

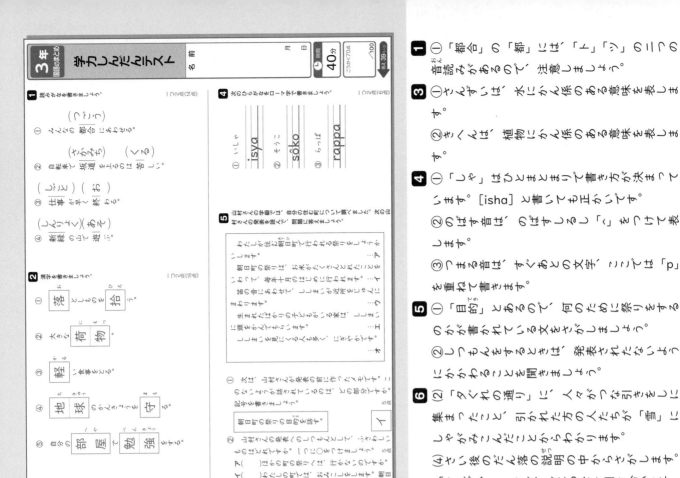

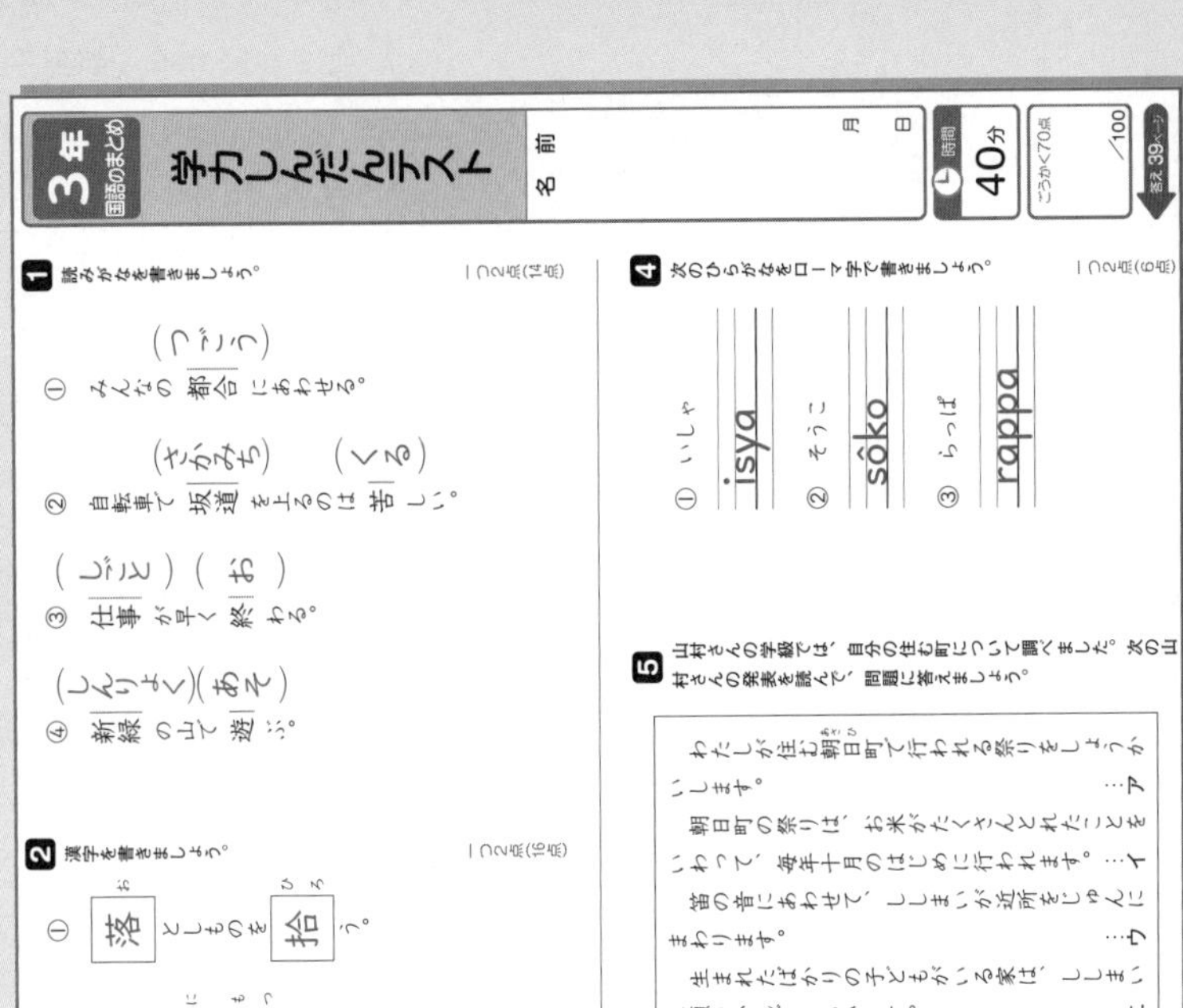

1 ①「都合」の「都」には、「ト」「ツ」の二つの音読み（おん）があるので、注意しましょう。

3 ①さんずいは、水にかん係のある意味を表します。

②きへんは、植物にかん係のある意味を表します。

4 ①「しゃ」はひとまとまりで書き方が決まっています。［isha］と書いても正かいです。

②のばす音は、のばすしるし「^」をつけて表します。

③つまる音は、すぐあとの文字、ここでは「p」を重ねて書きます。

5 ①「目的（てき）」とあるので、何のために祭りをするのかが書かれている文をさがしましょう。

②しつもんをするときは、発表されたないようにかかわることを聞きましょう。

6 (2)「夕ぐれの通り」に、人々がつな引きをしに集まったこと、引かれた方の人たちが「雪」にしゃがみこんだことからわかります。

(4)さい後のだん落（らく）の説明の中からさがします。「それで、……しんけんにつなを引き合います」とあるので、その前に理由が書かれているはずだと考えられます。つな引きをしんけんにするのは、勝つか負けるかが大事なことだからです。

(5)刈（かり）和野のつな引きが大がかりだということは、最後の説明の部分には出てきません。そこで、実さいのつな引きの様子をえがいている部分を読んでさがします。問題の文から「大人数」であること、「（時間が）かかる」ことが想ぞうできるので、これらが書かれている部分を見つけましょう。

(6)文章を読んで感じたこと、考えたことを書く問題なので、文章からわかったことと、自分の気持ちを入れて書きましょう。文章とちがっていたり、かけはなれたりしていなければ、正かいです。

れい2 三千人でするつな引きはみたことがないので、おどろきました。私も刈和野のつなひきにさんかしてみたいです。

おうちのかたへ

「つな引きのお祭り」では、祭りの様子を、参加する人達にピントを当てて詳細に説明しています。このような文章は、誰が何をしているか、どんな様子か、をおさえながら読み進めましょう。そして、その場面描写で筆者は何を伝えたいのか、ということもとらえられるとよいでしょう。

ふろく　とりはずしておつかいください。

漢字せんもんドリル

3年生で習う漢字

テストによく出る問題をといてレベルアップしよう！

もくじ	このふろくのページ
1 あ行の漢字 か行の漢字①	2～3
2 か行の漢字②	4～5
3 か行の漢字③ さ行の漢字①	6～7
4 さ行の漢字②	8～9
5 た行の漢字①	10～11
6 た行の漢字②　な行の漢字 は行の漢字①	12～13
7 は行の漢字②　ま行の漢字 や行の漢字　ら行・わ行の漢字	14～15
8 三年生で習った漢字	16～17
答え	18～19

3年　　組

テストによくでる1い位

1 あ行の漢字 か行の漢字①

悪・安・暗・医・委・意・育・員・院・飲・運・泳・駅・央・横・屋・温 化・荷・界・開・階・寒・感・漢・館・岸・起

/100

1 ――線の漢字の読みがなを書こう。 一つ4点(40点)

① カメラ店の暗室。（　　）
② 飲食はきんしだ。（　　）
③ 強運の持ちぬし。（　　）
④ 化石が見つかる。（　　）
⑤ 荷下ろしをする。（　　）
⑥ 下界を見下ろす。（　　）
⑦ みんなに公開する。（　　）
⑧ 起きるのが早い。（　　）
⑨ 水曜は委員会がある。（　　）
⑩ 屋上から町をながめる。（　　）

2 □に合う漢字を書こう。 一つ2点(36点)

① □□（に かい）から目薬。
② □□（かん ちゅう）水泳を行う。
③ □□（かい がん）をさんぽする。
④ □□（かわ ぎし）に泳ぎつく。

3 次の――線を、漢字と送りがなで書こう。 一つ2点(24点)

① きょうは天気がわるい。（　　）
② やさいがやすい店。（　　）
③ くらいへやでねる。（　　）
④ 友だちに後をゆだねる。（　　）
⑤ すくすくとそだつ。（　　）

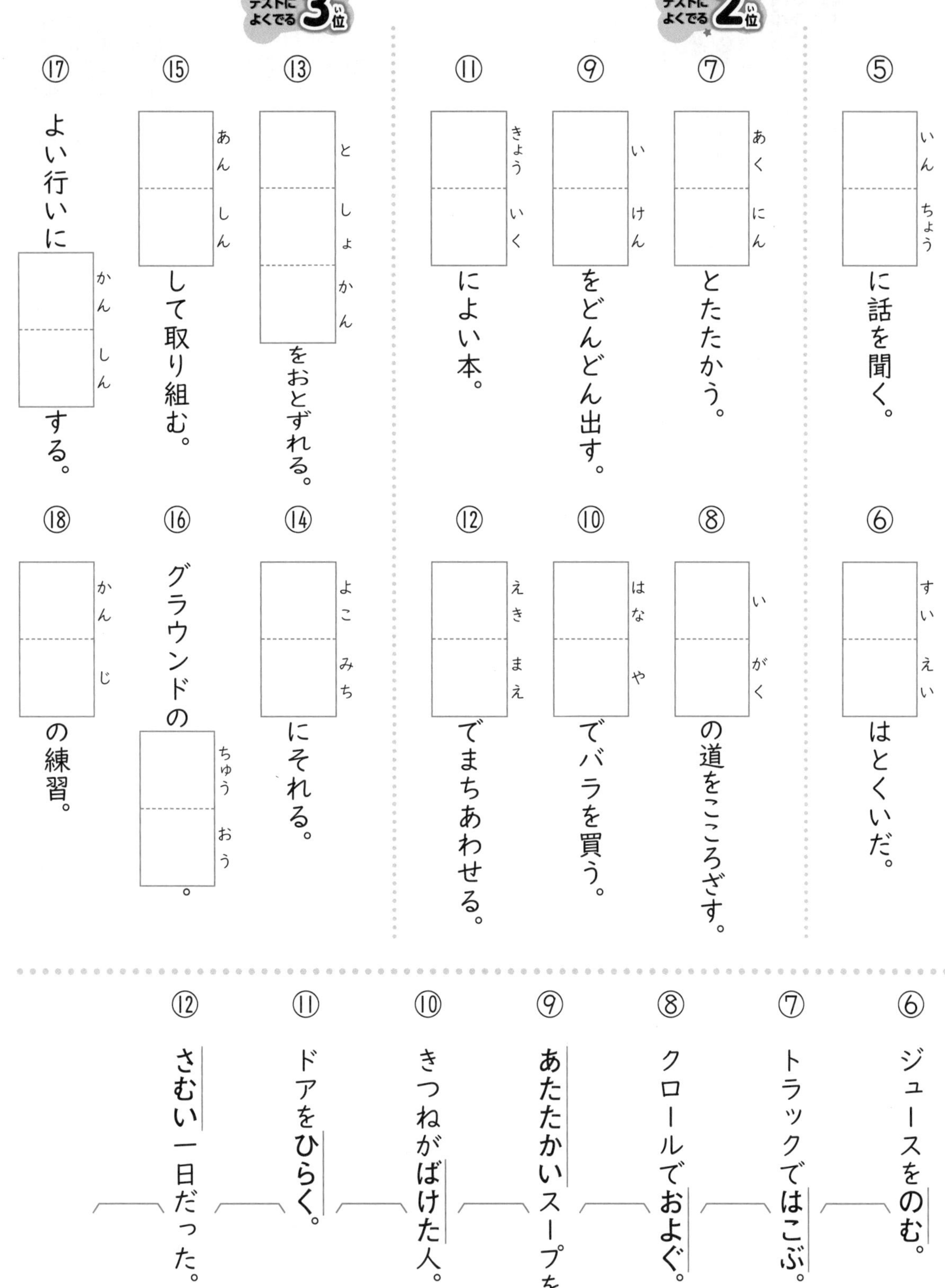

⑤ （いんちょう）に話を聞く。

⑥ （すいえい）はとくいだ。

テストによくでる2位

⑦ （あくにん）とたたかう。

⑧ （いがく）の道をこころざす。

⑨ （いけん）をどんどん出す。

⑩ （はなや）でバラを買う。

⑪ （きょういく）によい本。

⑫ （えきまえ）でまちあわせる。

テストによくでる3位

⑬ （としょかん）をおとずれる。

⑭ （よこみち）にそれる。

⑮ （あんしん）して取り組む。

⑯ グラウンドの（ちゅうおう）。

⑰ よい行いに（かんしん）する。

⑱ （かんじ）の練習。

⑥ ジュースをのむ。（　　）

⑦ トラックではこぶ。（　　）

⑧ クロールでおよぐ。（　　）

⑨ あたたかいスープをのむ。（　　）

⑩ きつねがばけた人。（　　）

⑪ ドアをひらく。（　　）

⑫ さむい一日だった。（　　）

2 か行の漢字②

期・客・究・急・級・宮・球・去・橋・業・曲・局・銀・区・苦・具・君
係・軽・血・決・研・県・庫・湖・向・幸・港

／100

テストによくでる1位

1 ――線の漢字の読みがなを書こう。 一つ4点(40点)

① 美しい王宮。（　　）
② 顔の血行がよい。（　　）
③ 体の具合が悪い。（　　）
④ 県名をおぼえる。（　　）
⑤ 庫内を点検(けん)する。（　　）
⑥ すみきった湖水。（　　）
⑦ ちょうど区切りがよい。（　　）
⑧ 仲間(なかま)に期待する。（　　）
⑨ 船が入港する。（　　）
⑩ 名君とよばれた王。（　　）

2 □に合う漢字を書こう。 一つ2点(36点)

① □□(かかり いん)にたずねる。
② □□(きょ ねん)の冬。
③ □□(ぎん いろ)の魚が泳ぐ。
④ □□(けい しょく)のサンドイッチ。

3 次の――線を、漢字と送りがなで書こう。 一つ2点(24点)

① いそいで駅に行く。（　　）
② くるしみを乗りこえる。（　　）
③ このバッグはかるい。（　　）
④ さいわい、うまくいった。（　　）
⑤ しあわせそうなえがお。（　　）

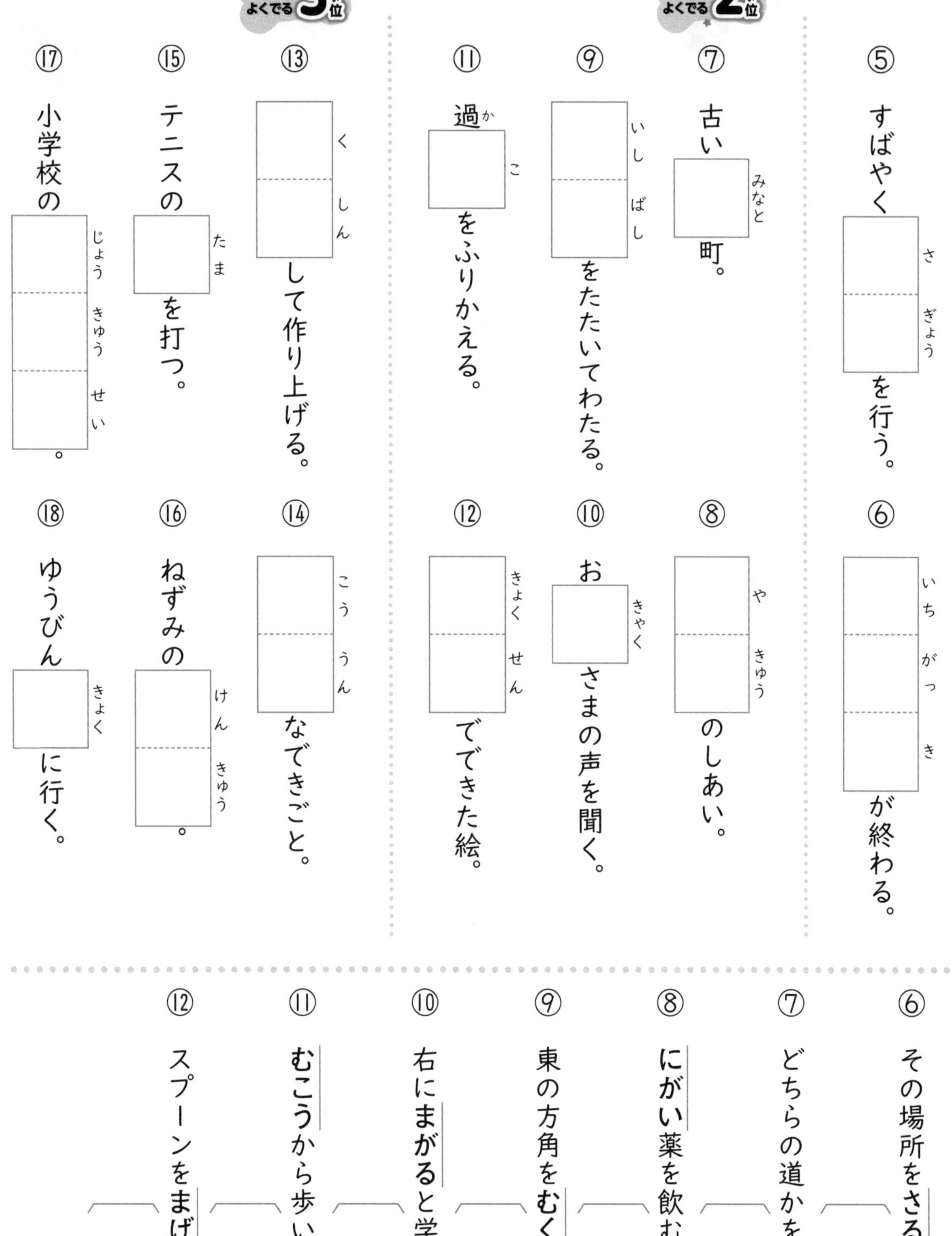

⑤ すばやく（　　）（さぎょう）を行う。

⑥ （　　　）（いちがっき）が終わる。

テストによくでる2位

⑦ 古い（　）（みなと）町。

⑧ （　　）（やきゅう）のしあい。

⑨ （　　）（いしばし）をたたいてわたる。

⑩ お（　）（きゃく）さまの声を聞く。

⑪ 過（　）（こ）をふりかえる。

⑫ （　　）（きょくせん）でできた絵。

テストによくでる3位

⑬ （　　）（くしん）して作り上げる。

⑭ （　　）（こううん）なできごと。

⑮ テニスの（　）（たま）を打つ。

⑯ ねずみの（　　）（けんきゅう）。

⑰ 小学校の（　　　）（じょうきゅうせい）。

⑱ ゆうびん（　）（きょく）に行く。

---

⑥ その場所をさる。（　　）

⑦ どちらの道かをきめる。（　　）

⑧ にがい薬を飲む。（　　）

⑨ 東の方角をむく。（　　）

⑩ 右にまがると学校だ。（　　）

⑪ むこうから歩いてくる。（　　）

⑫ スプーンをまげる。（　　）

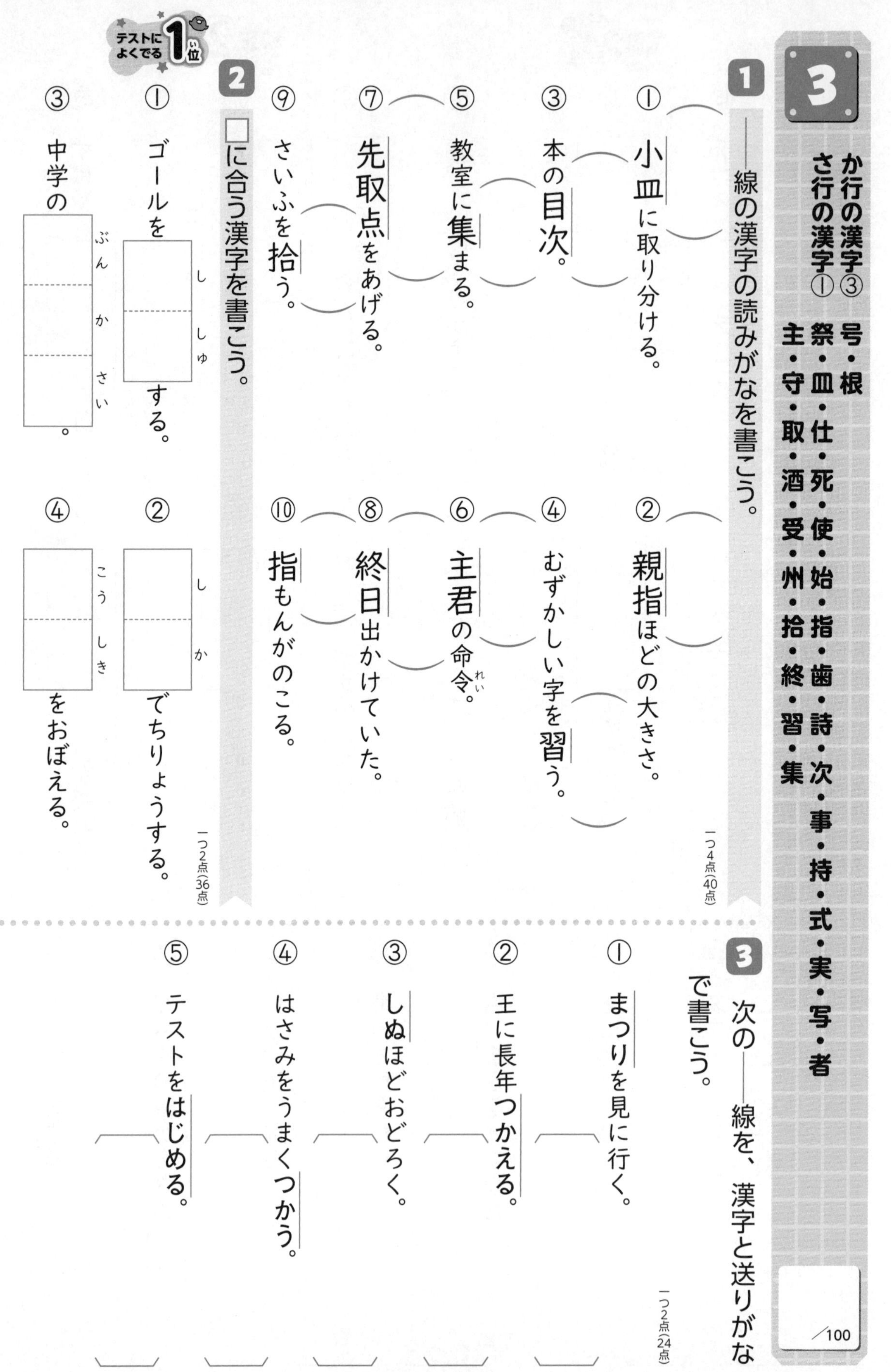

3 か行の漢字③ さ行の漢字①

号・根・祭・皿・仕・死・使・始・指・歯・詩・次・事・持・式・実・写・者・主・守・取・酒・受・州・拾・終・習・集

/100

1 ——線の漢字の読みがなを書こう。 一つ4点(40点)

① 小皿に取り分ける。（　　）
② 親指ほどの大きさ。（　　）
③ 本の目次。（　　）
④ むずかしい字を習う。（　　）
⑤ 教室に集まる。（　　）
⑥ 主君の命令。（　　）
⑦ 先取点をあげる。（　　）
⑧ 終日出かけていた。（　　）
⑨ さいふを拾う。（　　）
⑩ 指もんがのこる。（　　）

2 □に合う漢字を書こう。 一つ2点(36点)

① ゴールを□□（し しゅ）する。
② □□（し か）でちりょうする。
③ 中学の□□□（ぶん か さい）。
④ □□（こう しき）をおぼえる。

3 次の——線を、漢字と送りがなで書こう。 一つ2点(24点)

① まつりを見に行く。（　　）
② 王に長年つかえる。（　　）
③ しぬほどおどろく。（　　）
④ はさみをうまくつかう。（　　）
⑤ テストをはじめる。（　　）

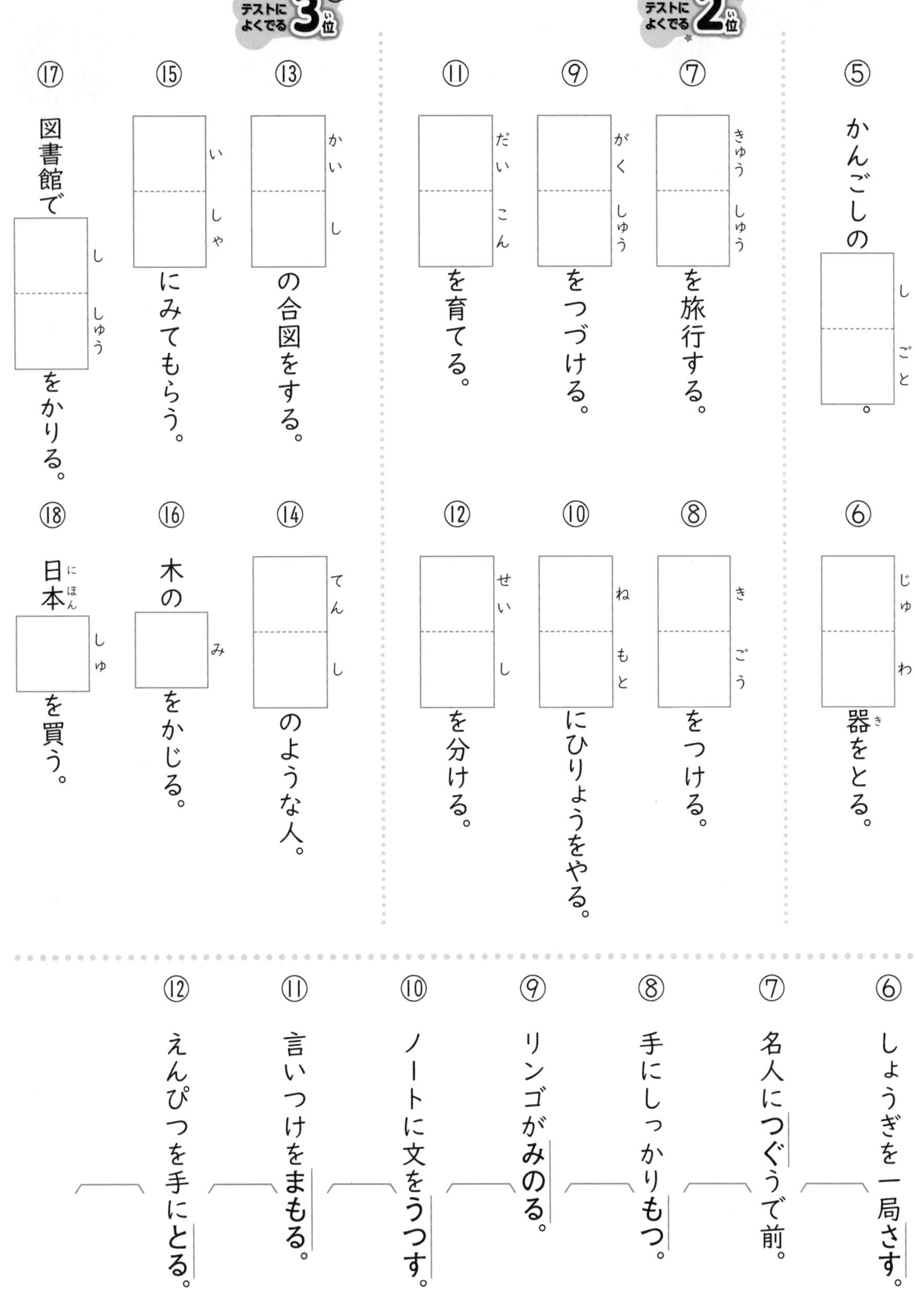

テストによくでる2位

テストによくでる3位

⑤ かんごしの□（しごと）。

⑥ □（じゅわ）器（き）をとる。

⑦ □（きゅうしゅう）を旅行する。

⑧ □（きごう）をつける。

⑨ □（がくしゅう）をつづける。

⑩ □（ねもと）にひりょうをやる。

⑪ □（だいこん）を育てる。

⑫ □（せいし）を分ける。

⑬ □（かいし）の合図をする。

⑭ □（てんし）のような人。

⑮ □（いしゃ）にみてもらう。

⑯ 木の□（み）をかじる。

⑰ 図書館で□（ししゅう）をかりる。

⑱ 日本（にほん）□（しゅ）を買う。

---

⑥ しょうぎを一局さす。（　）

⑦ 名人につぐうで前。（　）

⑧ 手にしっかりもつ。（　）

⑨ リンゴがみのる。（　）

⑩ ノートに文をうつす。（　）

⑪ 言いつけをまもる。（　）

⑫ えんぴつを手にとる。（　）

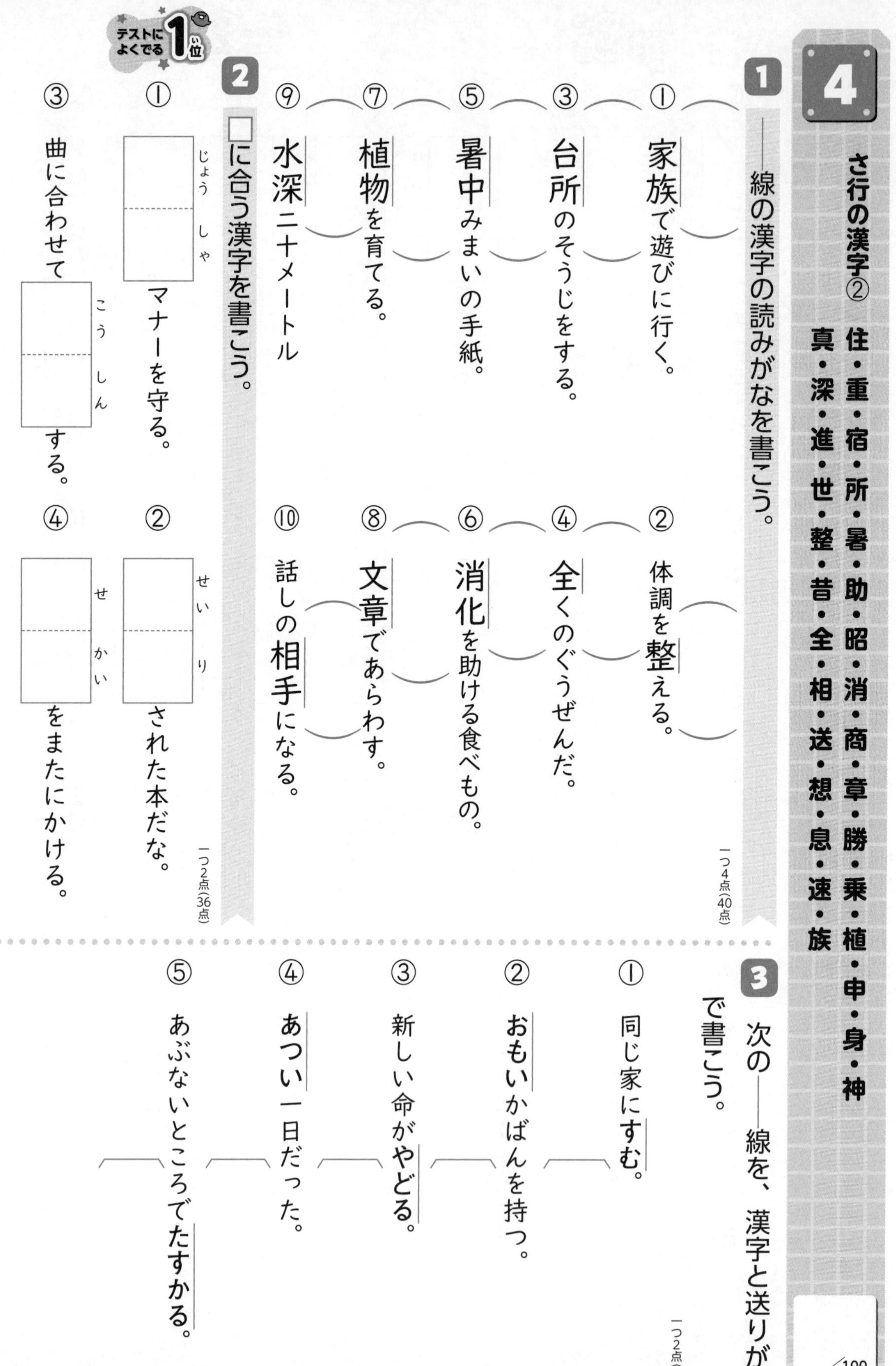

4 さ行の漢字②

住・重・宿・所・暑・助・昭・消・商・章・勝・乗・植・申・身・神
真・深・進・世・整・昔・全・相・送・想・息・速・族

／100

1 ――線の漢字の読みがなを書こう。　一つ4点(40点)

① 家族で遊びに行く。（　　）
② 体調を整える。（　　）
③ 台所のそうじをする。（　　）
④ 全くのぐうぜんだ。（　　）
⑤ 暑中みまいの手紙。（　　）
⑥ 消化を助ける食べもの。（　　）
⑦ 植物を育てる。（　　）
⑧ 文章であらわす。（　　）
⑨ 水深二十メートル（　　）
⑩ 話しの相手になる。（　　）

2 □に合う漢字を書こう。　一つ2点(36点)

テストによくでる1位

① □□（じょう しゃ）マナーを守る。
② □□（せい り）された本だな。
③ 曲に合わせて□□（こう しん）する。
④ □□（せ かい）をまたにかける。

3 次の――線を、漢字と送りがなで書こう。　一つ2点(24点)

① 同じ家にすむ。（　　）
② おもいかばんを持つ。（　　）
③ 新しい命がやどる。（　　）
④ あつい一日だった。（　　）
⑤ あぶないところでたすかる。（　　）

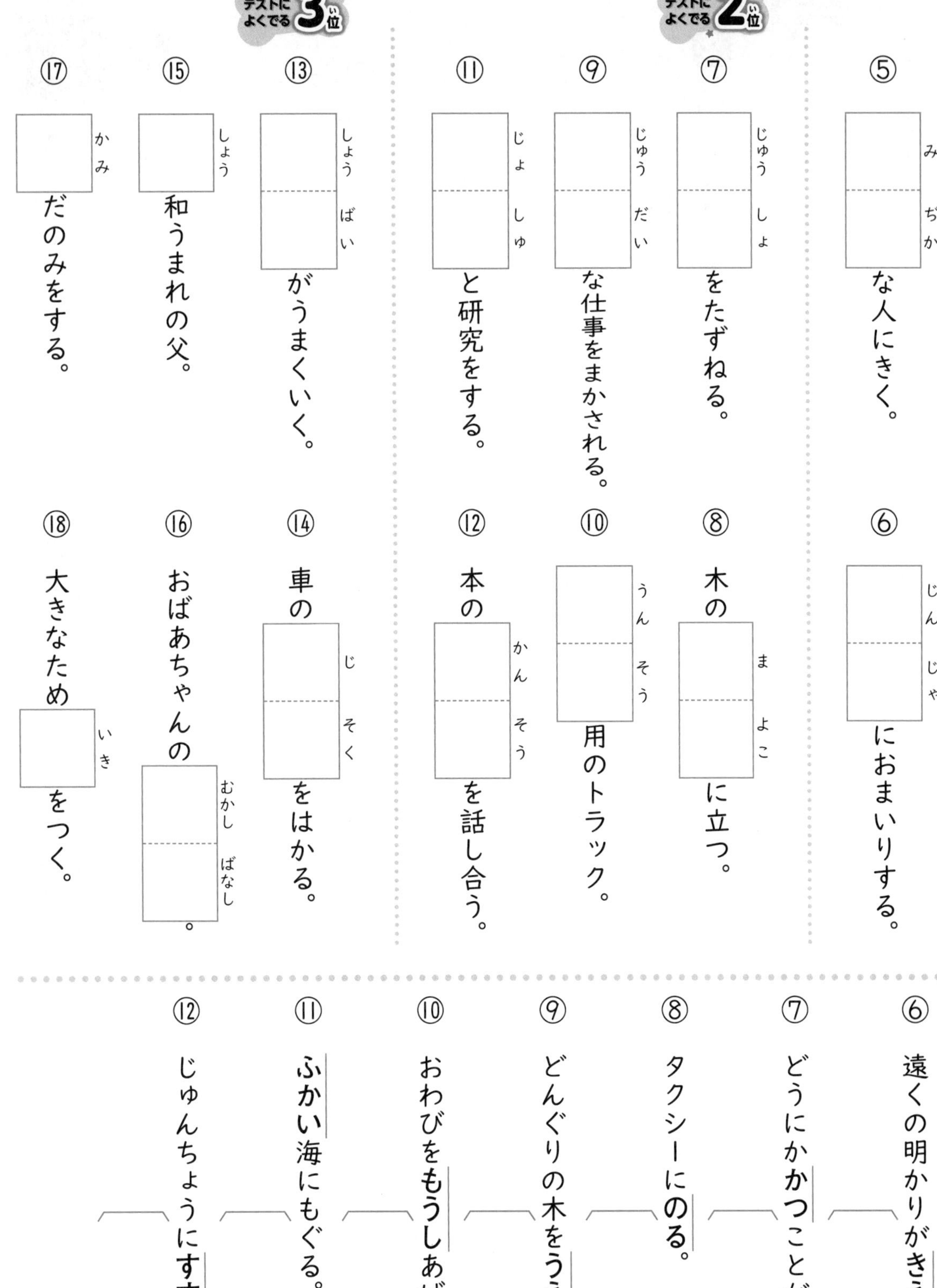

⑤ [　　]（みぢか）な人にきく。

⑥ [　　]（じんじゃ）におまいりする。

テストによくでる2位

⑦ [　　]（じゅうしょ）をたずねる。

⑧ 木の[　　]（まよこ）に立つ。

⑨ [　　]（じゅうだい）な仕事をまかされる。

⑩ [　　]（うんそう）用のトラック。

⑪ [　　]（じょしゅ）と研究をする。

⑫ 本の[　　]（かんそう）を話し合う。

テストによくでる3位

⑬ [　　]（しょうばい）がうまくいく。

⑭ 車の[　　]（じそく）をはかる。

⑮ [　]（しょう）和うまれの父。

⑯ おばあちゃんの[　　]（むかしばなし）。

⑰ [　]（かみ）だのみをする。

⑱ 大きなため[　]（いき）をつく。

⑥ 遠くの明かりがきえる。（　　）

⑦ どうにかかつことができた。（　　）

⑧ タクシーにのる。（　　）

⑨ どんぐりの木をうえる。（　　）

⑩ おわびをもうしあげる。（　　）

⑪ ふかい海にもぐる。（　　）

⑫ じゅんちょうにすすむ。（　　）

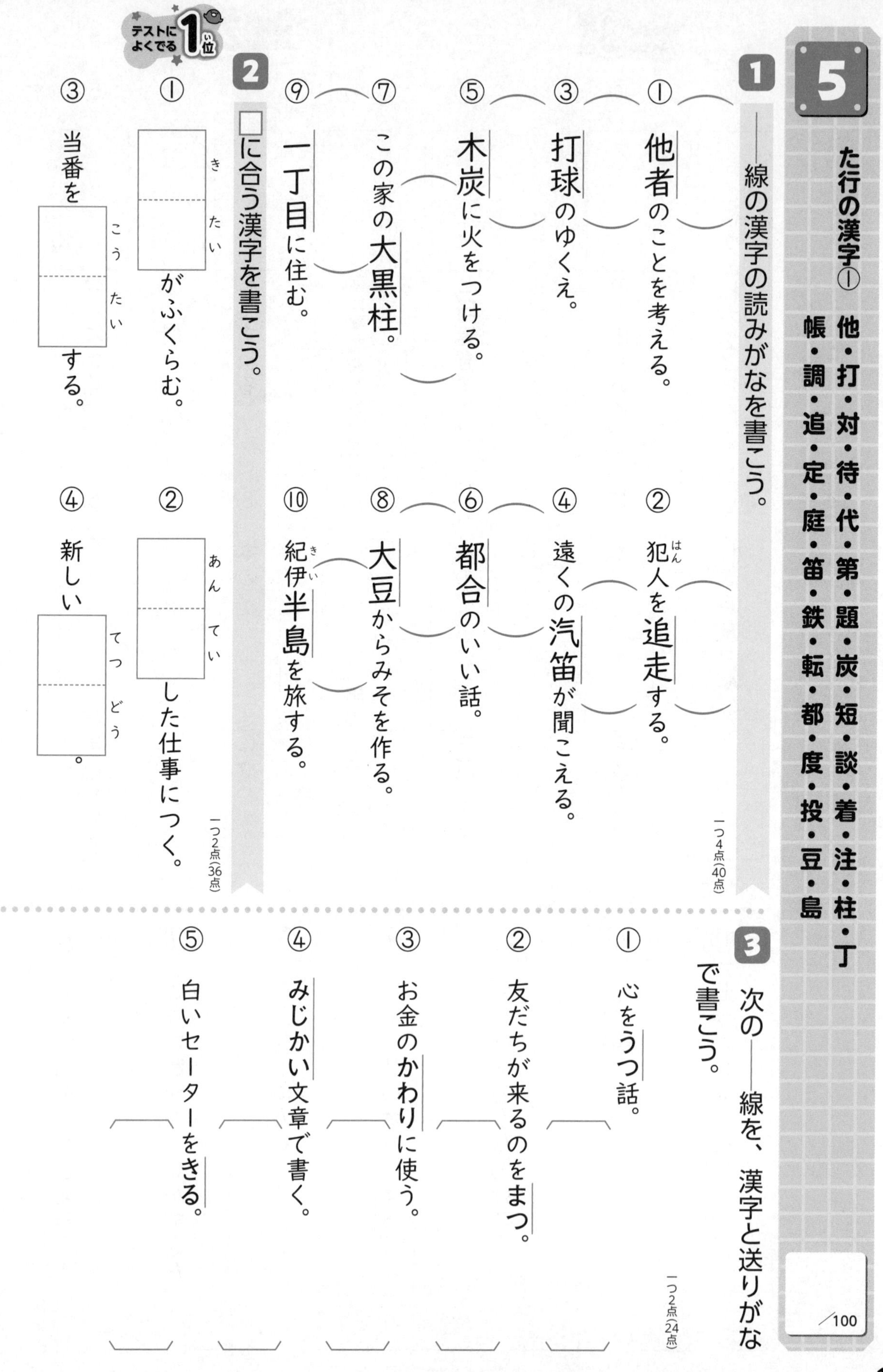

テストによくでる1位

5 た行の漢字①

他・打・対・待・代・第・題・炭・短・談・着・注・柱・丁・帳・調・追・定・庭・笛・鉄・転・都・度・投・豆・島

100

1 ――線の漢字の読みがなを書こう。 一つ4点(40点)

① 他者のことを考える。
② 犯人(はん)を追走する。
③ 打球のゆくえ。
④ 遠くの汽笛が聞こえる。
⑤ 木炭に火をつける。
⑥ 都合のいい話。
⑦ この家の大黒柱。
⑧ 大豆からみそを作る。
⑨ 一丁目に住む。
⑩ 紀伊(きい)半島を旅する。

2 □に合う漢字を書こう。 一つ2点(36点)

① □□(きたい)がふくらむ。
② □□(あんてい)した仕事につく。
③ 当番を□□(こうたい)する。
④ 新しい□□(てつどう)。

3 次の――線を、漢字と送りがなで書こう。 一つ2点(24点)

① 心をうつ話。
② 友だちが来るのをまつ。
③ お金のかわりに使う。
④ みじかい文章で書く。
⑤ 白いセーターをきる。

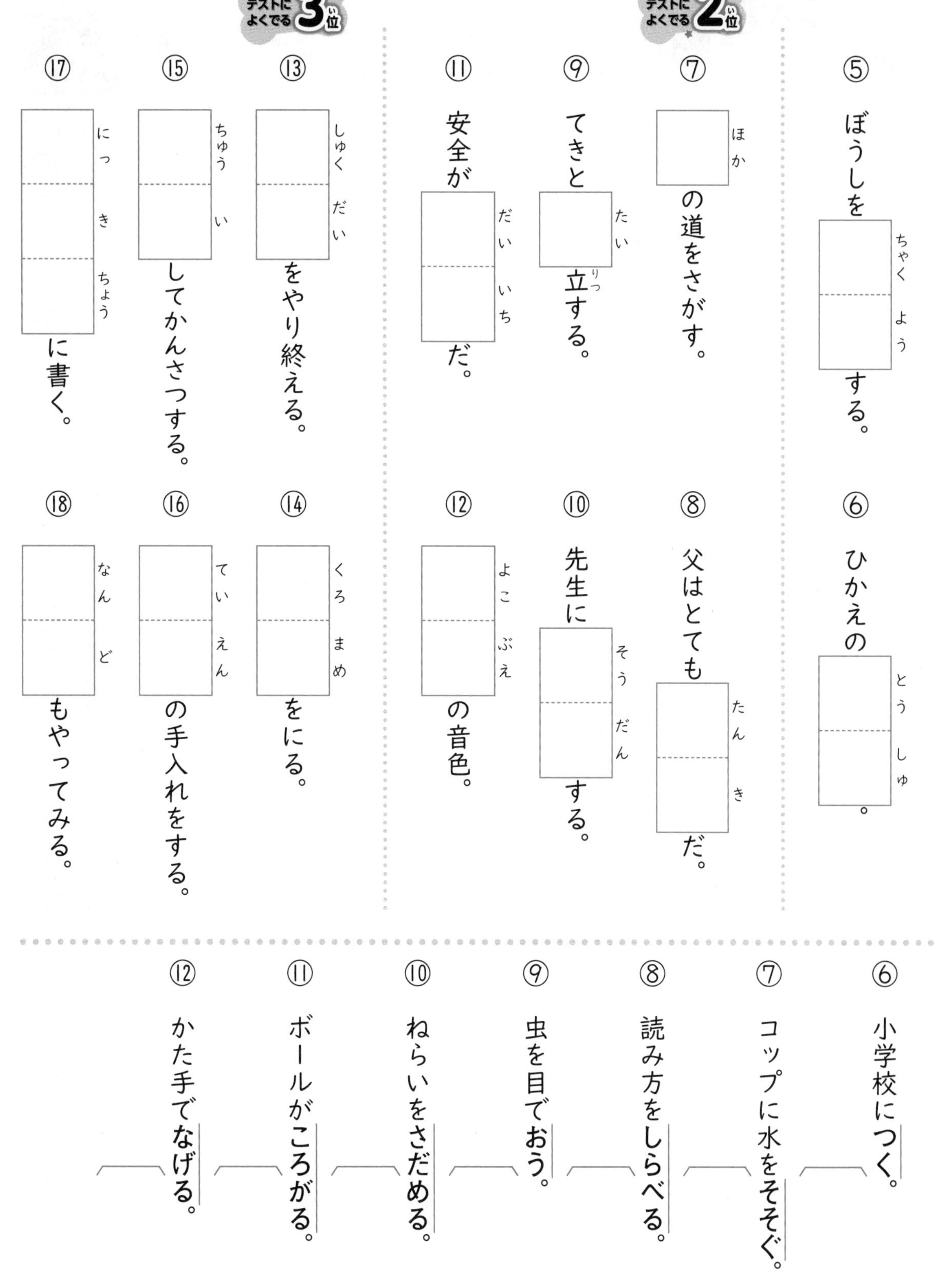

⑤ ぼうしを［ちゃくよう］する。

⑥ ひかえの［とうしゅ］。

⑦ ［ほか］の道をさがす。

⑧ 父はとても［たんき］だ。

⑨ てきと［たい］立(りっ)する。

⑩ 先生に［そうだん］する。

⑪ 安全が［だいいち］だ。

⑫ ［よこぶえ］の音色。

⑬ ［しゅくだい］をやり終える。

⑭ ［くろまめ］をにる。

⑮ ［ちゅうい］してかんさつする。

⑯ ［ていえん］の手入れをする。

⑰ ［にっきちょう］に書く。

⑱ ［なんど］もやってみる。

⑥ 小学校につく。

⑦ コップに水をそそぐ。

⑧ 読み方をしらべる。

⑨ 虫を目でおう。

⑩ ねらいをさだめる。

⑪ ボールがころがる。

⑫ かた手でなげる。

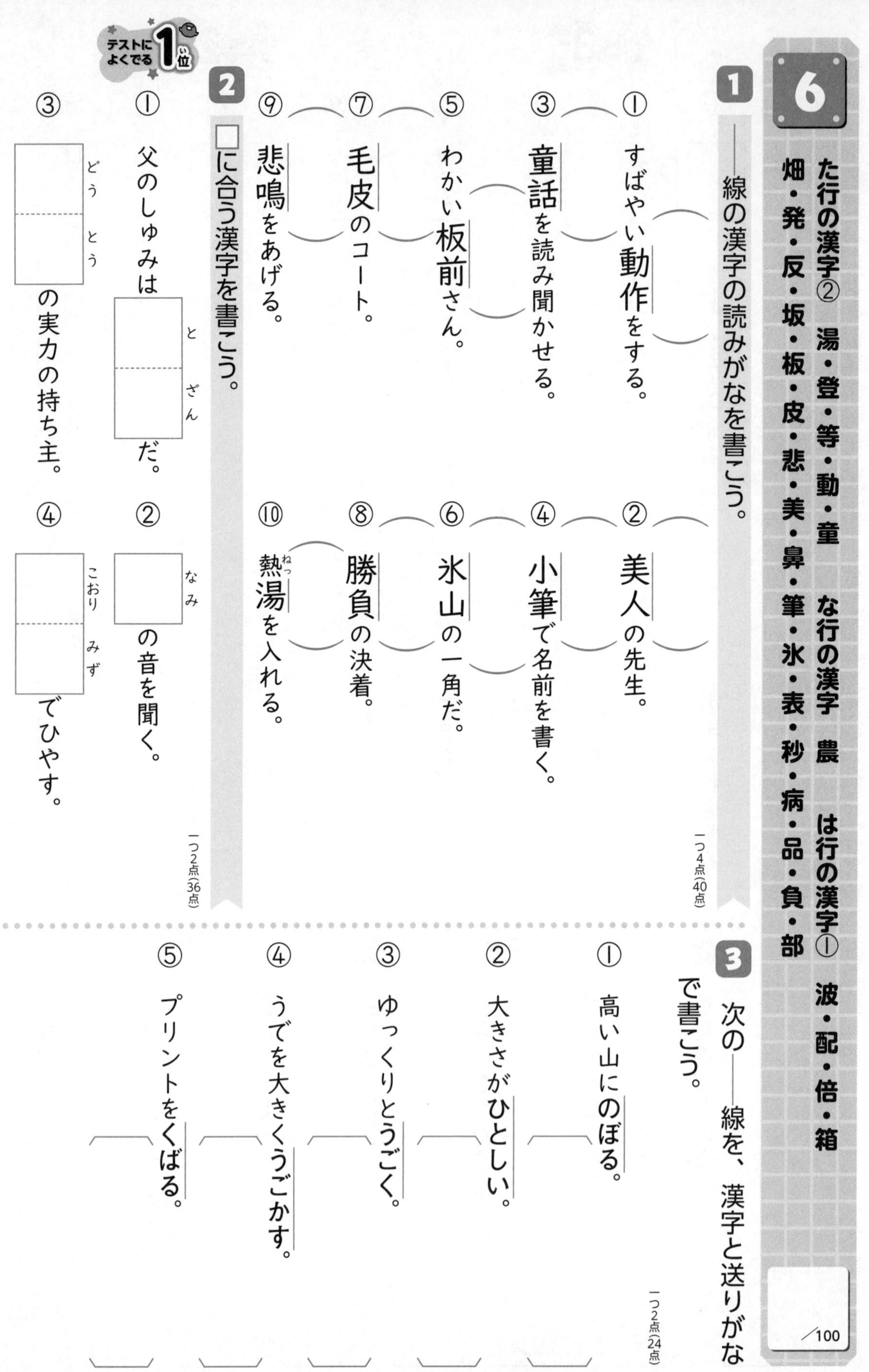

6 た行の漢字② 湯・登・等・動・童　な行の漢字 農　は行の漢字① 波・配・倍・箱・畑・発・反・坂・板・皮・悲・美・鼻・筆・氷・表・秒・病・品・負・部

/100

テストによくでる1位

1 ――線の漢字の読みがなを書こう。　一つ4点(40点)

① すばやい動作をする。（　　）
② 美人の先生。（　　）
③ 童話を読み聞かせる。（　　）
④ 小筆で名前を書く。（　　）
⑤ わかい板前さん。（　　）
⑥ 氷山の一角だ。（　　）
⑦ 毛皮のコート。（　　）
⑧ 勝負の決着。（　　）
⑨ 悲鳴をあげる。（　　）
⑩ 熱(ねっ)湯を入れる。（　　）

2 □に合う漢字を書こう。　一つ2点(36点)

① 父のしゅみは□□(とざん)だ。
② □(なみ)の音を聞く。
③ □□(どうとう)の実力の持ち主。
④ □□(こおりみず)でひやす。

3 次の――線を、漢字と送りがなで書こう。　一つ2点(24点)

① 高い山にのぼる。（　　）
② 大きさがひとしい。（　　）
③ ゆっくりとうごく。（　　）
④ うでを大きくうごかす。（　　）
⑤ プリントをくばる。（　　）

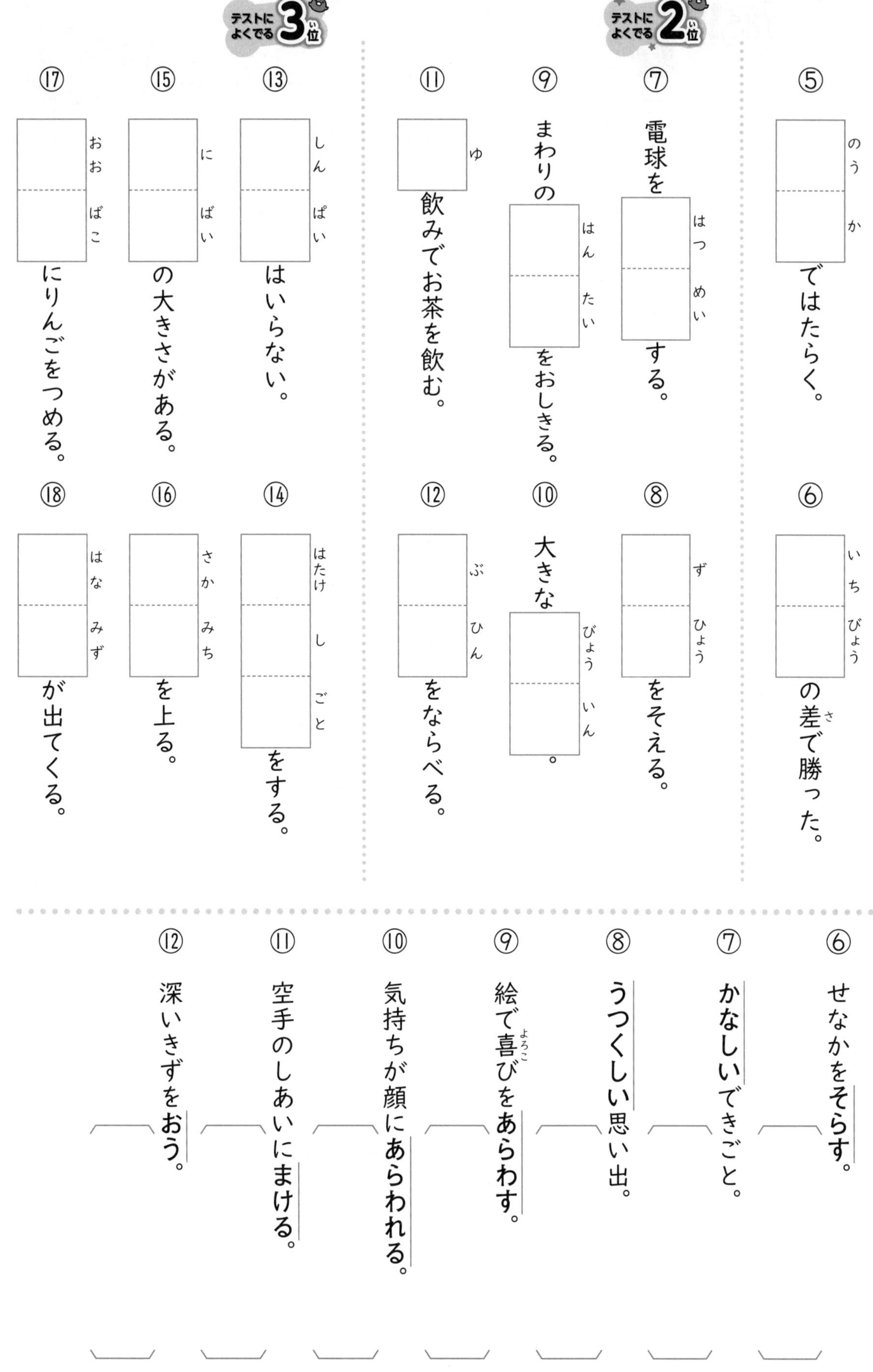

テストによくでる2位

⑤ ［のうか］ではたらく。

⑥ ［いちびょう］の差（さ）で勝った。

⑦ 電球を［はつめい］する。

⑧ ［ずひょう］をそろえる。

⑨ まわりの［はんたい］をおしきる。

⑩ 大きな［びょういん］。

⑪ ［ゆ］飲みでお茶を飲む。

⑫ ［ぶひん］をならべる。

テストによくでる3位

⑬ ［しんぱい］はいらない。

⑭ ［はたけしごと］をする。

⑮ ［にばい］の大きさがある。

⑯ ［さかみち］を上る。

⑰ ［おおばこ］にりんごをつめる。

⑱ ［はなみず］が出てくる。

---

⑥ せなかをそらす。（　　　）

⑦ かなしいできごと。（　　　）

⑧ うつくしい思い出。（　　　）

⑨ 絵で喜（よろこ）びをあらわす。（　　　）

⑩ 気持ちが顔にあらわれる。（　　　）

⑪ 空手のしあいにまける。（　　　）

⑫ 深いきずをおう。（　　　）

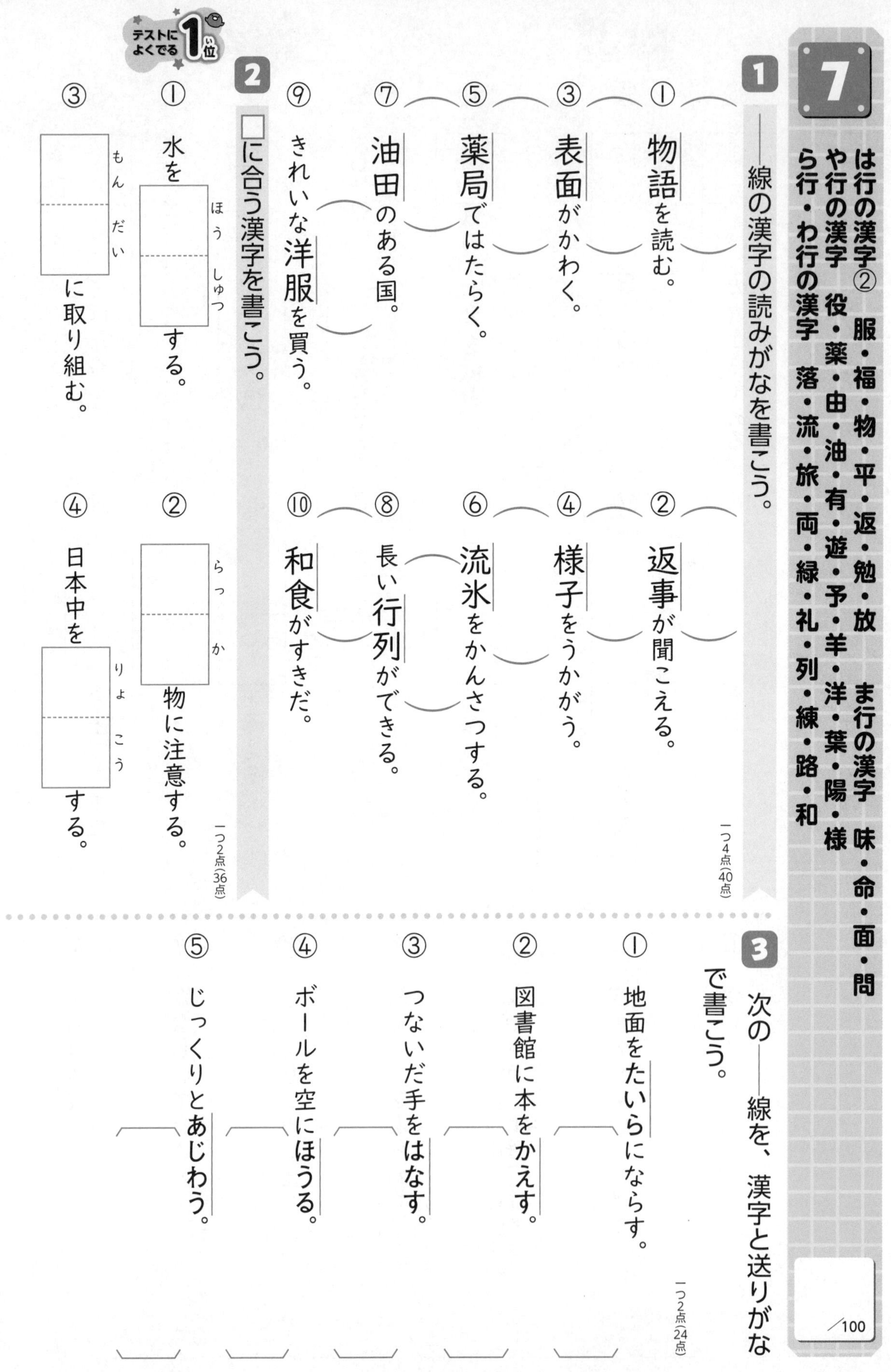

7 は行の漢字② 服・福・物・平・返・勉・放　ま行の漢字 味・命・面・問
や行の漢字 役・薬・由・油・有・遊・予・羊・洋・葉・陽・様
ら行・わ行の漢字 落・流・旅・両・緑・礼・列・練・路・和

/100

テストによくでる1位

1 ――線の漢字の読みがなを書こう。
一つ4点（40点）

① 物語を読む。（　　）
② 返事が聞こえる。（　　）
③ 表面がかわく。（　　）
④ 様子をうかがう。（　　）
⑤ 薬局ではたらく。（　　）
⑥ 流氷をかんさつする。（　　）
⑦ 油田のある国。（　　）
⑧ 長い行列ができる。（　　）
⑨ きれいな洋服を買う。（　　）
⑩ 和食がすきだ。（　　）

2 □に合う漢字を書こう。
一つ2点（36点）

① 水を□□（ほうしゅつ）する。
② □□（らっか）物に注意する。
③ □□（もんだい）に取り組む。
④ 日本中を□□（りょこう）する。

3 次の――線を、漢字と送りがなで書こう。
一つ2点（24点）

① 地面をたいらにならす。（　　）
② 図書館に本をかえす。（　　）
③ つないだ手をはなす。（　　）
④ ボールを空にほうる。（　　）
⑤ じっくりとあじわう。（　　）

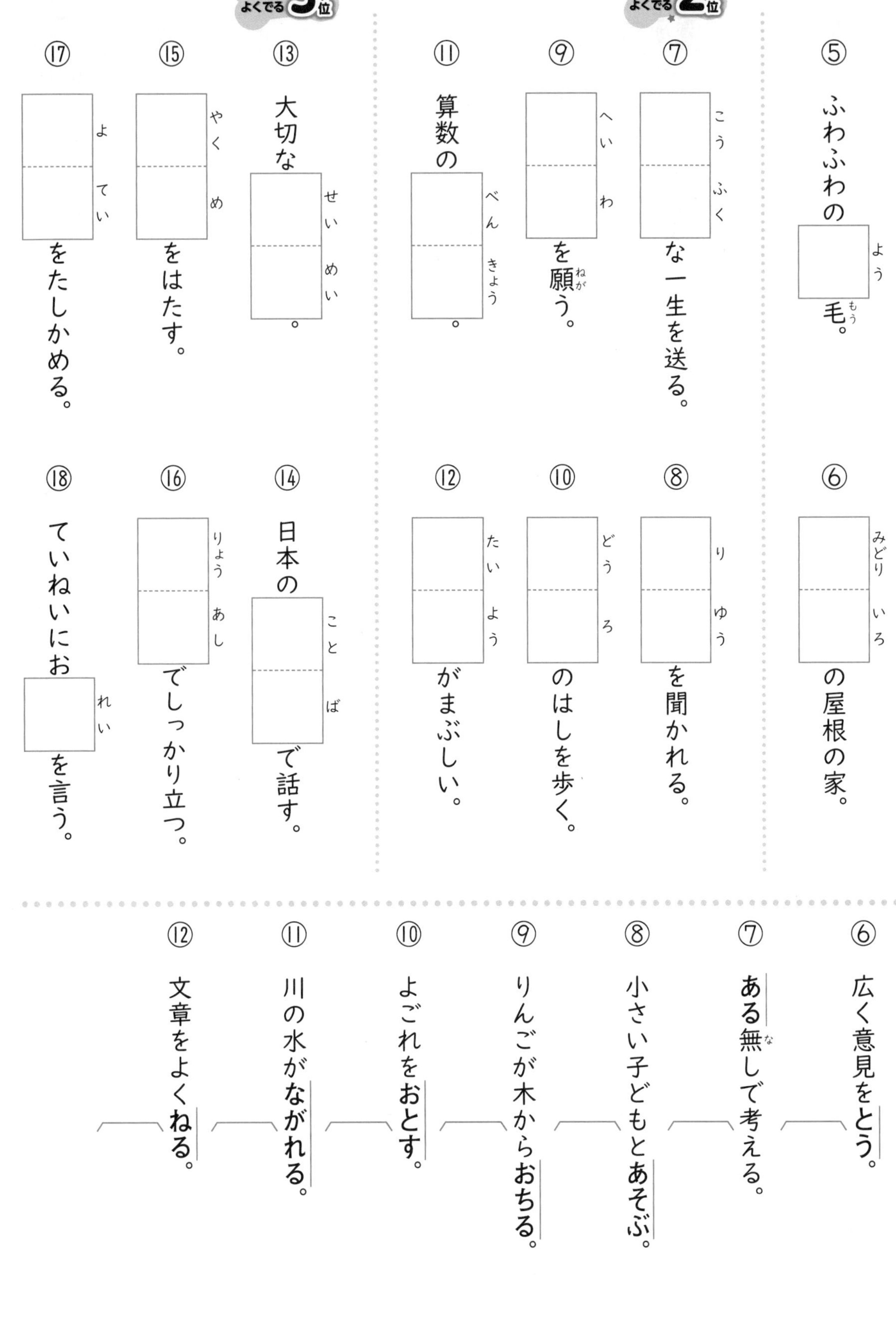

テストによくでる2位(い)

⑤ ふわふわの［よう］毛(もう)。

⑥ ［みどり｜いろ］の屋根の家。

⑦ ［こう｜ふく］な一生を送る。

⑧ ［り｜ゆう］を聞かれる。

⑨ ［へい｜わ］を願(ねが)う。

⑩ ［どう｜ろ］のはしを歩く。

⑪ 算数の［べん｜きょう］。

⑫ ［たい｜よう］がまぶしい。

テストによくでる3位(い)

⑬ 大切な［せい｜めい］。

⑭ 日本の［こと｜ば］で話す。

⑮ ［やく｜め］をはたす。

⑯ ［りょう｜あし］でしっかり立つ。

⑰ ［よ｜てい］をたしかめる。

⑱ ていねいにお［れい］を言う。

⑥ 広く意見をとう。（　　）

⑦ ある無(な)しで考える。（　　）

⑧ 小さい子どもとあそぶ。（　　）

⑨ りんごが木からおちる。（　　）

⑩ よごれをおとす。（　　）

⑪ 川の水がながれる。（　　）

⑫ 文章をよくねる。（　　）

8 三年生で習った漢字

/100

1 ――線の漢字の読みがなを書こう。 一つ2点（16点）

① 川岸にたどりつく。（　　）
② 苦心して作り上げる。（　　）
③ ぼうしを着用する。（　　）
④ 黒豆を調理する。（　　）
⑤ 登山をしゅみにする。（　　）
⑥ 一位を死守する。（　　）
⑦ 天使のような人。（　　）
⑧ 水を放出する。（　　）

2 □に合う漢字を書こう。 一つ3点（24点）

① 本の［もくじ］を見る。
② ［かせき］を見つける。

4 次の――線を、漢字と送りがなで書こう。 一つ4点（40点）

① しずかにうごく。（　　）
② みんなにくばる。（　　）
③ うつくしい字を書く。（　　）
④ せなかを後ろにそらす。（　　）

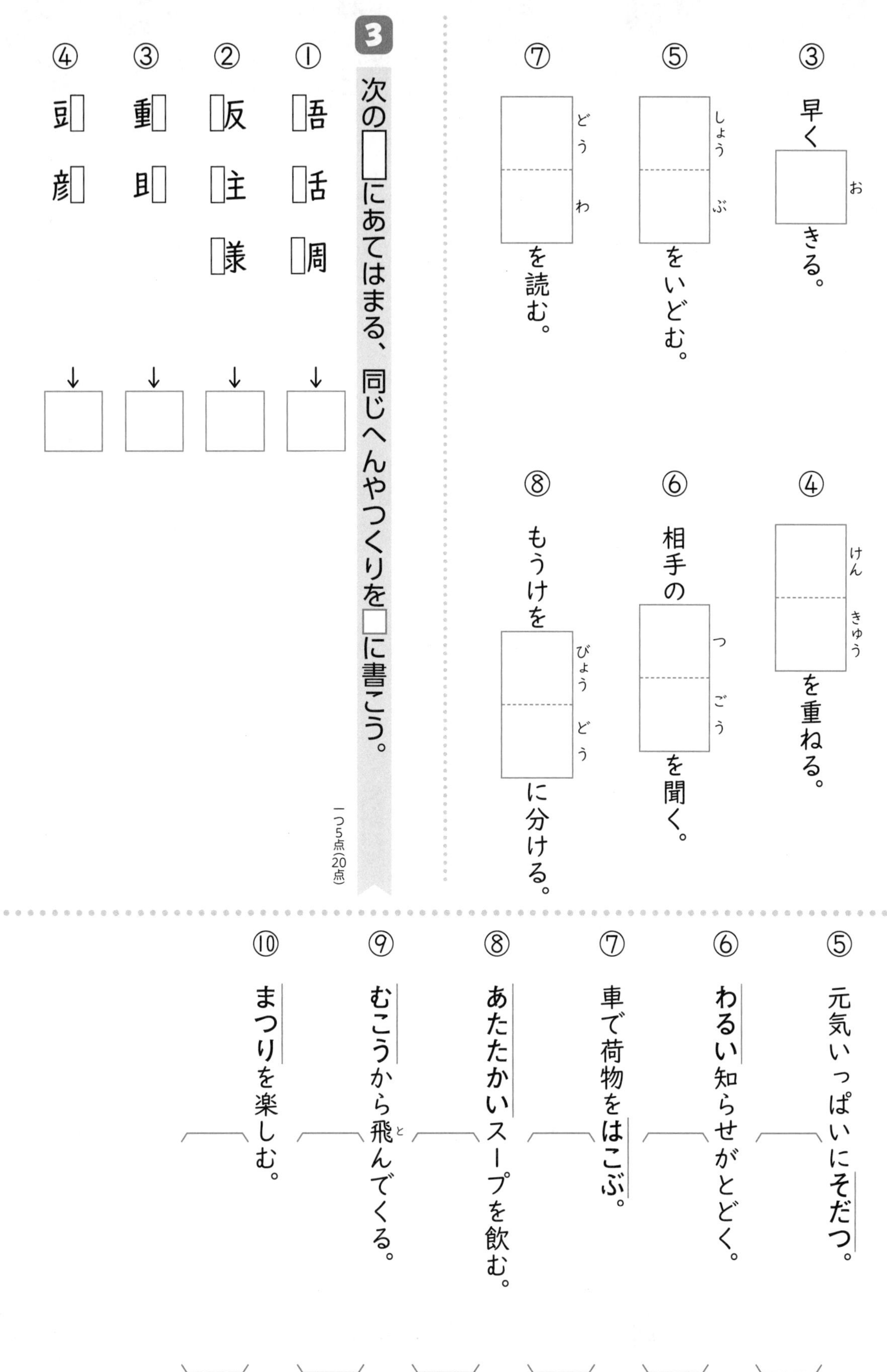

③ 早く□(お)きる。

④ □□(けんきゅう)を重ねる。

⑤ □□(しょうぶ)をいどむ。

⑥ 相手の□□(つごう)を聞く。

⑦ □□(どうわ)を読む。

⑧ もうけを□□(びょうどう)に分ける。

3 次の□にあてはまる、同じへんやつくりを□に書こう。

一つ5点(20点)

① □吾　□舌　□周　↓□

② □反　□主　□兼　↓□

③ 重□　且□　↓□

④ 豆□　彦□　↓□

⑤ 元気いっぱいにそだつ。（　　）

⑥ わるい知らせがとどく。（　　）

⑦ 車で荷物をはこぶ。（　　）

⑧ あたたかいスープを飲む。（　　）

⑨ むこうから飛(と)んでくる。（　　）

⑩ まつりを楽しむ。（　　）

答え

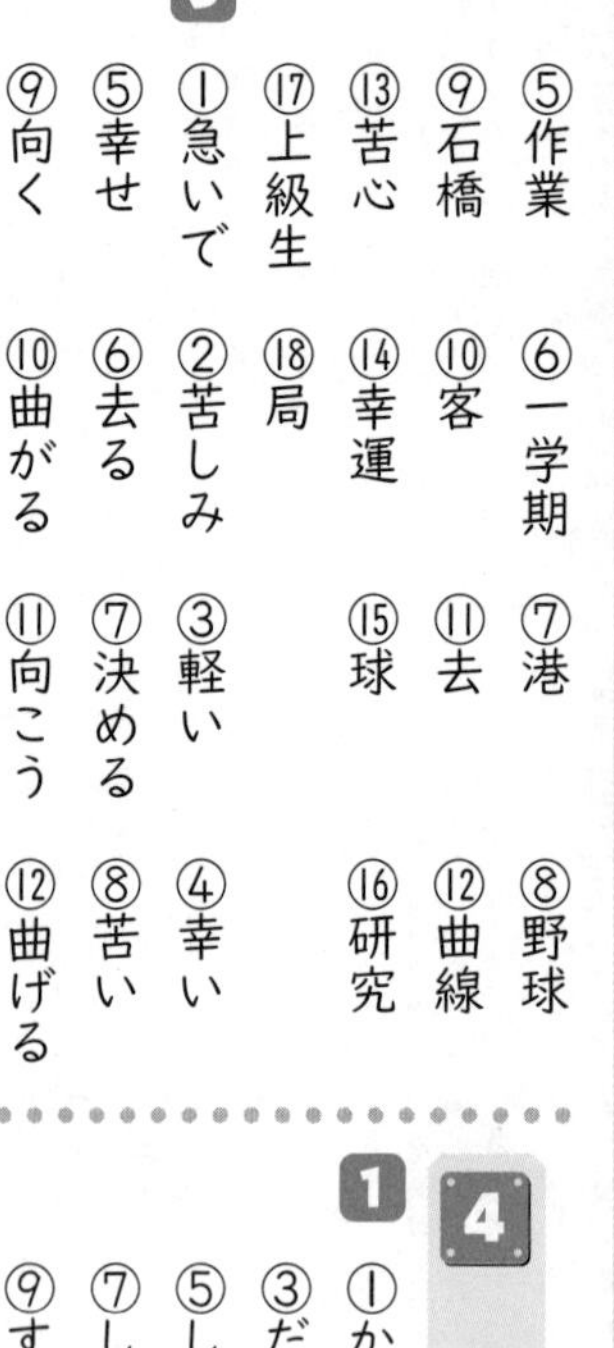

1　2・3ページ

1
①あんしつ　②いんしょく
③きょううん　④かせき
⑤にお　⑥げかい
⑦こうかい　⑧お
⑨いいん　⑩おくじょう

2
①二階　②寒中　③海岸　④川岸
⑤院長　⑥水泳　⑦悪人　⑧医学
⑨意見　⑩花屋　⑪教育　⑫駅前
⑬図書館　⑭横道　⑮安心　⑯中央
⑰感心　⑱漢字

3
①悪い　②安い　③暗い　④委ねる
⑤育つ　⑥飲む　⑦運ぶ　⑧泳ぐ
⑨温かい　⑩化けた　⑪開く　⑫寒い

2　4・5ページ

1
①おうきゅう　②けっこう
③ぐあい　④けんめい
⑤こない　⑥こすい
⑦くぎ　⑧きたい
⑨にゅうこう　⑩めいくん

2
①係員　②去年　③銀色　④軽食
⑤作業　⑥一学期　⑦港　⑧野球
⑨石橋　⑩客　⑪去　⑫曲線
⑬苦心　⑭幸運　⑮球　⑯研究
⑰上級生　⑱局

3
①急いで　②苦しみ　③軽い　④幸い
⑤幸せ　⑥去る　⑦決める　⑧苦い
⑨向く　⑩曲がる　⑪向こう　⑫曲げる

3　6・7ページ

1
①こざら　②おやゆび
③もくじ　④なら
⑤あつ　⑥しゅくん
⑦せんしゅてん　⑧しゅうじつ
⑨ひろ　⑩し

2
①死守　②歯科　③文化祭　④公式
⑤仕事　⑥受話　⑦九州　⑧記号
⑨学習　⑩根元（本）⑪大根　⑫生死
⑬開始　⑭天使　⑮医者　⑯実
⑰詩集　⑱酒

3
①祭り　②仕える　③死ぬ　④使う
⑤始める　⑥指す　⑦次ぐ　⑧持つ
⑨実る　⑩写す　⑪守る　⑫取る

4　8・9ページ

1
①かぞく　②ととの
③だいどころ　④まった
⑤しょちゅう　⑥しょうか
⑦しょくぶつ　⑧ぶんしょう
⑨すいしん　⑩あいて

2
①乗車　②整理　③行進　④世界
⑤身近　⑥神社　⑦住所　⑧真横
⑨重大　⑩運送　⑪助手　⑫感想
⑬商売　⑭時速　⑮昭　⑯昔話
⑰神　⑱息

3
①住む　②重い　③宿る　④暑い
⑤助かる　⑥消える　⑦勝つ　⑧乗る
⑨植える　⑩申し　⑪深い　⑫進む

5　10・11ページ

1
①たしゃ　②ついそう
③だきゅう　④きてき
⑤もくたん　⑥つごう
⑦だいこくばしら　⑧だいず
⑨いっちょうめ　⑩はんとう

2
①期待　②安定　③交代　④鉄道

⑤着用 ⑥投手 ⑦他 ⑧短気
⑨対 ⑩相談 ⑪第一 ⑫横笛
⑬宿題 ⑭黒豆 ⑮注意 ⑯庭園
⑰日記帳 ⑱何度

3
①打つ ②待つ ③代わり ④短い
⑤着る ⑥着く ⑦注ぐ ⑧調べる
⑨追う ⑩定める ⑪転がる ⑫投げる

6 12・13ページ

1
①どうさ ②びじん
③どうわ ④こふで
⑤いたまえ ⑥ひょうざん
⑦けがわ ⑧しょうぶ
⑨ひめい ⑩とう

2
①登山 ②波 ③同等 ④氷水
⑤農家 ⑥一秒 ⑦発明 ⑧図表
⑨反対 ⑩病院 ⑪湯 ⑫部品
⑬心配 ⑭畑仕事 ⑮二倍 ⑯坂道
⑰大箱 ⑱鼻水

3
①登る ②等しい ③動く ④動かす
⑤配る ⑥反らす ⑦悲しい ⑧美しい
⑨表す ⑩表れる ⑪負ける ⑫負う

7 14・15ページ

1
①ものがたり ②へんじ
③ひょうめん ④ようす

---

⑤やっきょく ⑥りゅうひょう
⑦ゆでん ⑧ぎょうれつ
⑨ようふく ⑩わしょく

2
①放出 ②落下 ③問題 ④旅行
⑤羊 ⑥緑色 ⑦幸福 ⑧理由
⑨平和 ⑩道路 ⑪勉強 ⑫太陽
⑬生命 ⑭言葉 ⑮役目 ⑯両足
⑰予定 ⑱礼

3
①平ら ②返す ③放す ④放る
⑤味わう ⑥問う ⑦有る ⑧遊ぶ
⑨落ちる ⑩落とす ⑪流れる ⑫練る

8 16・17ページ

1
①かわぎし ②くしん
③ちゃくよう ④くろまめ
⑤とざん ⑥ししゅ
⑦てんし ⑧ほうしゅつ

2
①目次 ②化石 ③起 ④研究
⑤勝負 ⑥都合 ⑦童話 ⑧平等

3
①言 ②木 ③力 ④頁

4
①動く ②配る ③美しい ④反らす
⑤育つ ⑥悪い ⑦運ぶ ⑧温かい
⑨向こう ⑩祭り